中交财务智库

企业集团财务风险预警解决方案

——中国交通建设集团有限公司的实践

彭碧宏　朱宏标　主编

中国财经出版传媒集团
中国财政经济出版社

图书在版编目（CIP）数据

企业集团财务风险预警解决方案：中国交通建设集团有限公司的实践 / 彭碧宏，朱宏标主编. --北京：中国财政经济出版社，2020. 5

ISBN 978-7-5095-9563-3

Ⅰ. ①企… Ⅱ. ①彭… ②朱… Ⅲ. ①交通运输建设-企业集团-财务管理-风险管理-研究-中国 Ⅳ. ①F426. 9

中国版本图书馆 CIP 数据核字（2020）第 020247 号

责任编辑：谷兴华　　　　责任校对：徐艳丽

封面设计：思梵星尚

中国财政经济出版社出版

URL：http：//www. cfeph. cn

E-mail：cfeph@cfeph. cn

社址：北京市海淀区阜成路甲 28 号　邮政编码：100142

营销中心电话：010-88191537

北京密兴印刷有限公司印刷　各地新华书店经销

710×1000　毫米　16 开　21. 75 印张　273 000 字

2020 年 5 月第 1 版　2020 年 5 月北京第 1 次印刷

定价：88. 00 元

ISBN 978-7-5095-9563-3

（图书出现印装问题，本社负责调换）

本社质量投诉电话：010-88190744

打击盗版举报热线：010-88191661　QQ：2242791300

编委名单

总　序

作为国务院国资委监管的中央企业，中国交通建设集团有限公司（以下简称“中交集团”）在中国改革开放的浪潮中应运而生，伴随中国经济的腾飞和国资国企改革的深化不断成长、壮大，已经发展成为资产总量和业务规模超万亿元的特大型企业。特别是党的十八大以来，中交集团深入学习贯彻习近平新时代中国特色社会主义思想，以“五商中交”战略和“三者”定位为指引，企业规模、效益、质量全面提升，正沿着建设具有全球竞争力的世界一流企业阔步前行。

一流的财务管控能力是一流企业的重要支撑。如果将企业运行比作人体结构，财务系统则掌握着企业的神经系统（信息）、血液系统（资金）、成长系统（利润）和免疫系统（风险）四大核心系统，是企业实现基业长青的关键。

近年来，随着“五商中交”战略的深入实施和国有资本投资公司试点改革的有序推进，中交集团财务管理工作逐渐从传统的“核算型”向“价值管理型”“战略驱动型”加速转变，产融融合与升级更是国有资本投资试点公司主要转型方向，在服务改革、兼并收购、降本增效、税务筹划等方面发挥了重要作用，财务信息化与业财融合水平持续提升。目前，已基本形成“战略引领、价值导向、财务创新、管理与服务并重、底线思维”的财务管理特色。

当前，全球经济已进入数字经济时代，互联网、物联网、云计算、大数据、人工智能等新一代信息技术的融合创新，将给企业发展带来从产业结构到组织形态、从发展理念到商业模式的全方位变革和突破。财务管理工作要积极拥抱时代变化，重点围绕关系企业发展的长期性、根本性、方向性、全局性、创新性、风险性“六大问题”夯基固本、创新发展，全面推进“334”工程建设，推动财务资金管理由被动管理向主动管理转型，由单一要素管理向系统化管理、全价值链管理转变，由大会计管理思想向价值创造型、战略驱动型转变，以更高的站位、更大的格局、更宽的视角支撑企业战略落地和高质量发展。

基于此，中交集团在总结企业多年管理经验的基础上，编撰了财务管理系列丛书，涵盖《企业集团财务风险预警解决方案——中国交通建设集团有限公司的实践》《全球一流企业发展中的财务转型——中国交建财务共享服务中心典型案例》《企业集团财务决策模型与应用》等多方面内容，为企业财务管理提供了系统解决方案、经验与案例。希望本丛书能够抛砖引玉，构建与读者交流的平台，共同促进企业财务管理水平持续提升，有力助推企业科学管理与高质量发展，为全面建设具有全球竞争力的世界一流企业不断做出新的贡献。

宋海良

中交集团总经理、中国交建总裁

2019 年 9 月

序

筑牢风险防范之基，立基业长青之志，谋改革发展远景。中交集团结合发展实际，创建财务风险预警体系，并在战略转型和业务发展中不断实践创新，通过评价各种风险状态偏离预警线的强弱程度，向集团决策层发出预警信号并提前采取预控对策，大大增强了集团公司免疫力、应变力和竞争力，保证集团公司驰骋在高速发展的快车道上仍处变不惊，防患于未然。

本书全方位阐述了财务风险预警机制设计与实施全过程的中交方案。中交集团根据自身经营和管理特点，综合选用多变量预警方法、财务报表资料模型方法和评分预警方法，选择了六大类十一个财务指标和一个非财务指标作为集团的财务风险预警指标，采用层次分析法（AHP）确定各财务风险预警指标的权重，运用沃尔评分法的思路和方法并结合企业实际情况加以改进，按照集团业务类型分别设定财务风险预警区间，建立财务风险预警指标评价综合评分体系，识别企业的财务风险类型，评估企业的财务风险程度，对集团公司及子公司开展财务风险预警。

本书详细介绍了中交集团债务风险管控实践、中交集团投资项目财务风险预警实践等。防范化解重大风险是当前我国的三大攻坚战之一，中央和国务院国资委高度重视、部署开展降杠杆、减负债、防风险工作，中交集团将债务风险管控与财务风险预警体系相结合，发挥财务预警作用，有效防范债务风险，特别是投资风险和海外风险，实现稳增长、去杠杆和防风险的平衡。中交集团以项目为生产经营主体和风险防范的基础，将财务风险预警体系应用于高速公路基础设施PPP（政府和社会资本合作）投资运营项目，将资金运作管理体系融入城市综合投资开发项目，开展项目全生命周期财务效益与费用估算，评估融资方案的资金结构、融资成本和融资风险，管控投资项目融资情况、自由资金投放，以及还本付息等实时数据，模拟全周期的资本金以及全项目现金流，全过程控制投资项目的融资风险、资金风险。在项目实施运营过程中，实现项目投资核心财务指标动态监控，根据项目投资进度动态调整投资计划，开展核心指标敏感性分析预警，有效做好风险防控措施。

本书结合财务共享、信息化、智能化发展新趋势，介绍和展望财务风险预警体系持续发展和完善。中交集团是国内最早进行财务共享中心建设的集团企业之一，多年财务共享实践经验有力地推进了财务标准化、财务数字化、财务精细化，强化了基层项目与基础数据管控，全面提升了集团财务风险管控水平和精益化营运管理能力，支撑集团持续健康发展。

从国内超级工程洋山深水港到港珠澳大桥，从走出国门搞建设的喀喇昆仑公路和毛塔友谊港，到“一带一路”倡议下的蒙内铁路和科伦坡港口城、红海岸边林立的岸桥……中交集团因时代大势而谋、应国家战略而动，为世界交通版图的畅通和人类命运共同体的构建做出了突出贡献。《企业集团财务风险预警解决方案——中国交通建设集团有限公司的实践》是中交集团构建学习型组织在财务资金部门的创新尝试，是集团公司财务资金风险管理实践经验的总结与提炼，是对企业集团财务风险管理的思考与探索，也希望中交财务风险预警案例能为企业集团财务风险防范贡献一份力量，为心存基业长青的企业提供一份参考。

彭碧宏

中交集团总会计师、中国交建财务总监

2019 年 9 月

目　录

第一章

企业集团财务风险预警体系概述

第一节　相关概念界定

一、企业集团的含义

企业集团是指由两个或两个以上具有独立法人地位的企业，通常指以资本和合同为主要连接纽带组成的、具有控制关系的一种稳定的企业联合体，一般由母公司、子公司、联营公司以及其他类型企业或机构组成。企业集团是现代企业发展到一定阶段的产物，是一种高级组织形式。企业集团主要是将各法律主体的资本、技术、市场以及产品等要素融为一体，是一种大规模的经济联合体。

随着经济全球化的发展以及市场竞争的日益加剧，单个企业难以单独面对不断增多的生存和发展问题，难以对重大的环境风险和市场风险各自做出有效应对。在此背景下，按照交易费用理论，为了降低交易成本，可将由市场机制协调的单个企业之间的行为，转化为企业集团内部来管理协调，这样才可以保持整体市场竞争优势。

值得注意的是，这种转化达到一定程度后，企业集团内部需要承担很高的组织管理成本，会产生规模不经济的问题。因此，企业集团并不需将所有企业都一体化，不用一味地去扩大企业集团的边界，而只需通过资金、技术、产品和市场等纽带与某些企业保持较为密切的联系，这样企业集团既能节约交易费用，又能在一定程度上享有集团化组织带来的规模经济，从而各企业可以“抱团”，共同有效地提升整体竞争能力以及抗风险能力。企业集团实质上是市场和企业两种机制相互作用、相互替代形成的必然结果。随着经济全球化的日益发展，这种组织形式更能适应市场竞争的需要，是高级形态的组织形式，是企业提升其抗风险能力、保持可持续竞争优势的一种组织创新。

二、企业集团的基本特征

如前所述，企业集团是现代市场经济中的高级组织形式，与其他经济组织形式相比，具有下列经济特征：

（一）由若干个独立法人主体组成的非法人联合体

企业集团一般是由多个法人主体成员组成，其成员一般为法人企业、事业单位或者社会团体法人，但企业集团一般不具有法人资格。企业集团各成员之间保持着法律上的独立性，但基于共同的愿景和使命又要服从于企业集团在财务管理上的统一性。

（二）多层次的“金字塔型”或“围绕型”组织结构

企业集团一般采用多层次的“金字塔型”或“围绕型”组织结

构。"金字塔型"结构（又称为持股型结构），是一种标准的产权控制模式，而"围绕型"结构是若干个"金字塔型"企业集团重组后的组织形式，一般整体上呈现出群星环月的形状。但是，无论是"金字塔型"组织结构，还是"围绕型"组织结构，企业集团一般都包含核心层、紧密层、半紧密层与协作层四个基本层次。

处于核心层的成员企业一般是由一个或若干个在企业集团中发挥核心作用的大型企业或金融机构组成。在欧美模式的企业集团中，处于核心层的成员企业一般是产业公司，而在日韩模式的企业集团中，处于核心层的成员企业一般是金融机构。企业集团中处于紧密层的成员企业主要包括全资子公司和控股子公司，处于半紧密层的成员企业一般是参股企业，处于协作层的成员企业一般是与核心企业无资产联系，但具有固定协作关系的企业。

（三）企业集团以股权联结纽带为主

一般来说，企业集团中处于核心层的成员企业与处于紧密层的成员企业之间，都以股权作为联结纽带。合理设计和理顺企业集团成员企业之间的股权结构，是企业集团财务管理的重要环节，也是企业集团维持生产经营正常运转的强有力保证。

（四）多元化经营战略

实施多元化经营战略，是企业集团在公司战略管理上的显著特征。虽然国有企业集团实施过多次产业整合，但是我国大多数企业集团仍然采用多元化经营战略。即便多元化经营战略可能导致产业集中度不高，无法发挥专业优势，但多元化经营战略有助于企业集团降低市场对某类产品需求发生变化时所带来的不利影响，在一定程度上可以分散企业集团风险，从而提升其抗风险能力。

三、企业集团财务管理

企业集团财务管理，是在企业集团的整体目标下，关于企业集团的资产购置（投资）、资本融通（筹资）和经营活动现金流量（营运资金），以及利润分配的管理活动。企业集团财务管理是企业集团经营管理的有机组成部分。

（一）企业集团财务活动

企业集团各个成员企业在其生产经营过程中，需要不断采购原材料，生产加工并销售其产品，同时伴随着资金的支付和收回活动，实物流和资金流循环往复。一般而言，集团企业的财务活动可分为以下四个方面：

1. 成员企业的筹资活动。为了满足资金需求，企业集团的成员企业一般通过发行股票、发行债券、向银行借款以及直接吸收投资等方式筹集资金，在财务活动上就表现为现金流入。同时，成员企业需要向投资者（包括股权投资者和债权投资者）偿还借款、支付利息、发放股利以及付出各种筹资费用等，在财务活动上表现为成员企业现金流出。上述过程中的现金流入和流出，就是成员企业的筹资活动。

2. 成员企业的投资活动。成员企业通过筹资活动获得的现金流量，需要通过不断进行投资，以求保值增值。筹集的资金可以购置固定资产和无形资产（对内投资），也可以购买其他公司的股票和债券，或者直接对其他企业进行股权投资（对外投资），这些活动在财务活动上表现为现金流出。在投资期间，成员企业会收到利息收入和利润分配（股利分红），也可以变卖对内投资的各种资产或收回对外投资，这些活动在财务活动上表现为现金流入。上述过程中的现金流入和流出，就是成员企业的投资活动。

3. 成员企业的日常经营活动。成员企业在日常的经营活动中，可能需要从供应商那里购买原材料和向员工支付工资，还要支付各种运营费用，这些活动在财务活动上表现为现金流出。同时，成员企业通过销售其产品或者提供劳务获取资金，这些活动在财务活动上表现为现金流入。把产品或商品售出后，可获取收入，从而产生资金流入。上述过程中的现金流入和流出，就是成员企业日常经营活动引发的财务活动。

4. 成员企业的利润分配活动。成员企业在日常经营过程中会产生利润或者亏损。依据公司法的规定，成员企业赚取的利润需要按照规定的程序向股东（或所有者）进行分配。成员企业因上述利润分配而产生的现金流出，属于成员企业的利润分配活动。

上述财务活动的四个方面，并不是相互独立的，而是相互联系、互相依赖的。根据财务活动的上述四个方面，企业集团财务管理主要包括筹资管理、投资管理、营运资金管理、利润及其分配管理。

（二）企业集团财务管理的主要特点

1. 企业集团本部为企业集团财务管理的核心主体。如前所述，企业集团的组织形式为多层次的“金字塔型”或者“围绕型”组织结构。为了确保企业集团愿景和战略目标的实现，企业集团的母公司或者管理本部，必须对成员企业财务管理活动进行适当的统一管理，对企业集团的整体财务资源进行整合和管控，发挥最大的协同效应，并确保各成员企业的财务管理与企业集团整体财务战略保持一致，但是必须以企业集团本部能够对成员企业保持有效的控制权为前提条件。

2. 通过内部资源有效融合实现利益最大化是企业集团财务管理的目标。企业集团的财务管理活动必须以企业集团整体利益最大化为目标，通过企业集团本部实施系列的统一财务活动，最大限度地调动成员企业积极性、创造性与责任感，建立和保持企业集团可持续的竞争优势，不断提升资金使用效益和内部协调效应，从而实现企业集团的可持续性发展。

3. 企业集团本部采用的财务管理方式多样化，资金管理工具和方法多样化。企业集团本部的投融资管理、资金管理、风险管理等出现了全新的管理方式，例如企业集团财务共享服务和司库管理等。现代信息技术的快速发展也使企业集团本部拓宽财务管理的空间成为可能，不少跨国公司在经营分散管理的同时，资金管理采用的工具和方法也层出不穷，财务管理逐渐从分散走向集中。

4. 全面预算管理成为企业集团财务管理的核心内容。全面预算管理是指企业集团以整体战略目标为导向，通过对未来一定期间内的经营活动和相应的财务结果进行全面预测和筹划，科学、合理配置企业集团内各项财务和非财务资源，并对执行过程进行监督和分析，对执行结果进行评价和反馈，指导经营活动的改善和调整，进而推动实现企业集团战略目标的管理活动①。

企业集团可以：整合预算管理与战略管理领域的管理会计工具和方法，强化预算管理对战略目标的承接和分解；整合预算管理与成本管理、风险管理领域的管理会计工具和方法，强化预算管理对战略执行过程的控制；整合预算管理与营运管理领域的管理会计工具和方法，强化预算管理对生产经营的过程监控；整合预算管理与绩效管理领域的管理会计工具和方法，强化预算管理对战略目标的标杆引导作用。因此，全面预算管理属于企业集团财务管理的核心内容。

（三）企业集团财务管理目标

企业集团财务管理目标，是指企业集团财务管理应当遵循的最高准则，是企业集团所有财务活动应当达到的最高目标。企业集团财务管理目标的定位具有以下几个代表性模式。

① 借鉴财政部发布的《管理会计应用指引第200号——预算管理》。

1. 利润最大化。利润最大化目标是假定在投资预期收益不变的情况下，企业集团的财务管理活动应向着有利于利润最大化的方向努力。利润最大化目标在理论上具有一定价值，但在实践中存在以下问题：

（1）利润最大化目标中的利润，一般是指企业集团在一定时期实现的税后净利润，该利润没有考虑到资金的时间价值。

（2）利润最大化目标没有考虑其产出与投入资本之间的相互关系。

（3）利润最大化目标没有考虑企业集团为取得该利润所承担的风险。

（4）利润最大化目标可能会诱发企业集团的短期行为，导致企业集团的财务管理目标与战略目标相背离。

（5）利润最大化目标是基于历史数据的，难以反映企业集团的未来盈利水平。

（6）利润最大化目标中的利润是指会计利润，而会计政策的灵活性使会计利润未必能真实反映企业集团的盈利能力。

2. 股东财富最大化。股东财富最大化目标是指企业集团的财务管理活动以股东财富最大化作为行动目标。对上市公司来说，股东财富价值取决于其拥有的上市公司股票数量和流通股票的市场价格两个方面。

股东财富最大化目标的优点包括以下方面：

（1）股东财富最大化目标考虑了企业集团承担的风险大小，原因在于公司股价通常会对公司承担的风险做出理性反应。

（2）股东财富最大化目标在一定程度上能避免企业集团追求短期行为的倾向，原因在于公司股价会受短期行为和长期行动的双重影响。

（3）股东财富最大化目标中的股东财富比较容易被量化，可作为公司管理层绩效管理中的关键绩效指标之一。

股东财富最大化目标在实践中存在以下问题：

（1）股东财富最大化目标不太适用于非上市公司，原因在于非上市公司的股价不容易被量化。

（2）上市公司的股价也会受到非理性因素的影响而波动。

（3）股东财富最大化目标强调的是股东利益，而没有考虑其他利益相关者的利益。

3. 价值最大化。价值最大化目标是指企业集团的财务管理以价值最大化为目标，其中企业集团的价值包括股权价值和债权价值。

企业集团的价值最大化目标的优点如下：

（1）价值最大化目标充分考虑到了资金的时间价值，以及企业集团承担的风险大小。

（2）价值最大化目标能够反映企业集团的资产保值增值水平和盈利能力。

（3）价值最大化目标有利于克服企业集团可能发生的短期行为。

（4）价值最大化目标有利于企业集团在成员企业之间合理有效地配置其内部资源。

企业集团的价值最大化目标的缺点，主要在于价值难以准确计量，特别是非上市公司价值难以计量。

4. 相关者利益最大化。相关者利益最大化目标是指在保证企业集团及其成员企业可持续发展的前提下，企业集团的财务管理活动要满足内外部各利益相关者的利益，而不仅是为股东利益服务。

相关者利益最大化目标的优点如下：

（1）相关者利益最大化目标有利于企业集团的可持续发展。

（2）相关者利益最大化目标体现了合作共赢的价值观，从而可实现企业集团经济效益和社会效益的统一。

（3）相关者利益最大化目标实质上是一个多元化、多层次的目标体系，能够较好地兼顾企业集团各相关者的利益。

企业集团的利益相关者利益最大化目标的缺点，主要在于利益相关者之间地位不同，很难得到最优的利益相关者排序，并且利益相关者之间的利益还可能存在此消彼长的现象，要同时实现所有利益相关者的利益最大化，在很多情况下是难以实现的。

四、企业集团财务风险

从狭义角度来看，企业集团财务风险是指在企业集团财务活动中由于各种风险因素的存在，导致企业集团的财务收益偏离了最初制定的目标，从而产生财务损失的可能性。广义的财务风险，除了不确定性的损失外，还应该包括不确定性的盈利等。广义的财务风险观点认为风险和机遇是并存的，即风险给企业集团带来潜在损失的同时，也会为企业集团带来机会。

企业集团财务风险导致财务和经营状况的不确定性，是企业集团经营总风险在财务活动上的集中体现，是企业财务活动未来实际结果偏离预期目标的可能性。财务风险预警可以反映企业集团运营系统的不良状况，企业集团财务风险主要包括筹资风险、投资风险、经营风险和收益分配风险四个方面。

（一）筹资风险

企业集团筹资风险是指在企业集团融资活动过程中，因资金市场供给和需求及宏观经济环境的变化、企业内部融资结构、期限结构和币种结构等各种因素，给企业集团财务成果带来的不确定性。筹资风险主要产生于企业集团筹集资金的各个环节。

1. 企业集团筹资风险的分类。企业集团筹资风险可分为利率风险、再融资风险、财务杠杆风险、汇率风险等。其中，利率风险是指因市场利率的变化而导致企业集团筹资成本增加的可能性。再融资风险是指因金融工具品种和融资方式等因素的变化，导致企业集团需要再次融资而产生的不确定性，或者因企业集团自身融资结构的不合理导致再融资困难的可能性。财务杠杆风险是指因企业集团采用负债融资，增加了债务支出负担，从而给企业集团利益相关者的利益带来的不确定性。汇率风险是指因外汇汇率变动导致企业集团外汇融资成本变化带来的不确定性。

2. 影响企业集团筹资风险的因素。影响筹资风险的因素是多方面的，包括资本供求的变化、市场利率水平的变动、盈利能力的变动、资产流动性的强弱、债务到期日的长短、财务杠杆的大小以及临时筹资能力的大小等。按照筹资风险形成原因的不同，企业集团筹资风险可分为现金性筹资风险和收支性筹资风险。

（1）现金性筹资风险是指因企业集团现金流入与流出的时点与负债筹资的期限结构不匹配而导致的现金支付风险。现金性筹资风险产生的原因在于，企业集团因筹资决策不当导致现金收支预算安排不合理，从而引起现金支付危机。另外，如果企业集团资本结构安排不合理或者债务期限结构搭配与配置不合理，也会引发企业集团偿债风险。

（2）收支性筹资风险是指企业集团在现金收不抵支的情况下可能出现的到期无力偿本付息的风险。收支性筹资风险属于企业集团的整体风险，会对企业集团整体债务的偿还产生非常不利的影响。一般来说，收支性筹资风险的产生，意味着企业集团在经营管理上的失败，或者企业集团正处于资不抵债的状态。因此，该风险不仅是一种因理财不当造成的支付风险，更是一种企业集团因经营不当而造成的资金运转不畅的风险。

3. 企业集团筹资风险的应对方案。

（1）企业集团需要合理确定最佳资本结构。最佳资本结构，是指在企业集团可承受的最大筹资风险范围内，整体筹资成本最低的资本结构。如果企业集团只有股权资本筹资方式，而没有负债筹资，则整体筹资成本比较高，原因在于股权筹资的资本成本一般会高于负债筹资成本。反之，企业集团如果没有股权资本，债权人也不会认可其偿债能力，企业也就不可能筹措到负债资本。整体上来说，如果负债筹资比例比较高，则企业集团整体资金成本一般比较低，但承担的债务风险比较大。因此，企业集团应当确定一个最佳资本结构，以适当的资金成本进行筹资以满足生产经营所需要的资金，保持资本结构的合理性与弹性，从而实现企业集团整体价值最大化的财务管理目标。

（2）合理安排债务结构。一般来说，企业筹措长期资本的资金成本比较高，但筹资的弹性比较小，短期偿债风险也比较小，而短期资本则与之相反。因此，企业集团在安排负债筹资方式时，应当在风险与收益、短期资本与长期资本之间进行权衡。

（3）时刻掌握市场利率的变动趋势。市场利率的变动主要是由货币的供求关系决定的。企业集团需要根据市场利率变动的趋势，认真研究市场的资金供求变化，做好筹资安排。在市场利率处于较高水平时，企业集团应尽量不筹资或少筹资。在市场利率处于低水平时，企业集团筹措资金比较有利，此时可以适当筹措资金，并尽量采用固定利率筹措资金。

（4）主动在事前采取衍生金融工具等防范筹资风险。企业集团应积极采用衍生金融工具防范和化解因利率、汇率或其他因素变动引起的筹资风险。比如，企业集团可以采用利率互换、远期利率合约、利率期货和利率期权等方式防范筹资风险。

（二）投资风险

投资风险指因内外部环境的变化导致企业集团投资项目达不到预期目标而产生的不确定性。在企业集团进行投资决策时，投资风险成为不可避免的重要因素。

从投资类型来看，企业集团的投资行为主要有直接投资和证券投资两类。一般认为，如果某个股东拥有被投资企业的四分之一以上的股份，就可以视为直接投资行为。证券投资又可以分为股权投资和债权投资两种类型。股权投资是一种利益共享、风险共担的投资行为，投资者一般会成为被投资企业的股东。债权投资的投资者与被投资企业的内部经营活动不存在直接的关系，投资者只收取固定利息，并且承担被投资企业无力偿还本金和利息的风险。需要注意的是，日本企业集团的公司治理结构中，银行不仅借款给公司，同时还持有股份，兼有债权人和股东的双重身份，这种“主办银行”制度还是非常有其独特之处的。

1. 企业集团投资风险的分类。

（1）购买力风险。在市场经济环境下通货膨胀是常见现象，即便发生温和的通货膨胀，一定金额的货币能够购买的商品或服务的数量也会逐年减少。因此，随着时间的流逝，货币的购买力会逐年下降。正是因为持有货币存在此种风险，人们总是将一部分资金投资于股票、地产或其他方面，以保持货币的购买力。企业集团对外进行投资时都会警惕货币的购买力风险，并采取一定的防范措施，比如进行货币套期保值活动可缓解持有外币的汇率变动风险。

（2）收益风险。收益风险是指购入一种股票，或对外进行直接投资时，如果被投资公司的盈利能力达不到预期，则会产生投资损失的可能性。从理论研究角度来看，如需规避此种风险，可以将部分资金存入银行收取利息以减少对外投资的财务风险，但资金的使用效益会受到较大影响。

（3）利率风险。利率风险就是利率发生变化导致企业集团投资损失的可能性。此种风险一般发生在企业集团买入债券进行投资时，债券的价格会受银行存款利率的影响。当银行存款利率上升时，投资者倾向于将资金存入银行，减少了资金供给，债券价格也会下跌。反之，当存款利率下降时，市场资金供给增加，债券价格上扬。

（4）市场风险。市场风险无处不在，市场价格随时会出现波动，所售商品每天都有不同的市场价格。市场价格的波动属于正常现象，对市场价格变动产生影响的因素有很多，包括经济因素、心理因素和政治因素等。例如，企业集团购买了股票，其后股价不断下跌，企业集团因而遭受投资损失，这就是市场风险带来的损失。

（5）流动性风险。流动性风险，是指因企业集团投资对象市场成交量不足或者缺乏愿意交易的对手而导致企业集团未能以合理的价格完成交易的风险。一般来说，证券类投资变现能力强于实物资产投资。从实际情况来看，流动性风险多发生于固定资产投资。由于固定资产投资金额大，建设周期长，回收资金速度较慢，流动性风险更大。企业进行实物资产投资时，一般会根据资产周转速度的快慢来配置相应期限的资金，一年以内的资金一般配置在流动资产投资上，中、长期投资一般以长期资金满足，以减少资产不易变现带来的流动性风险。个别企业可能会将流动性资金配置在长期资产上，以减少资金沉淀，但这样将增加企业集团的流动性风险。

（6）意外事件风险。尽管企业集团在投资前已经考虑到了各种风险带来的影响，但现实经济活动千变万化，错综复杂，企业集团不可能考虑到所有的可能性，对于一些意外事件，企业集团更是无法预测。意外事件风险与市场风险的本质不同，但意外事件的发生，同样可能给企业集团带来沉重打击。

2. 企业集团投资风险的应对方案。

（1）企业集团应当根据投资目标和规划合理安排资金投放结构，科学确定投资项目，拟定投资方案。企业集团在选择投资项目时应突出主业，谨慎从事股票投资或非套期保值类衍生金融产品等高风险投资。

（2）企业集团应当加强对投资方案可行性的研究，重点对投资目标、规模、方式、资金来源、风险与收益等做出客观评价。

（3）企业集团应当按照其规定的权限和程序对投资项目进行决策

审批。重大投资项目需要集体决策或联签，投资方案发生重大变更的，应当重新进行可行性研究并履行相应的审批程序。

（三）经营风险

经营风险是指在企业集团的生产运营过程中，因其供、产、销各个环节的不确定性因素导致企业集团经营目标达不到预期结果的风险。经营风险产生的原因是多方面的，包括企业集团外部因素和内部因素，而且不同的经营风险形成的具体原因也不尽相同。

1. 企业集团经营风险的分类。企业集团经营风险主要包括采购风险、生产风险、存货库存风险和销售管理风险等。其中，采购风险是指企业集团在采购计划、采购渠道、采购招标、采购验收和采购审批等过程中的不确定因素，给企业集团实现经营目标带来的影响；生产风险是指企业集团在存货结构管理、入库管理、出库管理以及仓储管理等环节中的不确定因素，给企业集团实现经营目标带来的影响；存货库存风险是指企业集团在生产计划与执行、生产成本、产品质量、生产工艺和生产设备等各个生产环节中的不确定因素，给企业集团实现经营目标带来的影响；销售管理风险是指企业集团在销售策略、销售渠道、投标管理以及售后服务等各个环节中的不确定因素，给企业集团实现经营目标带来的影响。

2. 企业集团经营风险的应对方案。

（1）企业集团应建立科学的供应商评估和准入制度，以及采购定价机制，采用招标采购、协议采购、竞争性谈判采购、竞争性磋商采购、询比价采购等多种方式合理确定采购价格。企业集团应当建立严格的采购验收制度，确定检验方式，由专门的验收机构或验收人员对购买物资进行验收，出具验收证明。

（2）企业集团应当采用先进的存货管理技术和方法，规范存货验收程序和方法，明确存货收、发、存的审批权限，建立和完善存货保管制度，并且建立存货盘点清查制度，结合各成员企业的实际情况确定盘点周期、盘点流程等相关内容。例如，企业集团通过存货管理信息系统可以降低采购、销售、生产等环节信息沟通不畅造成的采购过量或者错误采购风险；采用约束理论（TOC）管理生产线上的瓶颈，建立缓冲库存，降低生产线上存货占用的资金总量，间接降低采购资金占用引发的筹资风险。

（3）企业集团应当加强市场调查，合理确定定价机制和信用方式，根据市场变化及时调整销售策略，灵活运用销售折扣、销售折让、信用销售、代销等多种策略和营销方式，不断提高市场占有率。当然，信用销售必须以全过程应收账款管理为载体，否则销售收入增加的同时会伴随着应收账款大幅上升，如果不能产生足够现金流流入，潜在的财务风险很可能转变为不能及时支付采购原材料等货款的现实。

（四）收益分配风险

收益分配风险是指因收益分配不合理而给企业集团实现经营目标带来的不确定性。如果企业集团处于快速扩张时期，则企业集团需要增添大量的人员、原料和设备，一般可以采取的收益分配策略是将税后利润大部分留用。如果企业集团盈利能力比较强，但其收益分配率却低于市场平均水平或者历史平均水平，则这种不分配收益或少分配收益的行为很可能会影响到企业集团的股票价格。因此，企业集团必须做到两者之间的平衡，要保持适当的收益分配率，既要考虑股票的市场价格，又要满足企业集团的内部资金需求，需要加强收益分配财务风险的监测和管理。在我国资本市场上曾经长期存在上市公司不分配现金股利的现象，因此证券管理部门强制要求上市公司把当年利润的一定比例以现金形式进行分红，否则取消其再融资资格，这是企业集团在统筹考虑收益分配风险时必须考虑的政策性因素。

1. 企业集团收益分配风险的分类。

（1）收益发放过度的风险。企业集团如果未能合理预计内部投资所需资金的金额及时间分布，导致企业集团过度发放收益，从而造成企业集团内部资金不足，可能迫使企业集团放弃一些投资机会或者需要加大外部筹资金额。一般说来，外部筹资的财务风险高于内部筹资，外部筹资的风险会因为收益分配风险而加大，并进一步影响整个企业集团的筹资风险。

（2）收益发放不足的风险。企业集团如果未能合理预计内部投资所需要资金的金额及时间分布或者企业集团的盈利能力持续下降，导致企业集团发放收益不足，则无法满足部分投资者实现最低投资回报率的要求，从而会挫伤他们的投资积极性，投资者可能会“用脚投票”，在股权分散情况下可能引发公司控制权变更。股票价格下跌时，如果企业集团希望通过股票质押融资，那么融资额度以及融资难度都将加大。

2. 企业集团收益分配风险的应对方案。

（1）加强企业集团的会计核算体系，提升对外信息披露质量，不断提高会计信息质量。如果会计收益确认与计量不准确，会直接提高企业集团收益分配的风险，因此企业集团应尽量采用与其实际情况相符合的会计政策，在报表附注中向投资者如实地披露相关业务信息，以弥补财务报表仅以价值进行反映的不足，从而提升企业集团的会计信息质量。

（2）统筹企业集团的资金安排，加强资金管理的计划性。企业集团要综合考虑其筹资能力、外部筹资风险和风险承受能力，力争使企业集团整体筹资风险控制在其可承受的范围之内，采取科学的管理工具和方法，加强企业集团资金计划的科学性，安排好企业集团的流动资金需求，确保企业集团及时偿还到期债务，不能因为收益分配影响到企业集团的日常资金需求及债务偿还。

（3）关注收益分配向投资者传递的信息。在资本市场中，收益分配的方式会给投资者传递关于企业集团的某种好的或坏的信息，因而影响企业未来的筹资活动。因此，企业集团在决定收益分配方案之前，既要考虑到影响收益分配的因素，也要关注收益分配向资本市场传递的积极或消极信号，以及资本市场可能做出的反应，统筹考虑对企业集团未来筹资活动的有利或不利影响。

五、风险预警

风险预警是企业集团依据其面临风险的预测而发出的警告。危机预警是通过风险预警实现的，风险预警能够增强企业集团的适应力，保证企业集团能够适应环境变化，对于可能发生的风险能够做到防患于未然。

风险预警系统可以根据企业集团的特点，收集相关风险的资料信息，监控风险因素的变化，评价各种风险因素超过启动点的偏离程度，及时向决策层发出警告信号并采取预防对策。因此，构建财务风险预警系统，首先，要选择并建立起评价指标体系，利用预警系统对指标类别加以分析处理，确定适用的范围；其次，依据预警模型对实际测量指标进行综合判断；最后，依据初步判断结果设置预警区间，并随时根据实际情况采取相应对策。

（一）建立财务风险预警系统时应注意的问题

1. 加强风险和危机意识培养。

（1）管理层应该牢固树立风险预警意识。在市场经济下，具有危机意识和一定的抗风险能力应成为每一位经营管理者的基本业务素质。只有管理层树立了风险意识，所建立的风险预警机制才有可能起到应有的作用。

（2）应建立全员风险管理制度。企业集团全体员工应对风险有普遍性认识，对风险的严重性有足够认识。企业集团应将风险预防作为一项重要的日常工作，制定风险管理制度，要求所有员工知悉并严格执行。

（3）企业集团应该有及时解决危机的意识。企业集团必须告诫每一位员工，发现和解决危机是保证企业集团生存和发展的唯一法宝。必须养成所有人员在发现危机后及时解决的习惯，不能采取拖延的方式，更不能放任不管，任其发展扩大，最终酿成巨大灾难，甚至导致企业破产清算。

（4）企业集团应该有危机解决预案。如果企业集团负面信息被传播出去，就会给企业信誉带来伤害，这就是常说的信任危机。因而，企业必须建立自己的信息传播渠道，与媒体建立广泛的联系，一旦发生了负面事件，能够迅速与有关媒体建立适当信息交换机制，传播对企业集团有利的信息，化解危机，重新树立企业集团的正面形象。

2. 建立风险预警管理机构。

（1）培养风险预警管理人才。处理风险事件，关键在于培养出具备胜任能力的处理风险的人。风险预警相关的人力资源储备应分为两个部分：内部人力资源和外部人力资源。内部人力资源培养主要是建立企业自身的危机管理队伍；外部人力资源则包括所有与企业相关的人员，例如咨询机构等。

（2）企业内部风险管理小组。企业集团内部应当组建风险预警管理小组，小组成员应尽量选择具有风险管理经验和相应素质的人才，风险管理人员应熟知企业所处的内部和外部环境，拥有履职所需职位和较高业务素质。

（3）重视沟通和危机公关。风险预警主要基于被预警对象运动的规律性、可预见性及其表现行为，为未来发展的不确定性制定一套预警措施。从一般意义上来说，企业集团预警系统可以分为：①经济预警，包括宏观社会经济预警以及企业特定经济预警等；②社会政治预警，包括社会安定预警、社会环境预警、城市安全与灾害预警、就业与失业预警等；③自然灾害预警，如地震海啸预警、泥石流预警、台风预警、洪水预警、其他恶劣自然灾害天气预警、生态环境预警、污染指数预警等；④军事预警，包括周边国家安全状况预警、国际关系预警、国内地区性安全状况预警。

（二）财务风险预警理论

目前，财务风险预警理论主要有 4 种：经济预警理论、风险管理理论、企业生命周期理论和现金流量理论。

1. 经济预警理论。经济预警理论从逻辑上将预警系统分为 4 个部分：确定警情、寻找警源、分析警兆、确定警度。其中，确定警情是前提，企业集团风险预警人员需要明确监测预警的对象，确定警情的程度，这是预警研究的基础。寻找警源是预警过程的重要环节，是对警情产生的根本原因进行分析。分析警兆是预警过程的关键环节，因为无数案例已经告诉我们，重大风险事件发生之前，都有大量警兆出现，只不过被忽略了而已。确定警度是预警的目的，能够为风险应对和控制指明方向。

2. 风险管理理论。风险管理理论最新发展的成果体现在美国反虚假财务报告委员会下属的发起人委员会（The Committee of Sponsoring Organizations of the Treadway Commission，COSO）2017 年发布的《企业风险管理框架》中，该框架把风险定义为：事项发生并影响战略和商业目标实现的可能性。也就是说，风险管理的目标是实现企业集团使命和愿景，而不仅仅是对风险进行管理，是跳出“风险管理”的风险管理。狭义的风险管理，是指企业集团在经营活动中，对全部可能发生的结果完全知晓，每种结果可能发生的数学上的概率也是已知的，此时，企业集团如何选择不同决策方案，达到用最小的成本把风险造成的损失降至最低程度的风险管理方法。风险管理的过程可以包括风险识别、风险衡量、风险决策、风险应对以及对应对结果的评价等。

3. 企业生命周期理论。经济周期性波动可能导致各种经济组织出现周期性的财务风险，不同生命周期阶段风险预警目标和手段也不尽相同，例如在初创期，经营相关的财务风险就不宜列为财务风险预警的重点。因而，企业集团对周期性的财务风险进行监测和预警已经显得越来越重要。

4. 现金流量理论。

（1）现金流量的内涵。企业的现金流量指经营活动、投资活动和筹资活动产生的现金流入量、现金流出量和现金流量净额的金额。企业对外付款会导致现金流量减少，销售产品或服务收到现金则会增加现金流量。

（2）现金流量的性质。现金流量在企业集团财务管理中的主要作用有两个方面：一是资金管理；二是企业价值评估。现金流量的性质主要有两个方面：一是现金流量的增量一般会导致企业价值增加，因为充足的现金通常意味着企业集团生产运营正常，能够及时足额偿付债务，不会发生偿债危机，反之，就可能出现现金流量预警警情；二是企业估值时采用的折现率会影响企业的财务管理行为，现金流情况不佳时，估值通常采用较高折现率。

（3）现金流量的特点。现金流量具有反映收益质量和偿债能力、评价财务弹性等功能，可以作为财务风险预警分析指标。企业集团通过现金流量可以预测未来的财务状况，并可以为预测提供充分、有效的依据。

第二节　企业集团财务风险预警理论与实务研究的背景

企业集团面临的社会环境和经济环境日益复杂，迫使企业集团必须采取切实措施防范风险。21 世纪初，国际社会陆续发生了一系列企业破产倒闭事件，如安然公司、世通公司等国际性公司。自美国开始，世界范围内开始了全面风险管理的理论研究和实践探索，试图用企业内部的风险管理体系防范和化解经营过程中遇到的重大风险。在我国，德隆集团等大型企业集团的破产倒闭事件，以及近期发生的康得新、辅仁药业、康美药业等案例也暴露了我国企业集团在财务风险管理方面的问题。因此，如何提高企业集团预测未来财务风险的能力、及时采取预防措施、从容应对可能发生的财务灾难及保障企业健康持续发展，构成了新时期理论研究和企业实践管理中迫切需要解决的难题。

一、政策背景

（一）政策发展路径

在 2016 年召开的中央经济工作会议上，党中央提出了五大任务，即去产能、去库存、去杠杆、降成本、补短板，这意味着自此在供给侧结构性改革的大背景下，企业集团的主要任务就是防范和化解财务风险、改善产品结构、提高综合发展能力。

2017 年是实施“十三五”规划的重要一年，也是推进供给侧结构性改革的深化之年，因此做好经济工作意义重大。中央要求全面贯彻党的十九大精神，严格按照中央总体布局，各项工作都要稳中求进，适应经济发展的新常态，牢固树立新发展理念，提高发展质量和效益，推进供给侧结构性改革，稳定经济增长，同时做好防范风险工作，保证经济平稳健康发展，保持社会和谐稳定。

2017 年以来，在党中央领导下，全党全国贯彻落实党的十八大精神，主动适应发展新常态，推进供给侧结构性改革，扩大总需求，形成良好的社会预期，推进各项改革措施，处理重大风险因素，保持了社会经济平稳健康发展。

（二）未来的宏观政策预测

1. 总体政策。财政政策继续保持积极倾向，但财政支出的结构会做出较大调整，重点行业和领域将继续得到支持。货币政策会保持稳健，货币供给总量不会发生大的变化，社会融资规模将稳步增长。人民币汇率总体保持稳定，稳定出口创汇的政策长期不会动摇。这些政策因素为国内的产业结构调整和深化改革创造了良好政策环境。

2. 产业结构政策。结构性政策要发挥更大作用，优化存量资源配置，大力破除无效供给，把处置“僵尸企业”作为重要抓手，推动化解过剩产能；大力培育新动能，强化科技创新，推动传统产业优化升级。在总体政策保持稳定的前提下，结构性政策将发挥更大的调节功能。存量资源将得到优化配置，无效供给会被剔除，“僵尸企业”将会被清理，这一切都是为了化解过剩产能，同时培育新的经济增长点，推动科技创新，促进产业升级换代。

3. 改革开放政策。改革开放政策只会加大力度，经济体制改革步子会迈得更快，随着“放管服”改革的深化，部分投资项目报建审批事项将会得到清理，投资上报的流程和手续也会简化和透明。国企和国资改革方案继续完善，国有资产监管机构的职能也会发生重大改变，从“管资产”为主转为“管资本”为主，改革国有资本经营和管理体制；推动国有企业建立现代企业制度，要求公司健全法人治理结构。

二、经济背景

2019 年，面对因中美贸易摩擦引发的复杂国际形势以及国内艰巨的改革发展目标，我国提出了要坚持稳中求进的工作总基调，坚持以供给侧结构性改革为主线，坚持深化市场化改革、扩大高水平开放，着力激发微观主体活力，创新和完善宏观调控，统筹推进稳增长、促改革、调结构、惠民生、防风险工作，进一步稳就业、稳金融、稳外贸、稳外资、稳投资、稳预期，提振市场信心，保持经济运行在合理区间。

（一）企业集团面临的外部环境日趋严峻，而且复杂多变

2018 年，全球经济增长步伐放缓，美国单边挑起的中美贸易摩擦引发市场对全球贸易及经济增长前景的担忧，世界主要经济体货币政策持续收紧，新兴市场货币普遍承压，全球金融市场波动明显加剧，英国“脱欧”形势不明朗。因此，我国企业集团面临的外部环境日趋严峻，且复杂多变，这些都是影响企业集团发展的不确定性冲击因素。

（二）我国宏观经济运行总体平稳，但增长压力加大

受国内外部因素在短期内集中发酵的影响，我国国内生产总值（GDP）增速放缓。我国工业生产放缓，工业结构升级仍将持续，代表技术进步、转型升级和技术含量比较高的相关产业仍保持较快的增长速度。从各大类行业对经济增长率的贡献看，以互联网和相关服务为代表的现代新兴服务业继续较快发展，信息传输、软件和信息技术服务业对我国 GDP 增长的贡献提升明显。由于全球经济景气度持续回落，中美贸易摩擦的最终解决还具有很大的不确定性，而其对我国出口的影响将开始集中体现。

随着我国“一带一路”建设、京津冀协同发展、长江经济带发展

等政策的持续推进，西部大开发、东北振兴、中部崛起和东部率先发展“四大板块”的持续发力，以及全国各地城市群的崛起，我国新的增长极和新的增长带正在形成。随着经济增长压力加大、外部环境日趋复杂，我国宏观政策向稳增长倾斜。我国财政政策、货币政策和监管政策的协同性明显提升，正在形成合力应对经济运行面临的内外压力与挑战。

三、社会背景

我国现在正处于近两百年以来最好的历史时期。社会上虽然有许多体制弊端，还有许多没有解决的矛盾，但是政治上比较稳定，法制化进程已经开始，我国市场经济已经初步形成并步入正轨。

随着经济全球化的加速发展以及我国经济发展新常态的成型，企业集团面临的市场竞争愈来愈激烈，在广阔发展的市场舞台上迎接新机遇的同时，也面临着诸多新的风险和挑战。为实现可持续的发展和健康稳定，企业集团能够有效地发现和预防财务风险，开展有效的财务风险管理，提高企业集团的抗风险能力，这是企业集团面临的重要课题。

四、技术背景

大数据，是指那些数量级巨大的、超过典型数据库工具的硬件环境和软件工具所能获取、存储、管理和分析并整合成为支持企业集团日常决策依据的信息。大数据开启了重大的时代转型，正在对政府、经济、人文等社会的各领域产生重大影响。随着移动互联网、泛物联网和社会网络等媒介的迅猛发展，大数据有效地提升了数据的传输、存储、处理、挖掘和共享等方面的能力。企业集团内部的各种运营数据、财务数据以及外部关联数据，为企业集团的风险预警体系提供了丰富的数据来源。

随着我国信息技术的快速发展和日益创新，云计算技术已经被广泛应用到社会各个领域。云计算是一种商业计算模型，它通过集中所有的计算资源，采用硬件虚拟技术，为云计算使用者提供强大的计算能力、存储空间和带宽等资源。将云计算技术应用到企业集团管理决策支持系统中是云计算的一个核心发展方向。

随着通信网络、存储能力和云计算等信息技术的高速发展，我国人工智能（AI）技术出现了“井喷式”的发展。虽然AI技术目前还处于发展的初级阶段，但其作为一项新技术，正在改变着人类社会的原有规则和运作方式。AI技术的发展及其在各个领域的渗透，使得企业集团经营管理面临着前所未有的变化和挑战。当前，有些企业集团已经意识到了这种变化和挑战，基于其自身的实际情况做出了一些应对措施，但大部分企业集团在AI技术面前还是显得“无所适从”，并没有做好适应信息技术发展趋势的充分准备。

第三节　企业集团财务风险预警理论与实务研究的意义

一、实践意义

财务风险预警体系是以系统化的预警功能对企业集团的财务安全状况进行监控，提前识别有关风险并采取适当的防范措施。企业集团通过整理、加工和分析收集到的财务会计信息，能够对整体企业集团的财务风险进行监控，及时发现问题。当企业集团内的成员企业出现财务状况恶化的迹象时，财务风险预警功能即可发出预警信号，企业集团可以提前采取对策，及时化解潜在的风险，据此实现事前和事中控制，“治病于未病之时”，实现未雨绸缪地防范和化解潜在风险的目的。

从企业集团运行来看，财务风险预警体系可以把财务风险控制在企业集团可以接受的水平，避免财务风险导致的企业财务失败。为了追逐利润的最大化，部分企业集团不同程度地进入了国内和国际资本市场，进入的行业如果属于高回报、高风险领域，企业集团面临的潜在财务风险就会急剧上升。财务风险预警体系要求企业集团的重大投融资决策都要严格履行相关程序，所有成员企业都必须接受整个集团的财务风险管理指标的指导，涉及大额资金的重要财务决策必须有相应级别的财务人员参与，此举措可以有效避免个别领导的盲目决策行为。企业集团的下级企业的决策行为受制于企业集团提出的财务风险预警线，能够强化经营者财务风险意识，有益于经营者树立企业管理以财务管理为中心的理念，提高集团整体风险预警和管理水平。

二、理论意义

目前，关于财务风险预警的学术专著很少，只有个别企业集团建立了财务风险预警系统，大部分管理者缺乏对财务风险预警的理解。我们必须承认，企业集团构建财务风险预警系统仍缺乏理论指导，风险管理人员普遍对此感到茫然。从实践角度看，企业集团风险管理工作目前大都只停留在表面，并未深入管理实践中，特别是从企业集团层面整体进行风险的预警实践就更少了。我国学术界对企业集团风险预警理论的理论和实践研究尚不够深入，主要表现在以下几个方面：

（1）由于财务风险预警系统仅属于企业集团预警系统的一部分，研究者往往把财务风险预警体系作为企业集团风险管理的一个子系统进行研究，没有达到全面、深入的效果，其专业性也存在一定程度的欠缺。

（2）对企业集团如何建立财务风险预警系统的理论依据进行深入

探讨和研究的著作甚少，风险预警实践缺少理论上的指导。

（3）对企业集团构建财务风险预警系统的组织机制的探讨和研究不足。

（4）财务风险预警系统相关研究过于侧重定性的研究，缺乏定量分析的案例和实践。

（5）国内研究机械套用国外风险预警模式，没有认识到国外的某些研究模型不符合我国企业的实际情况，生搬硬套国外的指标体系对国内企业来说作用有限。我国现在的财务风险理论研究成果还远远不足以对现代企业进行指导建设，财务风险预警研究仍属于前沿课题，需要根据我国企业的实际组织状况和发展水平，结合相关法律要求构建中国特色的财务风险预警指标体系。

（6）从单体企业角度研究财务风险预警的相关研究较多，而站在企业集团整体角度研究风险预警的少之又少。同时，适用于单体企业的财务风险预警和应对方法，在企业集团层面应用时会发生很大改变。

第四节　集团型财务风险预警体系的基本原则

一、基本原则

财务风险预警体系可以实时监测企业集团的经营风险及其带来的财务风险，提醒企业集团对潜在风险及时采取风险防范措施，达到提高经济效益的目的。企业集团应从总体上统筹规划，设计符合企业集团个性化特点的财务风险预警管理机制。财务风险预警系统作为一项系统工程，在其建立过程中必须遵循相应原则。

（一）科学性原则

财务风险预警的监测方法比较特殊，没有有形的监测仪器可用，必须通过科学合理的监测指标设计达到目的，要求企业集团必须建立科学的风险管理组织和指标体系。科学性原则要求财务风险预警和监测指标能够准确反映企业集团真实的财务状况，充分揭示经营管理和财务管理中的潜在危机。

（二）全面性原则

构建财务风险预警体系时必须把企业集团作为一个整体考虑，监测范围应完整、全面，即财务风险预警监测体系必须对企业集团可能面临的各种风险和所有危机进行监测，监测指标体系必须能够覆盖企业集团的所有业务范围和所属企业。

（三）预见性原则

财务风险预警体系必须具有风险预测能力，侧重于根据企业集团过去的数据预测未来可能发生的重大风险，而非评价企业集团的经营成果和受托责任履行情况。只有预测到企业集团的潜在财务风险和经营危机，才可能及时采取措施规避和防范此类风险。

（四）适应性原则

财务风险预测系统必须具有应用价值，能够适应企业集团的发展和变化。对于中小企业集团来说，受到人才、管理和资金等方面的限制，财务风险预警系统的操作程序应具有简单、方便、实用的特点，真正在实践中得到应用，发挥财务风险预警系统应有的效应。

（五）成本效益原则

企业集团财务风险预警体系的设计和运行应满足成本效益原则，

即财务风险预警系统设计和运行的成本应显著低于其应用带来的经济效益。如果财务风险预警系统相关成本是企业集团不可承受的，则此财务风险预警体系就没有运用的价值。

（六）统一性原则

企业集团财务风险预警体系所需的数据是由现行的会计核算体系生产和提供的，因此该系统在收集财务信息的范围、计算方法和预警口径上应保持统一，以确保预警体系对不同下属企业的判断结果具有可比性。另外，财务风险预警体系监测下属企业财务状况时，应当把企业集团所有成员企业作为统一的整体，所监测的指标应具有统一性，用同一套指标体系预测企业集团面临的潜在经营风险。

二、建立企业集团财务风险预警模型

（一）定性方面

生产经营和财务管理都可能引发财务危机，但是财务危机出现之前一般都有一个由量变到质变的阶段。财务危机演变的过程可以分为潜伏期、恶化期和发作期三个阶段，每个阶段会呈现出不同的特点。在财务危机的潜伏期，企业集团外部环境发生重大变化，虽然其销售额可能继续上升，但利润和现金流逐渐下降。由此会导致企业集团整体流动性变差、信誉持续降低、生产经营秩序变得混乱以及管理问题层出不穷，此时企业集团不顾自身财务实力盲目进行市场扩张会恶化局势的发展。在财务危机的恶化期，经营者忙于“拆东墙补西墙”，不再关注主营业务，专心于资金周转，企业集团应收账款被拖欠严重，资金周转陷入严重困难境地，债务到期不能按时支付或只能违约。在财务危机的发作期，企业集团内的核心企业或子公司会出现严重的资不抵债，企业集团整体上丧失清偿能力，随时准备宣布倒闭，频繁发生高管外逃或关键岗位员工离职的情况。

（二）定量方面

财务风险预警系统的定量分析，指的是从一系列量化指标上判断企业集团的财务风险。企业集团遇到的各类问题非常复杂，但最终所有问题均会集中反映在财务结果上，即反映在财务报表的项目上。因此，各种复杂经营问题的最终分析和诊断，都是通过对财务报表数据的搜集、整理、分析和预判得出的。由于财务风险预警指标的可操作性、实用性差异很大，因此有的研究人员主要从单变量模型分析，有的研究人员则用一系列复杂指标预测财务危机的可能性和时间点。

单变量预警模型采用单个财务指标预测财务风险发生的可能性。例如，美国学者威廉·比弗，曾通过选择 1954—1964 年发生的 79 个财务失败案例，并选取相同数量成功企业进行对比，发现用现金流量和债务总额比率两项指标预判未来财务状况的效果最好；净资产与资产总额的比率、资产负债率预判未来财务风险的误判率比较低。一般来说，当企业集团面临较大财务风险时，这 3 个财务指标均表现为：低于行业平均水平，呈现不断下降的趋势，并且这种特征具有长期必然性而不是偶然发生的。威廉·比弗同时得出结论：发生财务危机的企业集团报表上具有现金与存货不断减少、应收账款不断增加的显著特征。

三、注意事项

每个企业集团都有各自的特点，其组织形式、经营理念、管理水平等都显著不同。若要财务风险预警体系能真正适用，企业集团就必须考虑自身特点，设计的模型应反映其实际情况。建立企业集团的财务风险预警体系必须注意以下几点：

（一）建立完善的内部控制制度和流程

内部控制制度和流程的完善程度直接影响到财务风险预警模型中

使用的各种指标、财务比率的真实性和可靠性，因此建立财务风险预警系统要求企业集团已经具备健全有效且执行良好的内部控制制度和流程，否则财务风险预警系统的功能将会难以充分发挥出来。

（二）牢固树立全员风险防范意识

企业集团管理层及全体员工在思想上应牢固树立识别风险、防范风险的意识，管理层对于员工发现的问题和提出的合理建议应给予足够的重视，对于有益的意见应及时采纳，这些都是财务风险预警系统充分发挥其功能的前提条件。

（三）遵循成本效益原则

企业集团财务风险预警系统的设计和运行必须考虑其承受能力，不能因此增加企业集团整体的不必要负担，必须使预警信息带来的价值大于预警系统的投入，从而有效保证财务风险预警系统的经济性。

四、建立财务风险预警和控制机制的路径

（一）完善企业集团范围内的法人治理结构

在企业集团范围内的法人治理过程中，比较容易产生的一个问题就是委托—代理问题，即受托人为了自己的私利可能不会尽全力去实现委托人的利益，从而产生道德风险，这就是委托—代理问题。从实际来看，委托—代理问题无法完全避免，只能采取一些措施防范和减轻它的影响。按照相关的法律要求，法人的治理机构包括股东会、董事会、监事会、经理层。对于企业集团来说，应按照法律要求，在集团范围内完善核心企业和各个子公司的法人治理结构，建立符合法律要求的股东会、董事会、监事会，并使其充分发挥有效职能，特别是在国有企业集团中，必须发挥党委会的领导决策职能。董事、监事和高管必须按照法律要求，依法定程序，勤勉地履行治理机构的职能。

股东会、董事会和经理层之间应形成一种互相制约、互相监督又互相促进的关系，以促进实现企业集团效益最大化。从实践来看，我国上市公司的股东偏强势，许多上市公司存在“一股独大”的问题，因而导致股东对董事会和经理层形成了绝对控制的局面，部分上市公司存在大股东损害小股东利益的问题。

（二）建立科学的激励和约束机制

激励机制实际上是委托人为解决委托—代理问题进行的制度安排。激励只有对受托人具有足够的吸引力，强度足以体现出经营者的奉献水平，才有可能充分调动经营者的积极性，使经营者站在委托人角度认真考虑企业集团整体的发展前景并据此做出决策，使企业集团保持业绩长期增长。理论研究表明，经济增加值（EVA）考核体系能够较好地协调委托人与受托人之间的利益冲突，使二者保持目标一致，因此企业集团可以建立以 EVA 为基础的预算和激励制度，按照 EVA 的一定比例计算管理者的工资或奖金。理论研究还表明，EVA 激励制度能够较好地把股东、管理者和员工三者的利益统一起来。因此，在保持同一目标的前提下协调三者可能发生的冲突，使管理层、员工能够分享企业集团发展的成果，有利于更好地培养管理层和员工的奉献精神。

约束机制是为控制和监管代理人行为而设计的，用以确保委托人的利益不会受到代理人的故意侵害，达到保护委托人利益的目的。约束机制按其实现方式可以分为内部约束机制和外部约束机制。顾名思义，内部约束主要通过内部控制措施实现，有时甚至需要改变公司的治理结构。外部约束机制主要通过市场力量实现。发达国家健康成熟的产品竞争市场有助于促进集团内各成员企业加强管理，通过降低产品成本、提高产品质量满足市场需求。另外，规范的职业经理人市场也属于外部约束机制，该市场能有效地约束职业经理人的不当行为，迫使他们为了个人职业声誉而放弃短期行为，努力追求个人和企业集团长期利益。

关键岗位的道德风险也不容忽视，例如关键技术人员离职并加入竞争对手企业可能给企业集团造成巨大的经济损失。因此，企业集团应提前采取措施防范此类风险，例如签订竞业禁止协议等。

（三）优化业绩评价体系

从实践来看，我国目前大多数企业集团并没有建立科学的业绩评价体系，仍旧在沿用传统的业绩评价方法。传统的业绩评价方法存在明显的局限性，不仅不能达到考核目标，还可能会误导管理者行为走向反面。这种考核的局限性主要表现在：①传统考核过于重视财务指标，忽视了非财务指标的重要作用；②只重视短期财务效果，忽视了企业集团长远发展能力考核；③重视被考核人员过去的经营成果，忽略了企业集团未来价值的创造能力；④重视企业集团内部经营管理的过程，忽视社会责任和声誉；⑤重视有形资产，忽视商誉、消费者认可度、品牌知名度等无形资产。这些局限性的存在，不仅会妨碍企业集团长远战略目标的实现，影响企业集团核心竞争力的培养，更无法适应现代科学技术的迅猛发展。因此，企业集团进行业绩评价时，建议选择平衡记分卡，实现短期利益和长期利益、局部利益和整体利益的平衡，防止企业集团侧重某一方面而忽视另一方面。

第五节　企业集团财务风险预警的应用

企业集团财务风险是客观存在的，不可避免的，但是财务风险可以预防、降低或转移。财务风险预警系统是防范财务风险的工具，企业集团能够借助计算机技术收集大量相关财务信息，通过事先设定的风险预警指标体系，及时捕捉和监测各种细微的财务变化，并对不同程度的财务风险及时发出警报，提醒企业集团及时采取措施，化解财务风险。企业集团财务风险预警主要有以下几个应用步骤：

一、建立财务风险预警组织

企业集团应统筹规划，从战略角度设计符合自身特色的财务风险预警指标体系。财务分析预警指标体系建立后，为使财务风险预警工作机制得到正常运行，企业集团应建立并健全预警组织机构和相关人员。预警机构应具有一定的独立性和地位，必须独立开展工作，不得参与企业集团内成员企业的生产经营活动，也不能直接干涉其经营管理行为，预警机构只对企业集团的最高管理者负责，财务风险预警组织机构的日常工作可以由企业集团母公司的现行职能部门（如财务部、企业管理办、企业策划部）承担。预警组织和预警制度的实施应保持经常化、持续化，经过连续不断地运行才能产生预期的效果。

企业集团财务风险预警体系包含两个层次：一是集团总公司（母公司）的财务风险预警系统，它能够覆盖整个企业集团的运营和管理；二是各子公司独立建立的财务风险预警系统，该系统只针对某个或某些子公司的风险预警工作。无论在哪个层次建立财务风险预警体系，企业集团都应该建立专门的财务风险预警组织负责财务风险预警工作，按照专门、专业、独立的原则执行预警工作，确保财务风险预警分析的工作有专人落实，有专门的汇报体系和职级关系，不受其他组织机构的干扰和影响。除此之外，需要配备适量的财务风险预警人员。企业集团财务风险预警机构的组成人员应由各个相关方面的专业人士和管理人员共同组成，包括董事会、管理层人员等相关人员。财务风险预警组织应明确各个职能部门在企业集团财务风险预警机制中的地位和职责，相互沟通，各负其责，各司其职，并根据企业集团发展变化情况制定或修改财务风险预警方式和预防措施。

二、收集财务信息，捕获风险信号

企业集团首先需要正确选择风险预警指标。企业集团在设置预警指标时，必须要对企业集团及成员企业的历史数据、同行业市场数据作深入和仔细的研究分析。企业集体要考虑自身特殊性，并结合其特点，建立一套能够包括现金状况、债务状况、经营状况、投资状况、盈利状况等各方面的，相关程度比较高的，能够合理预测企业具体财务风险的预警指标体系。为识别每一项预警指标提示的风险，风险预警系统应关注各种早期风险信号。例如，现金流量的变化、财务结构是否合理、负债规模是否适度、投资比例是否失调、企业集团内的成员企业信用是否下降、偿债能力是否减弱、市场竞争力是否减弱和产品是否积压等。这些工作必须建立在对大量财务信息进行系统分析的基础上，捕捉每一个可能预示财务危机的信号。

三、财务风险分析评估机制

企业集团应当利用建立的财务风险预警系统对财务运行状态定期进行估计，并结合状态变量的数值，对其所属的财务风险预警水平进行评估。当出现某些风险信号时，应对其进行甄别归类，根据评价指标计算公式，利用财务风险信息系统搜集的资料，计算出具体的风险指标值。高效的风险分析机制是财务风险预警系统能够正常工作的关键。通过对预警信息进行分析评价，企业集团可以迅速排除不重要的风险因素，将主要精力和资源用于可能造成重大影响的风险因素，并分析风险的成因，评估其风险的高低。在评估的基础上，制定相应的应对措施。从国内外的实践经验来看，企业集体为了保证评价结果的真实性，财务风险预警机构要求从事分析的工作人员应保持高度的独立性和专业精神。预警分析指标一般包括两个重要节点：先行评价指标和启动点。前者用于日常运营评测，后者是控制评价指标的临界点，也就是企业集体的预警措施开始启动的时点，一旦评测指标超过预定的临界点，相应的风险控制行动也就启动了。

四、财务风险应对机制

根据财务风险预警系统的安排，预警部门应从总体上掌握企业集体及其所属企业的财务状况、经营成果和现金流量，通过定量分析方式，全面分析企业集团内部经营、外部环境变动相关的各种可取得的资料，与预先制定的各种财务指标标准值进行比较，第一时间捕捉企业集团财务风险的征兆，查找财务问题产生的源头。在财务风险经过分析确定后，对于超过临界点的财务风险预警指标，应立即制定相应的措施，尽可能减少风险带来的损失；对于尚未达到临界值的财务风险预警指标，企业集团的预警机构可以继续观察，持续跟踪该指标的变化情况。同时，要协调各部门之间的关系，使企业集团内各成员企业之间、每一法人单位内的部门之间、部门与管理层之间、管理层与股东会之间相互沟通，相互配合，从而及时有效地解决风险预警系统发现并被正确识别的财务风险问题。

第二章

企业集团财务风险预警指标体系设计

第一节　企业集团财务风险预警指标体系设计目标

一、终极目标

财务风险预警指标体系集预测、警示、报警等功能于一体，本质上是一种风险控制机制。财务风险预警指标体系设计的终极目标是在对财务风险进行预警控制时，深入分析并说明各种财务风险的成因，详细剖析其根源，以寻找有效的治理对策。

财务风险预警通过对企业集团外部经营情况等各种信息进行全面分析，用及时的数据化管理方式得出相关财务指标，以此提前告知管理层企业集团及其成员企业面临的潜在风险，同时针对发现的财务危机原因以及财务管理体系中的隐患提出行之有效的解决措施。财务风险预警的实质是财务管理，如果企业集团不能对各种财务风险进行防范和规避，可能会对企业集团及其成员企业未来的发展造成不利影响。当然，如果风险没有得到控制，受到侵害的就是企业集团及其成员企业的财务管理活动，由此还将引发一系列的包括生产经营和销售在内的危机。

财务风险预警系统，是指在财务风险发生之前，观察和捕捉各种资金运动的迹象，对企业集团及成员企业可能或将要面临的财务危机进行预测、预报，为采取适当的对策争取时间的财务分析管理系统。建立完善的财务风险预警系统能够帮助企业集团更好地实现终极目标。

二、一般目标

（一）提高企业集团风险抵御能力

众所周知，企业集团是现代企业先进的组织形式之一，集团母公司主要通过资本等手段（不限于资本）将多个独立法人企业联系起来，形成一个层次分明、功能齐全的整体，其中内部成员往往存在共同利益。通常集团内部成员企业之间资金往来密切，可以相互提供担保，因此一旦某家成员企业发生财务危机就可能引起连锁反应，给整个集团带来巨大损失。集团母公司处在所有内部成员的中心，为保证整体规模效益得到最大程度发挥，并最大程度提高风险抵御能力，企业集团建立起卓有成效的财务风险预警指标体系，对加强监管和控制各内部成员企业的财务风险具有深远影响。

财务风险预警指标体系的建立旨在通过分析与衡量企业集团财务数据、财务报表以及相关内部营运资料，采用设计好的财务预警风险指标体系与预警区间对企业集团财务活动中的各个环节进行监测，发现企业集团活动中隐藏的问题、可能发生财务危机的环节和潜在的财务风险，帮助企业集团更好地进行财务风险管理与经营决策，防止或减少风险损失，并能警示其他利益相关者提前做好防范，规避风险。运行财务风险预警指标体系的步骤如下：

首先，监控、判断并分析企业集团在财务活动过程中每个环节存在的风险，然后进一步确定这些财务风险产生的具体环节、当前状况以及可能造成的损失。

其次，在企业集团所处的实际境况的基础上构建一套财务风险预警模型，用该模型以及相应指标对企业集团及其成员企业的财务状况进行全方位的评估。

最后，依照以上得出的评估结果鉴别企业集团面临的风险状况，并依据此风险状况找到相应的补救方案，特别是深入业务层面的补救方案，以期控制损失的产生，保持财务活动正常运行。

（二）财务风险管理的实践意义

1. 有利于企业集团经营活动合法合规。经营活动合法合规是指企业集团整体及其成员企业的经营活动符合集团内设立的规定、规章、规则、规范，以及国际和当地的法律、法规，同时还要与特定行业的法律法规一致。合法合规性相关要求可以使企业集团主动防范违法违规行为的发生，进而规避由于法律制裁带来财务损失的风险。企业集团管理者制订的经营方针、计划等是为了实现企业集团的目标，财务风险管理应当在风险和收益平衡基础上为战略实施保驾护航。企业集团财务风险管理要求无论是集团内的上市公司还是一般企业，均应在经营管理目标的指导下生产运营，在此过程中应当严格遵守国家法律法规和政策、不同经济发展阶段下的方针和规定，并坚决执行企业集团以此为基础制订的经营规划。

2. 有利于保证企业集团资产安全和使用有效。资产是企业集团及其成员企业依据法人地位能够控制的[①]能够为其带来经济利益的资源，确保资产安全是企业财务管理的基本目标之一。企业集团财务风险管理在防止企业集团资产流失的同时，提高了自有资产保值增值率，也就是说资产管理的目标不仅在于资产安全，更要考虑资产的效益，当前国家对国有企业资产管理的检查中，不仅关注是否账实相符，还非常关注资产使用的有效性，并对资产管理行为进行绩效评价。企业集团财务风险管理通过一系列措施，例如不相容的岗位、职权的分离和相互牵制，能够有效防止串通、舞弊等行为造成的资产损失；通过严格授权保证财产物资在使用过程中的安全性与完整性。

3. 有利于保证会计信息质量真实准确和完整。会计是公司治理的机制与成果的表现，被称为当今公司治理结构的语言。将可靠且相关的会计信息提供给信息使用者，能够帮助其做出合理决策是会计的基本目标。确保会计信息质量真实、准确和完整是实现会计目标的先决条件。

然而，会计信息失真与会计舞弊行为屡禁不止，究其原因主要有以下两个方面：一是公司治理结构不健全，内部控制不完善，管理人员利用信息不对称向利益相关者提供失真信息，借此获取个人利益，形成道德风险；二是缺乏有效的外部监管机制，对造假行为进行处罚的相关法律法规不健全，会计准则亟待进一步完善，注册会计师审计的独立性应进一步加强等。

高质量的会计信息是公司治理成功的关键。确保会计信息质量的真实、准确和完整，有助于完善对经理层的激励约束机制，降低信息的不对称性；有助于增强企业集团层面以及成员企业内部的内部控制

---

① 企业集团及其成员企业是否拥有某项资产的权利，主要看是否拥有控制权，因为拥有产权并不必然能够控制资产相关的收益并承担相应风险，此处的说法与当前企业会计准则是一致的。

体系，优化公司治理结构；有助于提高投资者和债权人投资决策的准确性，维护投资者对资本市场的信心，确保企业集团及其成员企业具有充足的资金来源，促进其长远发展。

企业集团可通过以下方式建立高效合理的财务风险管理体系：①设计科学的企业集团内部凭证管理制度并严格执行，进行相对准确的以及可验证的会计计量，合理建立账户，设置标准统一的会计处理和结账流程；②定期编制财务报表，准确、快速地确认、计量和报告企业集团所发生的经济业务；③实施分工合作体制，通过设立完善的岗位体系达到相互制约、相互监督的目的；④提升从业人员及管理人员素质，建立有效的激励机制，降低信息的不对称性；⑤健全内部控制制度和管理流程，加强法制监督，强化责任追究制度，确保会计信息质量的真实完整。

4. 有利于企业集团持续经营和健康发展。企业集团及其成员企业生产经营的最终目标是通过提供满足消费者需要的产品和服务来创造价值。持续经营和健康、可持续发展是保证企业集团最终目标实现的基础条件。企业集团的持续经营和健康发展，在很大程度上取决于财务风险管理的效率与效果。健全的财务风险预警体系可以有效提升财务风险管理的效率，避免或者降低因财务风险导致的损失，提高风险抵御能力。

5. 有利于企业集团自身发展战略的实现。企业集团发展战略是对自身发展的使命和愿景的具体化，是落地实施的具体谋略，是解决发展中整体性、长期性、基本性问题的指导方针。财务风险管理可以帮助企业集团实现发展战略，同时企业集团发展战略的理念中也涵盖了如何构建财务风险管理体系。财务风险管理可对企业集团发展战略实施过程中面临的财务风险进行事前识别和预测，并通过严格的管理流程设计与执行，实现对风险的有效控制和管理，降低企业集团财务危机成本，为企业集团发展战略的实现提供安全、高效的财务保障。

三、协调目标

企业集团财务风险预警系统由母公司利用实时的数据化信息对成员企业（含子公司）生产经营形成的资料以及据此编制的财务报表进行系统性分析，以便母公司管理层、风险控制部门和其他利益相关者提前预知分析过程中发现的问题，据此加强风险防范，从而达到母公司协调成员企业进行财务风险管理的目标。企业集团财务风险预警系统可能发出预警的情况包括成员企业财务状况恶化、企业集团经营管理被忽视等。

（一）母公司对子公司的财务预警体系

1. 设立母公司财务信息收集制度。完整的信息系统由信息组成，包括企业集团经营活动产生的财会信息、所处外部环境下的宏观信息以及涉及的行业信息资料等。企业集团内一般由母公司或者母公司设置的实体，对数量庞大的信息进行多层次分析、精确性分析和相关性分析，可以为健全财务预警体系打下基础。

2. 设立母公司财务预警组织制度。母公司可将财务预警组织机构设置在其风险管理部之下，从而保证充分发挥母公司财务预警组织的职能。财务预警组织机构具有高度独立性，对母公司董事会负责，工作人员由内部具备一定经验的管理人员、专业技术人员以及聘请的外部专家组成。

3. 设立母公司财务风险分析制度。母公司可通过风险分析快速审查其成员企业财务影响的风险状况，应当高度重视风险分析制度的建立。当前的分析，已经远远超越财务信息，业务信息甚至非结构化的电子邮件，都已经在实践中被纳入风险预警分析体系。

4. 设立母公司财务风险应对制度。母公司在排查财务风险后进行分析，针对不同的风险状况制订具体的风险防范、规避以及转化等措施，从而将风险状况可能造成的损失降低，财务风险应对制度主要由应急措施、补救方案、系统优化等组成。

（二）母公司对子公司财务风险预警体系的监测与控制

1. 明确财务风险监测对象。财务风险监测对象主要包括财务支付风险与财务结构风险。对财务支付风险的监控主要从现金流动性、逾期债务以及资产变现能力等方面进行。对财务结构风险的监控主要从融资途径、负债比率以及利息保障倍数等方面进行。

2. 实行对子公司经营风险的监测。子公司陷入财务困境、触发财务危机的原因主要是成员企业出现了经营风险，这种风险通常是由成员企业经营决策不当或者管理疏漏造成的。集团母公司可以通过 4 个方面监测成员企业经营风险：①成员企业目标市场需求的转变；②成员企业相关行业政策及技术发展的变化；③产品销售时点及价格的调整；④成员企业管理层的素养及胜任能力。成员企业的风险控制能力与财务表现能力是以自身能力体系中管理层的创新设计能力、消费者需求拉动能力和系统营运能力为基础的。

3. 将月（季）度经营汇报解析、年报、预算计划与对成员企业的日常监测结合。管理信息系统的普及保证了企业集团日常监测的顺利执行。企业集团财务支付风险和财务结构风险的监控渗透在日常经营活动的研究、供给、生产、销售等环节中。母公司与成员企业之间的交流、分析和监测反馈可以通过将成员企业的月度、季度经营汇报解析与年度报告和预算计划结合来实现。

总而言之，集团母公司应保持对成员企业内部经营情况的关注，同时构建外部监控机制，随时预报成员企业的财务情况是否出现危机甚至达到破产的状态。母公司要对成员企业的经营和财务状况进行详细审查，通过定性与定量分析发掘陷入不良发展的生产经营项目，深入探究发生的原因并根据具体情况合理安排正常的生产经营活动。

第二节 企业集团财务风险预警方法

一、企业集团财务风险预警常见方法

企业集团建立财务风险预警系统能够对可能发生的财务风险进行监测和预警。财务风险预警利用管理学、财务会计学、运营管理等相关的理论，结合相应的数学模型，对企业集团财务和业务等信息进行综合分析，发现并预警可能存在的财务风险，帮助企业集团做出合理的生产经营决策，为企业集团的发展做出重大贡献，也就是说财务风险预警的信息来源和手段不仅限于财务信息。

自 1960 年以来，西方发达国家应用财务风险预警技术并延伸出不同种类的模型及方法，包括典型的线性预测模型（如多元判别分析法等）和典型的非参数预测模型（如神经网络模型等）。但是，已有模型存在一个共同点：均认为可以对企业集团内成员企业进行分类，也就是假设将成员企业分为财务异常企业和非财务异常企业。传统方法大都是在财务指标的基础上设立财务风险判别模型，进而依照财务情况进行识别与判断，从而对企业集团内成员企业进行基于财务风险状态的分类。财务风险预警模型的发展趋势可以总结为：应用多种方法结合起来，特别是以财务共享为代表的大数据时代，建立业财一体化的财务风险预警模型，突出现金流量类指标，分行业建立财务风险预警模型，结合定量与定性的方法建立财务预警模型，是基于当前技术和经济大环境的选择。基于现有的理论和实践研究成果，运用定量分析的财务风险预警方法大致分为两类，即传统统计方法和人工智能方法，此外还存在定性方法与其他方法。

（一）传统统计方法

理论和实践研究中普遍使用的传统统计模型有：单变量模型（Univariate Model，UM）、多元判别分析（Multiple Discriminant Analysis，MDA）、逻辑回归模型（Logit Model，LM）与概率比模型（Probit Model，PM）等。

1. 单变量模型。单变量模型是学者们早期对财务风险预警进行研究时普遍使用的方法。该模型通过对比财务异常企业和非财务异常企业的财务表现，剖析存在的显著差异之处，并依照最佳判断点对两类企业进行判定，最早由 Fitzpatrick（1932）运用单变量风险预警模型进行财务风险预警。Fitzpatrick 以单个财务比率对 19 家样本公司进行分组，具体分为破产组与非破产组。研究表明净利润与股东权益的比值和股东权益与负债的比值最能起到判别作用，且这两个比值在经营危机出现的 3 年前已表现出明显差异（刘彦文，2009）。Beaver（1966）也利用该模型进行研究，共选取 158 家公司作为研究对象，其中财务异常的公司与非财务异常的公司各占 50%。对这些公司进行财务异常前 5 年的剖面分析，结果显示财务异常的公司与非财务异常的公司其财务比率的均值不同，且呈现出一种规律，即离出现经营失败的时间越近，结果差距越大。该研究随后将所有研究对象随机分组，挑选出 5 个财务指标作为变量，运用单变量判别预测。研究结果表明，现金流量与负债总额的比值最能够合理判别公司的财务状况，判别效果居次的是资产负债率，且同样呈现出一定规律，即越靠近出现经营失败的时间点，判别出错的概率越低，预见性越优。

该方法最早用于预测财务风险，开创了财务风险预测技术的模型时代，具备计算简单、便于理解等优点，能够利用个别检验找到有效预测企业面临财务风险的财务比率。但是单个财务比率并不能全面反映企业的财务全貌，且在该方法下会出现选用指标不同，预测结果不同的现象。此外，虽然企业可以利用单变量模型判断其是否陷入财务困境，却不能以此断定其是否可能破产以及预测破产时间。同时，该方法的广泛应用可能会引发经理人对单个财务指标造假的现象。但是不可否认的是，其他模型在“预选变量和确定分割点”时仍然不能忽视单变量模型“剖面分析与二分检验”技术所发挥的作用。

2. 多元判别分析法。随着研究的深入，财务风险预警研究进入多变量预测阶段。Altman（1968）首次利用MDA模型进行财务风险预测研究，将选用的多种财务指标带入判别公式，以方程的汇总值来预测财务风险。该方法克服了单变量间预测结果不一致的矛盾。Altman总共选择了66家企业作为研究对象，其中在1964—1965年申请破产企业占50%，对相应的非破产企业占50%。该研究选用5个财务指标拟合成一个多元线性函数方程式（Z - score），也称为Z值模型，具体如公式2 - 1所示。1977年，Altman以1969—1975年美国企业的数据为基础，进而利用多元线性模型开发出包含7个自变量的Zeta模型，使得预测效果显著优化。

$$Z = 0.012X_1 + 0.014X_2 + 0.033X_3 + 0.006X_4 + 0.999X_5 \quad (2-1)$$

费希尔（Fisher）首先采用结合判别分析法与企业破产有关的财务变量进行综合分析的方法，并以此来预测企业是否存在破产风险。我国比较典型的研究成果为，周首华和杨济华在Altman提出的Zeta模型的基础上，引入现金流量的相关评价指标，根据现有企业财务状况的改变，提出了被普遍使用的F分数模型。

多元判别分析法具备以下3个优点：①可以容纳展示企业财务状况的多项指标，故被普遍应用于财务风险预测；②可以包括独立变量；③模型成功构建后应用相对轻松。然而，此方法也有以下不足之处：①仅适用于组内接近正态分布的情形，并且组内协方差矩阵应当相等，但是如果实践应用中所分析的数据来源于非正态总体，则所得结论可能存在偏差；②该种方法所得结果分值本身无意义，需要经过对每个个体分值的相对比较排出序列等级来判断企业所在的类别；③通过多元判别分析法将财务异常组与控制组配对时的标准很难确定。

3. 逻辑回归模型。逻辑回归模型通过计算样本企业的条件概率，以此达到识别样本企业财务状况与经营风险的目的。累计概率函数是逻辑回归模型的构建基础，自变量无须服从多元正态分布且两组间协方差也无须相等。逻辑回归模型假定企业破产概率取 P（破产为1，非破产为0），同时假定财务比率线性能够解释 $\ln[P/(1-P)]$。假设：$\ln[P \div (1-P)] = a + bX$，推导此式可以计算出企业破产的概率，如公式2-2所示：

$$P = \frac{e^{a+bX}}{1+e^{a+bX}} \tag{2-2}$$

与其余模型的判断方式相同，逻辑回归模型首先依照多元线性判定模型确定企业破产的 Z 值，接着推算出企业破产的条件概率。该模型的一大优势是打破了统计假设约束线性的限制，无须严格的假设前提，扩大了应用范围。目前，该模型的应用较为普遍，然而计算过程烦琐以及计算过程中存在多处近似处理影响了其预测的精确度。

4. 概率比模型。概率比模型假设企业破产概率为 P，选取的概率函数是累积标准正态分布函数，如公式2-3所示：

$$P(X_i, \beta) = F(\alpha + \beta X_i) = \int_{-\alpha}^{\alpha+\beta} \frac{1}{\sqrt{2\pi}} e^{\frac{-t^2}{2}} dt \tag{2-3}$$

该模型的计算方法与逻辑回归模型类似，首先要明确企业样本的极大似然函数，通过计算似然函数的极大值得出参数 α 和 β，而后求出 P 值。所得 P 值若小于0.5，视为非财务异常企业；若 P 值大于0.5，则视为财务异常企业。

概率比回归模型与逻辑回归模型较为类似，差别在于变量概率分布的假设不同。概率比回归模型采用累计正态概率函数，假定因变量服从累计正态分布；逻辑回归模型采用逻辑概率分布函数，把预测（0，1）事件的概率问题转化为实数轴上预测某个事件发生的机会比率问题。虽然两个模型类似，但概率比回归模型内含非线性估计，较逻辑回归模型而言计算更加烦琐，应用范围相对较窄。

（二）人工智能方法

自1950年起，在统计技术与计算机技术持续发展的推动下，财务风险预警模型逐步引入了相关技术，比如人工神经网络（Artificial Neural Network，ANN）、粗集理论（Rough Sets Theory，RST）、递归分割算法（RPA）、案例推理（Case - Based Reasoning，CBR）等都有所涉及，但应用最为广泛的为人工神经网络。

1. 人工神经网络模型。人工神经网络是人工智能技术的典型代表。据此形成的模型即ANN模型，是一种并行分布处理模型，将人脑结构、功能特征等事物进行抽象并形成理论，再通过简化和模拟进行进一步的发展。ANN模型和非线性方法非常类似，无须达到财务风险预测函数的变量（即财务比率）是线性并且相互独立的假定要求，就可以深层次探究预测变量之间潜在的相关关系。

Odom和Sharda在财务风险预警过程中最早使用了神经网络（Neural Networks，NNs），基于与Altman研究中相同的财务指标，采用三层前馈神经网络，并用MDA模型得出相关结论确立对照组，得出了理想中的结论，使用所建立的神经网络在破产前1年准确进行破产预测的概率高达81.75%。此后，模型得到不断改进，20世纪90年代后期ANN模型在财务风险预测所使用的方法中占据主导地位。

ANN模型有以下优点：第一，无须建立实际系统的数学解析式。实际系统的输入（或输出）关系被神经网络包含在内部结构中，实践中只要将神经网络输出与目标输出的误差值控制在可接受范围内，便说明神经网络已充分展示了实际系统的特性，实现了对系统的拟合，并且ANN模型即为实际系统的拟合模拟。第二，由于大量神经元广泛相连形成神经网络，神经元之间的连接权值与模型参数相对应，故

ANN 模型可通过持续调整权值接近实际系统输出变量的非线性函数。第三，在拟合过程中，ANN 模型的收敛速度与实际系统的维度无关，仅由神经网络结构特点和学习参数而定。

ANN 模型也有较多不足之处：①训练消耗大量时间，容易局限于部分优化，泛化能力较差，缺少参照标准建立网络模型。确切地说，某个人工神经网络系统可以做到精准预测一类企业是否陷入财务困境，却不一定能精确预测其他类别企业的状况。②目前对人工神经网络的研究尚未构造出整个理论体系，处理过程不透明，描述具体过程非常困难。

2. 粗集理论。如果企业的信息存在缺陷，对其分类可采用粗集理论，即用一组具有多价值属性的财务比率刻画财务异常企业与非财务异常企业，并从中发现财务比率与企业财务风险之间的关联。粗集理论能够深入探究并使用自然语言表达隐含在数据中的关键信息，从而建立起一组决策规则能够让案例支持每个决策。这种方法结合了定性与定量分析，全程透明清晰。

样本与决策者知识面的差异往往会形成不一样的决策规则组，故决策者的知识掌握程度影响着决策支持系统的集成。目前，在财务风险预警研究中运用粗集理论的学者有 Pawlak、Dimitras A. I. 和 Joseph P. Herbert 等。

3. 递归分割算法。递归分割算法是一种以模式识别为基础的非参数计算机分类技术，既具备单变量分类法的特征又与多变量分析法有相似之处。通过递归分割算法得出的模型表现为分类二叉树的样式，该模型能够将研究对象分配至特定的组中。1985 年，Frydman、Altman 与 Kao 第一次在评价信用客户经营危机及预测的研究中应用递归分割算法得到结论，并与多元线性模型得到的结论进行对比，对比显示无论是在原始样本还是类比样本中，递归分割算法比多元线性模型表现更优，且通过对比这两种方法得到的结论还能得到更多的信息。递归分割算法同时拥有单变量模型操作简单及多变量模型容纳信息多的优点，非参数研究方法的属性也弥补了参数类研究方法中存在的多方面的不足。然而，基于递归分割算法的模型仍存在以下缺陷：①递归分割算法作为一种前向选择方法，在引进新分类规则时并未顾及已用的分类方法，故可能发生相同分类指标反复出现而判别点却产生变化的情况。②可能出现过度拟合的情况。③可以利用递归分割算法把不同风险类型的企业分开，但不能对同一风险类型的企业进行比较。

4. 案例推理。耶鲁大学 Schank 教授与合作伙伴最早提出案例推理，这是一种用来在复杂多变的环境中解决难题和集成决策的方法，运用 K 临近算法对已有存档案例进行梳理，以此为依据判别和预测新出现的案例，适合企业的财务风险预警。案例推理方法适用于不具有成熟理论模型的领域，也适用于用存在案例表示经验相对丰富但难以用知识定义的决策环境，如医疗诊断及医疗事故鉴定、法律诉讼案件处理、交通事故处理等。Hongkyu 详细全面地对比了人工神经网络模型、多元线性模型与案例推理方法，结论显示后两种方法没有实质性的差别，人工神经网络模型在信息不完善的情况下更有效。该研究还表明多种方法相结合下的预测比仅使用一种方法预测结果更准确。

（三）定性方法

尽管现存的有关财务风险预警的方法多集中于定量模型，如逻辑回归模型、多元判别分析法以及人工神经网络模型，但是学术界也存在较多企业财务风险定性预警研究方法，如风险分析调查法、四阶段症状分析法、资金流程图分析法、管理评分法以及三个月资金周转表法等。

1. 风险分析调查法。风险分析调查法是指企业集团或成员企业聘请专业技术人员、咨询公司、行业协会等人员或机构全方位调查和剖析企业集团可能遭遇的问题，将得到的结果以报告形式交予管理层使用的一种方法。此方法发现的问题的普遍性与适应性较强，但是却很难解决企业集团特有的问题，不能对其深入解释。另外，研究人员的素质会对风险分析调查法的结构产生很大影响，调查结果有较强的主观性。

2. 四阶段症状分析法。四阶段症状分析法是研究人员从过去发生财务异常企业的发展历程中探索、综合分析得到的。此方法表明，在企业集团及其成员企业面对经营困难或出现财务危机时通常会经历四个阶段如表 2 -1 所示。企业集团及其成员企业可对每个阶段进行探究分析，以便快速找到问题根源，及时实施对应的措施，帮助自身恢复正常的生产运营。四阶段症状分析法简便易用，但对企业集团及其成员企业所处阶段的区分存在难度。

表 2 -1　　　　四阶段症状分析法调查表

危机潜伏期	危机发作期	危机恶化期	危机实现期
1. 无计划过度扩张； 2. 市场营销失效； 3. 风险管理疏漏； 4. 企业资源分配不合理，管理制度不完善； 5. 忽视环境重大改变	1. 缺少内源资本； 2. 外部资金占比过多； 3. 未充分发挥会计的预警作用； 4. 延迟支付欠款	1. 经营者注重财务周转而无视经营业务状况； 2. 资金周转困难； 3. 无法按时偿还到期债务	1. 负债大于资产，无力偿付欠款； 2. 无法持续经营，以至宣布倒闭

3. 资金流程图分析法。随着社会再生产流程中经营过程的持续循环周转，资金呈现不同的形态。资金流程图分析法根据这种特征对企业集团及其成员企业资金的动态流程图进行规划，结合企业集团及其成员企业可能面对的各种风险，动态分析资金流动过程，以便发现未暴露的风险，在分析生产经营与判别财务活动关键点的过程中起到了重要作用。企业集团及其成员企业的整个生产经营过程中某些节点十分重要，如果未能及时控制在这些节点产生的损失，很可能造成生产

经营活动或者资金周转终止。因此，企业集团及其成员企业应当制订流程图，从中找到重要节点，结合隐含的风险进行深入分析，并据此采取对应的解决方案。流程图应层次明确、逻辑明晰，有利于深入剖析，这对制图人员的专业素质有较高要求。流程图作为一种动态过程分析仅能指出可能存在问题的节点，如需确定损失的具体值还需使用其他的分析工具与方法。

4. 管理评分法。管理评分法也被称为“A 计分”法。在此种方法下，分析人员先将出现财务风险或陷入财务困境的相关要素找出并对企业集团财务危机产生的影响大小赋值，算出企业集团或成员企业的计分总数，再与标准对比，从而核定企业集团或成员企业的风险程度。管理评分如表 2 -2 所示。这种方法试图通过量化打分定量执行企业集团财务风险预警，然而实践中评分者的主观因素对打分结果影响重大，其本质仍是定性的预警体系。评分者应当对企业集团及其成员企业进行详细了解，深入研究经营管理的各环节，依据客观事实准确评分。管理评分法使用方便，但是使用效果视评分者对企业集团及其成员企业情况的掌握程度而定。

表 2 -2　　管理评分表　　单位：分

项目	风险因素	计分值	总值	临界值
经营缺陷	缺乏深层次的管理活动	1	43	10
	缺乏全方位的管理技能	2		
	领导缺乏主动性	2		
	财务经理能力欠缺	2		
	缺少过程预算控制	3		
	缺少现金开支规划	3		
	缺少成本监督系统	3		
	董事长兼职总经理	4		
	总经理权力过于集中	8		
	缺乏灵活应变能力	15		

续表

项目	风险因素	计分值	总值	临界值
经营错误	高杠杆负债经营	15	45	15
	企业发展盲目，无核心竞争力	15		
	风险过大项目	15		
破产征兆	危机财务信号	4	12	0
	强行编制假账	4		
	无序的经营活动	3		
	管理失效	1		
分数总和		100	100	25

管理评分表中每一条风险因素的分值只能是0或者满分，不能出现其他分值。分数总和为0是最好的结果，临界值为25分，一旦分数总和超过25分则说明企业集团及其成员企业正处在高风险运营，有发生财务危机的可能。最终的分数代表公司正面临经营失败的风险大小，分数的“警戒区”在18—25分，如果分数位于0—18分表示运营安全，故应当将分数总和降低至18分以下。

5. 三个月资金周转表法。企业集团及其成员企业现金周转处于良好的状态对整个生产经营发挥着至关重要的作用，企业集团及其成员企业应用三个月资金周转表法进行短期财务预警，能够判定其经营状况是否正常。三个月资金周转表法的判别标准简单明了，即如果企业集团或成员企业不能提供合理的三个月资金周转表，则表明其正处于财务危机当中；如果能够提供合理的三个月资金周转表，则需要进一步分析其转入下月的结转额与总收入的比值是否超过20%，应付票据总支付金额与销售收入的比值是否低于60%（批发商）或者40%（制造业）。该方法的逻辑是付款票据在销售收入逐月递增的情况下能够轻易兑付。企业集团或成员企业身处变化莫测的财务环境中，应当做好资金周转表以防财务支付危机出现，若无法做到则说明企业集团或成员企业已陷入财务困境。此方法在短期财务预警中发挥了重要作用，是自我判断经营情况的有效手段，使用简便易行，但是其判断标准是否合理尚存争议。

（四）其他方法

企业集团可根据自身的实际状况决定使用传统统计方法、人工智能方法以及定性方法，或者多种方法同时使用。下面将介绍的3种方法不属于上述分类，但是仍然被企业集团用于财务风险预警，分别是功效系数法、临界值指标预警模型以及内部舞弊行为的预警信号。

1. 功效系数法。功效系数法是按照一定的评价标准将选取的变量做无量纲处理，把功效数据转化成为单一数量，此处的无量纲数据即是功效系数。风险预警的结果通过使用功效系数对财务指标进行分析得到。首先确定已选指标的标准值，而后分析指标的单项功效系数并按权重进行加权平均，最终得出综合功效系数，依据综合评分值的大小得出预警结果对企业集团及其成员企业在经营过程中所面临的风险状况进行判断。

（1）运用功效系数法的步骤。采用功效系数法进行财务预警分析时，通常需要经过如下7个步骤：

①明确功效系数法中的财务风险分析指标。

②明确指标体系中各项指标的标准值。指标的标准值包括满意值和不允许值。在财务风险分析过程中，企业集团及其成员企业通常将行业历史最优值、最差值设定为满意值和不允许值，或者用目标企业的最优值和最差值替代满意值和不允许值。

③明确每个指标的权重。

④计算每个指标的功效系数值。功效系数值在本质上是单项财务风险分析指标的实际值与不允许值之差占该指标可变动范围的比值。功效系数值d的具体计算如公式2-4所示：

$$d = \frac{x - x^{m}}{x^{n} - x^{m}} \tag{2-4}$$

在公式 2－4 中，功效系数 d 值的变动范围是（0，1）。x 代表某项具体指标的实际值；x^m 代表指标不允许值；x^n 代表指标满意值。在指标体系中，正向指标的 x^n 大于 x^m，逆向指标的 x^m 大于 x^n。

⑤算出每个指标的评分值。单项指标得分的计算如公式 2－5 所示：

$$单项指标得分=60+功效系数\times40 \tag{2-5}$$

⑥根据权重将所有指标加权平均得出综合得分如公式 2－6 所示：

$$综合得分=\sum(单项指标得分\times权数)\div权数总和 \tag{2-6}$$

⑦根据综合得分的大小对预警的风险范围做出相应划分，以此评价企业经营的风险状况。

（2）功效系数法的优点。

①财务风险评估结果较为精确。在构建分析模型的过程中，需尽量避免多个指标之间具有较强的相关性，然而大部分的定量研究财务风险仅涉及与财务相关的指标。我国资本市场尚不完善，上市公司财务指标的真实性与可靠性值得商榷，不乏通过财务数据造假上市的案例。造假的数据会对财务风险预测的准确程度产生影响。运用功效系数法能够集合多项财务数据进行分析，使评估结果更加精确。

②明确风险的源头。功效系数法运用多目标规划的原理，计算过程涉及单项指标与综合指标两个维度。单项指标得分可用来判定导致财务风险的具体原因，综合指标得分可用来评价整个企业的风险状况。

③简单易行且较为客观。财务风险预警采用定量分析法和定性分析法相结合的方法更为有效。定量分析法主要结合实证分析，采用计量经济学和 SPASS、Sta 等统计软件，计算复杂且工作量大；定性分析法下指标的选择结合企业集团及其成员企业自身的具体经营状况，避免了定量分析法选择指标过于单一的问题。然而整个分析过程中，如果未能有效分析数据，且人员综合素质会对结论产生较大影响，则最终结论的主观性较强。相比之下，功效系数法操作简便，对于数据的

要求较为客观，需深入分析财务指标的可操作性，因而所得结论更加准确。

（3）功效系数法的缺陷。运用功效系数法进行财务风险分析有多种好处，然而该方法的缺陷也可能导致风险预警结果的准确性下降。

①标准值的设定困难。功效系数法只有两个评价标准——满意值与不允许值，然而理论研究尚未能够对这两个数值的确定方法加以明确。在实践中，企业集团及其成员企业一般会选择对标企业的最优值或者行业均值作为满意值的标准值，选择对标企业的最劣值或者行业最低值作为不允许值的标准值。选择不同的标准值得到的结论也存在差别，对结论的精确程度与客观程度会产生影响。

②基础分与调整分所占比例固定。功效系数法中单项指标功效系数计算包括基础分和调整分两个部分，二者占比固定为6:4，这对预警的准确度与灵活度会产生影响。

2. 临界值指标预警模型。临界值指标预警模型是指将对企业集团及其成员企业财务状况和经营成果产生影响的部分指标进行统计，研究分析其历史与现状变化趋势，从而明确这些指标浮动的正常范围，即确定临界值。该模型通过临界值指标与其实际指标的对比进行风险预警，一般常选择的指标有销售利润率、营业利润增长率、销售收入利息率、经营债务倍率、金融负债倍率、总资本收益率、负债比率、自有资本率、长期适应率、流动比率。这些指标对应的临界值如表2－3所示。

表2－3　　临界值指标与对应临界值

指标	临界值
销售利润率	大幅下降或接近负数
营业利润增长率	大幅下降
销售收入利息率	6%以上
经营债务倍率	4倍以上

续表

指标	临界值
金融负债倍率	4 倍以上
总资本收益率	大幅下降或接近负数
负债比率	大幅升高
自有资本率	大幅下降
长期适应率	降到 100% 以下
流动比率	降到 150% 以下

在上述指标里，可直接用来衡量收益情况的指标有总资本收益率、营业利润增长率和销售利润率。倘若这些指标大幅下降则说明企业集团及其成员企业将面临财务危机；倘若这些指标为负数则应当更加警觉。企业集团及其成员企业的销售收入利息率也能够间接反映其收益情况，标准为销售收入利息率是否达到 6% 。如果需要偿还大量利息，那么很难提升经营收益。负债比率用来反映企业集团及其成员企业的偿债能力，经营不善则通常会出现偿债危机，同时更加依赖金融借款，故负债比率与销售收入利息率均升高。此外，倘若自有资本率是负数，则说明资本亏损；倘若负债增加，则说明自有资本率将下降。在此种情况下，长期适应率与流动比率都将向不良方向发展。经营债务倍率与金融负债倍率是否达到 4 倍也是评价企业集团及其成员企业财务情况恶化程度的重要指标。

3. 内部舞弊行为的预警信号。企业集团中富有经验的管理者或审计师在日常监管活动中会发现，发生的危机与徇私舞弊等异常行为之间有着一定程度的内在联系。内部舞弊行为通常也会反映在财务报表及其附注等会计资料上。一般来说，企业集团及其成员企业对内部舞弊的预警信号可以归纳为以下四类：（1）管理层面的预警信号。高级管理人员有舞弊或违反法律、法规的不良记录，高级管理层或董事会频繁改组或频繁换人。（2）关系层面的预警信号。通过观察企业集团及其成员企业在处理与金融机构、关联公司、注册会计师、律师、投资者和监管机构的关系时是否存在异常情况，也可以对企业集团内部是否存在内部舞弊作出判断。（3）组织结构和行为层面的预警信号。（4）财务结构和经营层面的预警信号 。

二、企业集团财务风险预警方法的适用性比较

定量分析法以定量模型为基础，相比之下，定性分析法下的定性模型易受主观要素影响，已有理论较少对其进行研究且缺乏可操作性。不同财务风险预警定量分析模型的适用条件、优劣与特征不尽相同，故企业集团在确定财务风险预警方法时可以量化分析为主，定性分析为辅。由于人工智能方法中仅人工神经网络模型较为成熟、适用范围较广，故表 2 – 4 对不同模型的特点进行分析时也仅分析人工智能方法中的人工神经网络模型。

三、企业集团财务风险预警方法选择

在选择企业集团财务风险预警方法时应当考虑方法的实用性与可操作性，进而更好地体现各种方法的集合。企业集团经营和管理有其自身的特征，财务风险预警方法应当结合这些特征着重关注下列方法的应用：

（一）多变量预警方法

以财务风险预警系统中所含指标数量为标准，可将预警方法分成单变量预警方法和多变量预警方法。单变量预警方法使用单一变量，旨在确定最优指标提前警示财务风险，此方法的不足之处在于不能评价企业集团整体面临的财务风险状况。多变量预警方法使用多个变量，能够全方位综合评价企业集团财务风险。尽管单变量预警方法简单易用，但却很难满足实际需要，故企业集团最好选择多变量预警方法。

表 2-4　　不同财务风险预警模型的特点分析

模型	前提条件	模型描述	适用范围	优点分析	缺点分析
单变量模型	无前提假设	选用某一项财务指标作为判别标准	适用范围广	简单易行	精确度不高
多元判别分析法	自变量呈多元正态分布（每个变量都不是其他变量的线性组合），两组样本等协方差	通过统计技术，在尽量避免信息损失的前提下将多个标志变量转换为分类变量，得出高预警精度的多元线性判别方程	适用范围比较广	预警精度较高	工作量比较大，且适用范围受到限制，多是在近似状态下采用
逻辑回归模型	不需要自变量多元正态分布和两组样本等协方差，使用非线性情况，因变量服从逻辑概率分布函数	寻求观察对象的条件概率，据以判断评价对象的财务状况和经营风险	适用范围很广（广泛应用于单个企业的财务预警模型）	不需严格的假设条件，对模型的解释程度高，稳定性较强，预警精度较高	使用步骤烦琐，很多近似处理影响准确度
概率比模型	因变量服从累计正态分布，适用于非线性条件	寻找观察对象的条件概率，然后求出企业破产的概率	适用范围较广	不需严格的假设条件，对模型的解释程度高，稳定性较强，预警精度较高	模型中包含非线性估计，计算更复杂
人工神经网络模型	对企业样本没有假设要求	包括输入层、输出层与隐藏层，利用网络学习及数据修正得到期望输出，再根据学习得出的判别规则进行分类	因为理论抽象、科学性、准确性还有待进一步提高，所以适用性也大打折扣；比较适用于企业集团财务预警模型	没有严格的假设条件，且具有很强的容错性、学习能力和纠错能力，能解决非线性复杂问题	其处理过程如"黑箱"，无法明确确认其运作过程，科学性和准确性还有待提高

注：表来源于王满的博士论文——"基于竞争力的财务战略管理研究"，2006 年。

（二）财务报表资料模型方法

以财务风险预警过程中用到的资料为分类标准，可将预警方法分为市场资料模型方法、财务报表资料模型方法以及混合模型方法。市场资料模型方法假定企业集团内的母公司和成员企业都存在于效率市场中，以资本市场获取证券价格为风险预警的基础资料构建预警模型；财务报表资料模型方法是以财务报表中的数据为基础构建预警模型；混合模型方法是市场资料模型方法与财务报表资料模型方法的结合。由于我国的资本市场有待进一步完善且上市公司内部的资料更容易获取，故企业集团以财务报表资料模型方法为主进行预警，此外可适当添加获取难度较低的表外指标。

（三）评分预警方法

以财务风险预警过程中运用的数学方法为标准，可将财务风险预警方法分为建模法与评分法。用建模法构造预警模型时往往会用到多种统计学方法，如逻辑回归法、灰色关联分析法、多元区别分析法、概率回归法等，且建模法需要足够数量的统计样本，模型的准确度较高，尤其适合于理论研究。但是运用建模法构建的理论模型难以应用到实际中，不能针对不同的行业或企业分别得出结论。评分法下的预警指标呈线性关系，通过指数法来量化企业的财务风险、评价风险状况，其优势在于简单易用，对各行各业甚至不同企业都有着较好的区分性，能够发现导致风险的各种原因，帮助研究人员深入分析。故企业集团在实践中适用评分预警方法。

（四）组合评估方法

逻辑回归模型和人工神经网络模型都比较适合企业集团财务风险预警，两者均有着各自的特点。逻辑回归模型是一种传统统计方法，其优势明显：无须严格的假设、能够很好地诠释模型、较为稳定等。然而，该方法也存在诸如准确度不高等不足之处。相比之下，利用人工神经网络模型设立财务风险预警模型相对灵活，可以处理非线性复杂问题，该模型在判别与分类的精准程度方面有所提升已经得到实证研究的证实。然而，不透明的建模过程使得结果很难被合理解释，倘若将逻辑回归模型和人工神经网络模型相结合，结果可能更具说服力。两者组合的理想效果可以实现互补优劣，为了使组合形成的模型达到更加精确的程度以及广泛的适应性，王春峰、Tian - Shyug 等在逻辑回归模型的基础上运用人工神经网络方法进行调整，形成了基于逻辑回归模型的人工神经网络财务预警方法。运用该种组合方法的具体步骤是：先用逻辑回归方法构建一个预警模型，代入样本数据得出结果，再用人工神经网络对结果进行二次调整，这种顺序可避免前端模型输出的变量解释性问题，如此一来既能保证合理解释结论又可充分发挥模型适应性的特点。

相较于单一模型，组合评估的优点为：①二次修正运用了更多信息，有利于提高模型的精确程度。②前置逻辑回归的组合模型运行较稳定，能够更好地解释所得结论并且第一次回归将因变量信息体现在结果中。③通过不断拟合人工神经网络、加强适应性训练，模型的准确率将得到提升。

第三节 业财融合的企业集团财务风险预警指标体系构建要点

一、战略目标——财务战略风向标

企业集团整体战略指引着集团内母公司和成员企业的总体发展方

向，能够增强企业集团长期竞争力，同时打造核心竞争力。能够促进实现企业集团使命和愿景的战略应当具备以下特点：明确指出企业集团开展竞争选择的合理时点，以及如何实施竞争选择，如何通过对自身功能的探索和定位来确定战略关注点。要想企业集团战略得以有效实施，需要制定集团层面和二级、三级公司等不同层次的战略决策。有层次的战略能够对企业集团总体战略由上而下地分层级细化，化抽象为具体，同时也使不同层级的战略实施者明确自身的执行方向，因此企业集团战略相对于其下各层次战略的地位就如同企业集团的“总控制室”。

企业集团竞争战略是战略管理的一个子项，竞争与战略一向如影随形、密不可分。企业集团战略的实施需要依托内部各个经营领域有效的竞争战略，而且需要按照明确的实施程序来实现竞争战略和整体发展战略的配合。同时，竞争战略的落实也离不开成员企业及内部职能部门战略的支撑，而财务战略正是企业集团的关键职能战略之一，它的战略规划目标是资金。资金是企业集团战略实施的一项关键资源，是财务战略管理的核心所在，也是维系其生存与发展的命脉。战略期间资金的充足性、财务战略与竞争战略的配合度很大程度上会影响企业具体战略的成功与否。因此，财务战略对于企业集团战略的关键程度不言而喻。如今，一些西方发达国家已将战略财务打造为强化公司治理、培养核心能力、创造竞争优势的有效工具。

企业集团战略财务管理可以有效避免各级管理者的短期行为。战略财务为了企业集团财务状况能够实现长期的良性发展，向管理层提供了一种战略导向的、决策制定与结果控制相结合的专业语言。该专业语言不仅涉及品牌、服务、定价、质量、改变、弹性等战略涵盖的各个方面的内容，也考虑到了富有聚合力的经营战略，并且还将经营战略融入企业集团整体战略中。虽然财务战略仅仅是企业集团战略众多层次中职能战略的一种，但其在整个战略管理体系中却占据着至关重要的地位。它以资金为纽带、以货币为呈现方式，将企业集团内部不同层次战略有机地串联在一起。因此，财务战略作为一个功能子战略在企业集团战略体系中必不可少。财务战略对于企业集团战略而言是子战略，是企业集团战略的一部分。但资本作为维护企业集团生存发展的重要因素，发挥着不可替代的作用，因此财务战略通常被看作是企业集团战略的中坚力量。它的独特作用决定了其并非一项简单的职能战略，而是贯穿于企业集团整个战略中，既区别于其他职能战略，又与其他职能战略有着千丝万缕的联系。即便对于企业集团战略而言，财务战略也并非单纯地无条件服从。

二、财务战略——财务风险预警风向标

财务管理过程应注重对风险的管理，这是企业集团及其成员企业必须正视的现实问题，也是获得新竞争优势的一种途径。财务风险预警是企业集团财务管理活动的一个环节，企业集团财务战略为其财务风险预警指明了方向。财务战略目标的划分会影响企业集团财务风险预警的指标选择。

（一）企业集团财务管理目标

企业集团财务风险管理的目标同其财务管理的目标不可分割。企业集团在制定财务风险管理目标之前须充分了解、分析财务管理目标。企业集团财务管理的目标不是一成不变的，而是随财务管理环境的变化而变化的。企业集团财务活动目标的第一阶段是传统财务管理目标，这一阶段的目标包括：产值最大化、利润最大化、每股利润最大化。然后财务活动的目标由第一阶段演进到现代财务管理目标这一新阶段，这一阶段的目标包括：股东利益最大化、企业价值最大化、利益相关者利益最大化等。企业集团财务管理目标指导财务活动的开展，且财务目标的提出确实能够推动企业集团的持续发展。

1. 传统财务管理目标。产值最大化是与计划经济环境相适应的财务管理目标。计划经济模式下，企业集团还没成型，各企业以完成国家规定的产值作为首要任务，主要采用集权式管理。此时企业的财产所有权归集体所有，经营管理权集中在企业负责人手中，而负责人的考核、晋升以及员工绩效都取决于计划产值的完成度。所以，企业的主要财务管理目标就是完成产能任务。但产值最大化只关注产出的数量，不考虑投入的成本以及产品的质量和效用，因此无法满足当今市场环境下企业经营管理的需求。

随着改革开放后市场经济的发展，放权让利、承包经营成为企业主要的经营模式，为企业发展注入了新动力。经营模式的变化驱使财务管理目标也相应地发生变化。在此阶段中，利润最大化成为企业的主要财务管理目标。国有企业在市场经济环境下必须自主经营、自负盈亏，企业得以持续经营的前提是产生足够的利润。因此，相比于产值最大化的目标，利润最大化目标有了明显改进。但是，利润最大化目标也存在一定缺陷，它没有将企业规模、风险、资金成本和货币时间价值考虑在内。随着承包经营制度的逐渐淘汰，利润最大化目标也随之被替代。

除了利润最大化，还有学者提出了每股收益最大化的财务管理目标。每股收益最大化目标最突出的优势在于消除了企业规模对利润最大化目标的影响。但是同利润最大化目标一样没有考虑时间价值、资金成本等，也无法适应市场的变化。

2. 现代财务管理目标。我国市场经济的繁荣催生了资本市场的大发展。在西方财务管理理念的广泛传播以及资本市场的共同作用之下，财务管理目标转化为股东财富最大化。许多美国上市企业为了能够在其发达的资本市场中获得投资者青睐，往往将为股东创造价值作为宣传口号。区别于传统的财务管理目标，股东财富最大化目标整合了风险因素和货币的时间价值。在发达的资本市场中，股票价格可以反映公司风险的大小和货币的时间价值。因为企业为谋求长期价值最大化所采取的各种行动，如科研开发等，往往能从股价的上升中得到及时反馈，所以股东财富最大化的财务管理目标能够引导企业关注长期利益，减少企业短视行为。这一目标的提出使财务管理目标理论得以进一步发展，但该目标仍然不够全面。现代利益相关者对企业的影响日益增强，仅考虑投资者的利益是对企业利益相关者的忽视。企业的所有者不再仅仅是股东，所以股东财富最大化也就不再是企业的最优财务管理目标。比如，公司财务状况恶化，企业无力偿债，进而申请债务重组甚至是破产保护，企业的财务目标就不是股东财富最大化，这种情况下企业的实质控制权已经从股东手中转移到了债权人手中，公司债权人有权通过债权人会议行使企业继续经营或者解散清算的最终决策权。

企业价值最大化是现代财务管理目标中既能够体现股东价值又能够反映债权价值的一种目标。企业价值最大化追求股东和债权人的价值之和最大化。企业价值最大化能够使管理层认识到债权人的利益同股东权益是同等重要的。最后，利益相关者利益最大化的财务目标是以利益相关者理论为基础的，其观点是：股东、债权人、政府、员工以及社会等利益相关者都会对企业运营、发展产生影响。所以，该目标的制定能使企业管理层提高对企业利益相关者利益的重视程度。

（二）财务风险管理目标

财务风险管理是财务管理内容的一部分，两者的管理目标基本一致，主要差别在于财务风险管理目标是对财务管理目标的进一步细化。研究财务风险管理的目标，首先需要分析财务管理目标，企业集团财务风险管理目标的内容可以概括为以下 4 个方面 。

1. 财务安全。其在企业集团及其成员企业经营管理过程中各责任中心很可能会占用部分财富，占用的形式可能表现为私吞、侵占等；

另外，由于存在不确定性因素和信息不对称等问题，各责任中心可能无法充分利用各项财产物资。因此，财务风险管理的最基本目标应该是确保财富的安全性、完整性及效率性。

2. 信息真实。企业集团内部分层管理形成的受托责任关系要求受托人定期向委托人汇报受托责任履行情况，这是企业集团及其成员企业的各级管理层作为受托人所必须履行的义务。但是受托人有可能编造虚假信息隐瞒受托责任的真实履行情况。因此，企业集团财务风险管理的另一个基本目标就是保证财务信息的真实、公允。财务信息的真实性包括正确性、可靠性、相关性和完整性等方面。

3. 行为合规。在企业集团内部分层分权管理的模式下，管理层利用相关规章制度使企业集团上下的决策和行动协调统一。该模式下要注意防止因各责任中心违反这些规章制度而造成的管理混乱。所以，财务风险管理另一项目标是引导企业集团及其成员企业内各责任中心按照企业规章制度办事，进而贯彻执行财务管理决策，使各项经济活动可以平衡、有序、高效地开展。

4. 经营有效。企业集团能否有效运转取决于“经营有效”这一目标的实现。只有提升企业集团及其成员企业的经营效率才能实现整体价值最大化。要提升经营效率，就必须保证其财务安全、信息真实、行为合规。除此以外，企业集团及其成员企业内的各责任中心的决策和执行是否理性也会影响企业经营效率，所以财务风险管理的最高目标就是保证各责任中心理性地做出并执行决策。随着企业集团内成员企业所处发展阶段、市场环境或者其他导致财务状况发生转变的因素的变化，企业集团及其成员企业财务管理目标会随之改变，相应地，也要对其财务风险管理目标进行调整，从而保持两者的一致性。因此，在构建财务风险预警体系时，需要深入分析财务管理目标。

（三）财务风险管理目标层的含义与意义

在金字塔形企业集团财务风险管理框架中，目标层位于金字塔的顶端。目标层描述企业集团财务风险管理目标，管理目标层对管理层有导向和统御作用。从企业集团财务风险管理的角度看，管理目标是分层的，分为集团层面、成员企业层面、部门层面和业务层面，每一层面因责任中心的权责及在财务风险管理中的角色不同而有不同的具体目标，但每一具体目标都是企业集体财务风险管理的子目标，都是为企业集体财务风险管理的整体目标服务的。目标层不仅决定框架内部的结构和管理要素的组成，还决定管理层的内容及性质，并制约基础层的内容及性质。从风险管理的角度，风险是指不能实现目标的可能性，没有目标就没有风险，风险管理更无从谈起。具体而言，目标层确立的管理目标有以下意义：

1. 财务风险管理目标是财务风险管理的方向。企业集团财务风险管理系统是以目标为导向建立的，建立了管理目标，责任中心进行财务风险管理的程序方法就有了方向。由于企业集团内各级管理是分层的，财务风险管理的目标也应该是分层的，财务风险管理的目标从上到下层层分解；处于不同管理层次的责任中心在自己的权责范围内保证财务风险管理目标的实现，从下到上层层保证，最终实现企业集团财务风险管理的整体目标。

2. 财务风险管理目标是财务风险管理纠偏的标杆。在企业集团财务风险管理的过程中，责任中心会从不同的角度，按照自己在财务风险管理中的角色，通过一定的方法，将风险管理的效果和管理目标进行对比。一旦管理的效果和确立的管理目标有偏差，会采取措施纠正风险管理过程中的弊端、不足及缺陷，使企业集团财务风险管理不偏离既定目标。因此，财务风险管理目标是财务风险管理纠偏的标杆。

3. 财务风险管理目标是财务风险管理评价的依据。企业集团在财务风险管理过程中会定期或不定期地对财务风险管理的绩效进行评价，而评价的依据正是最初确定的目标。没有管理目标，企业集团财务风险管理评价就没有了依据。当然，集团层面、成员企业层面、部门层面及业务层面评价的依据是进行权责分解后的目标，因此依据各不相同，但归根结底是为企业集团财务风险管理的整体目标服务的。

三、财务风险预警指标选择

危机事件发生之前往往会出现一些端倪，人们发现在财务危机出现前夕，有些财务指标会呈现出非正常变动的情况，因而可以借助这些财务指标或指标组合来预测财务危机的发生概率。有些指标的变动发生在危机之前，有些与危机事件相伴而生，有些则在危机事件发生后才有所体现。像巨额亏损、现金极度短缺、流动比率恶化等这些异常出现时通常为时已晚，企业集团很可能已经深陷危机，管理者难以采取有效应对措施，或者需要付出巨大的成本来挽回局面。鉴于此，无论是从事理论研究还是实务工作的研究人员始终在努力寻求一种能够提示企业集团财务状况恶化的信号，从而建立一套有效的财务风险预警指标体系来帮助企业集团规避财务风险。

（一）财务风险预警指标体系设计原则

企业集团财务风险预警指标与业绩评价指标不同，其对财产物资安全性的重视程度更高。因此，适合作危机事件预警的指标虽然有很多，但高效率的预警指标应具有明确的内涵、科学的理论依据以及合理的取得成本等特点。较高的判定正确率是影响系统运行的“关键值”。建立预警体系的第一步是选取预警指标，选取何种预警指标将会决定预警体系对财务风险预测的可靠性和准确度。总体而言，财务风险预警指标应同时具备以下几点特征：

1. 全面性。要求企业集团在分析财务风险预警指标时，全方位地考察可能存在财务风险的各个范畴，对财务活动进行全面控制及综合评定。同时，财务风险预警指标应既包括静态指标，也包括现金流量表中的动态指标，使预警指标体系形成一个全面、有机的整体。

2. 关联性。预警指标体系中的指标必须具有与危机生成过程高度契合的特点。事实上，不同的财务指标搭配可以组合出不同的财务比率，但既能体现财务意义又具有预警功能的只占其中的一部分。选取财务风险预警指标时还应考虑指标整体的系统性问题，避免指标出现重合。

3. 灵敏性。灵敏性是指企业集团选取的财务指标能够随其运行情况的变化，及时、快速地反映企业集团及其成员企业财务状况和可能承担的财务风险。高效率的财务风险预警指标能够使企业集团根据实际经营情况迅速调整财务风险预警指标体系内有关指标和指数区间的变化，并采取相应措施，合理调配企业集团的内部资源。以此将其财务状况始终保持在合理区间内波动，有效地扼制财务状况的异常变动。

4. 先兆性。先兆性要求所选取的指标能够准确反映企业集团及其成员企业财务状况的变动及走势，能够辨识企业集团内各成员企业所处正常状态与危机状态的区别。财务风险预警指标所提供的有效界定可以使生产经营始终保持在稳中求进的合理限度内。

5. 成本效益性。在构建预警指标体系时，成本效益是必不可少的考虑因素。尽管某些财务指标看似能够起到十分有效的预警作用，但是如果预期设计、使用该指标花费的综合成本不能完全覆盖其所能带来的综合收益，则不应该选择使用该指标，需要进一步寻找其他指标来代替。

6. 重要性。重要性这一概念包括三个层面：（1）重要性与全面性的权衡关系。全面性要求指标覆盖反映企业集团财务状况的各个方面，但是全面性过强的指标反而会降低其预测能力。所以，企业集团应在考虑全面性的基础上挑选更为重要的指标纳入指标体系。（2）各类指标的抉择。企业集团每一方面的财务状况通常都有很多指标可以体现，但不一定要将这些指标都纳入预警指标体系，至于哪些指标可以进入预警指标体系应该遵循重要性原则。（3）成本效益性与重要性的权衡。出于成本效益原则考虑，当企业集团运用某项指标所耗费的成本过多时，通常应该予以舍弃，但是如果该指标在预警指标体系中的作用和地位是无可替代的，那么仍应予以保留，并继续对其进行收集、计算和评价。

7. 可获得性。在以企业集团所处行业及成员企业实际运营情况为背景设计财务风险预警指标时，应关注指标计算所需数据能否通过各种渠道获取。例如，上市公司已披露的报告（如中期报告、年报及各项公告等）或公司内部途径。如果所需数据无法取得，那么设计再精良的指标和计量模型也只是空中楼阁，巧妇难为无米之炊，终究无法落地。缺失了可获得性，即便财务指标同时满足上述六大特征的要求也没有实用价值。

（二）财务风险预警指标体系构建方法分类

财务风险预警指标体系构建方法基本上可以分为定性选择法和定性定量结合法两类。

1. 定性选择法。定性选择法是指研究者通过分析财务指标的内涵来主观判断并选择财务风险预警指标体系。在国外学者的研究中，Kiviluoto（1998）选用了营业毛利、折旧除以非常项目前净收益、上一年折旧除以非常项目前净收益、权益比率这 4 个财务指标构建财务风险预警体系；Kim 和 Han（2003）依据行业风险、管理风险、财务灵活性、可信度、竞争性、经营风险 6 个定性指标提取专家定性决策规则。国内学者通过主观判断选择预警指标，主要从盈利能力、营运能力、偿债能力、发展能力、现金流状况 5 个方面开展。陈静（1999）运用主观判断筛选出 4 个财务指标进行单变量分析。吴世农和卢贤义（2001）根据主观经验选择了 6 个财务指标建立多变量统计模型。周敏和王新宇（2002）以及吴德胜（2004）分别选择了 12 个和 10 个财务指标进行模型构建。

定性选择也有直接运用以往学者研究模型中的变量组合或主观判断对已有模型组合进行修改的。Zhang 等（1999）在 Altman 包含 5 个变量的 Z－score 模型中增加了流动比率。Pendharkar（2005）直接主观地从 Altman 的 Z－score 模型中选择了 5 个财务比率。Bose（2006）从前人研究的模型中选择了 15 个常用的财务比率，并新增了 9 个财务比率描述所关注的网络公司的特点。周首华（1996）将现金流量相关指标加入 Altman 的 Z－score 模型中。赵健梅和王春莉（2003）在预警指标体系中直接引用了 Z－score 模型的 5 个财务指标。

2. 定性定量结合法。定性定量结合法是指在主观初步确定指标组合之后，再利用诸如统计方法、人工智能方法等定量方法对变量进行筛选和精简。Jo 和 Han（1996、1997），Park 和 Han（2002），Shin 和 Lee（2002）分别使用结构分解分析（Structural Decomposition Analysis，SDA）和 t 检验统计方法选择变量。Back 等（1996）先使用 SDA 方法选择变量，然后运用 MDA 和 Logit 模型，并在使用神经网络（Neural Networks，NNs）模型时使用遗传算法（Genetic Algorithm，GA）选择变量。Galvao 和 Becerra 等（2002）同样也使用 GA 方法筛选出了包含最大信息量和最小多重共线性的财务指标组合。

鉴于指标体系的不同特征，Atiya（2001）分别构建了纯财务比率指标体系和财务比率与股票价格相关指标相结合的体系。Leshno 和 Spector（1996）运用多步骤排除法筛选指标，对 70 个定性指标分 4 个步骤进行筛选。而关于筛选财务风险预警指标的方法除了上述的 t 检验和逐步回归法外，因子分析法（Factor Analysis，FA）和主成分分析法（Principal Component Analysis，PCA）也是筛选财务风险预警指标的方法。t 检验或逐步回归法是直接从原始指标中选择有效的模型输入变量，而因子分析法或主成分分析法则是从原始数据中计算出新变量后再提取因子或者主成分，以此来减少维度。Ravi 和 Pramndh (2008)[①] 通过使用 PCA 特征抽取方法提高了 NNs 在财务风险预警中的性能。Tsai (2009)[②] 比较了 t 检验、相关矩阵、逐步回归、主成分分析法和因子分析法 5 个常用的财务风险预警指标选择方法，经过检验发现 t 检验相比较其他方法更有优势，而逐步回归法则仅次于 t 检验。结果表明 t 检验这种指标选择方法是最简单有效的。

2005 年起，国内学者有关财务风险预警的研究才逐渐开始运用定性定量结合法构建财务风险预警指标体系。孙星和邱菀华（2005）以 t 检验和相关性分析方法挑选预警指标，并以此方法从 10 个财务指标中选择了 6 个。谢纪刚（2005）运用 t 检验、SDA 和多重共线性检验的方法先初步筛选出涉及盈利能力、营运能力、偿债能力、现金能力 4 个方面共计 41 项财务指标，后又从中挑出 5 个信息量丰富的财务指标构建财务风险预警体系。杨淑娥和黄礼（2005）将“主营业务鲜明度”这一指标添加至能够反映企业盈利能力、营运能力、偿债能力、增长能力等方面的预警指标体系中，并运用 t 检验的方法从 15 个指标中筛选出 10 个指标纳入预警指标范畴。孙洁和李辉（2009）运用 t 检验和逐步判别的分析方法从财务指标中挑选了应付账款周转率、流动资产周转率、固定资产周转率、资产负债率、总资产利润率、流动资产净利润和净资产收益率 7 个财务指标作为预警指标。

3. 财务风险预警指标体系构建方法评述。定性选择和定性定量结合法各有利弊。定性选择法是将已有研究的成果直接作为构建预警指标体系的基础，然后通过指标体系制定者的主观判断适当增减指标来满足不同的使用背景，但过强的主观性会导致对特定情形的适用度不

① V. RAVI, C. Pramodh, Trained Principal Component Neural Network and Feature Subset Selection: Application: Application to Bankruptcy Prediction in Banks, Applied Soft Computing, 2008, 8 (4): 1539 - 1548.

② C. Tsai, Feature Selection in Bankruptey Prediction, Knowledge - Based systems, 2009, 22, 120 - 127.

足。定性定量结合法则相对而言受主观判断影响较弱，运用该方法设计的预警体系往往能够涵盖较大信息量，是目前专家学者普遍采用的研究方法，但是这种方法也可能导致生成的财务风险预警指标组合的理论解释力相对较弱，而且往往不适于构建专家群决策财务风险预警方法所需要的纯定性指标体系。

因此，不同情形适用于不同的构建方法。定性选择法更适用于在构建专家群决策财务风险预警方法时建立纯定性预警指标体系。而定性定量结合法适合在创建财务风险预警定量模型时使用，因为该体系大多由财务危机爆发前呈现异常征兆的定量财务比率组合指标构成。

（三）财务风险预警指标设计分类

学术界典型的指标设计分类主要有：财务比率指标、现金流量指标、资本市场指标、非财务指标以及虚拟变量。根据有关企业财务风险预警的文献，预警体系中起到显著效果的指标主要有：

- 资产负债比率＝总负债÷总资产
- 产权比率＝负债总额÷所有者权益总额
- 权益乘数＝资产总额÷所有者权益总额
- 利息保障倍数＝息税前利润÷利息
- 负债总额÷EBITDA① ＝负债总额÷未扣除折旧和摊销的息税前利润
- 流动比率＝流动资产÷流动负债
- 速动比率＝（流动资产－存货）÷流动负债
- 营运资本总资产比＝（流动资产－流动负债）÷总资产
- 现金流动负债比率＝经营活动现金净流量÷流动负债
- 现金债务总额比率＝经营活动现金净流量÷债务总额

① 息税折旧及摊销前的利润，即未计利息、税项折旧及摊销前的利润（Earnings Before Interest，Taxes，Depreciation and Amortization，EBITDA）。

- 净资产收益率 = 净利润 ÷ 平均净资产
- 总资产净利率 = 净利润 ÷ 平均资产总额
- 主营业务利润率 = 主营业务利润 ÷ 主营业务收入
- 留存收益与总资产比率 =（未分配利润 + 盈余公积）÷ 总资产
- 销售净利率 = 净利润 ÷ 主营业务收入
- 销售现金比率 = 经营活动现金净流量 ÷ 主营业务收入
- 资产现金回收率 = 经营现金净流量 ÷ 平均资产总额
- 总资产周转率 = 主营业务收入 ÷ 平均资产总额
- 流动资产周转率 = 主营业务收入 ÷ 平均流动资产总额
- 存货周转率 = 主营业务成本 ÷ 平均存货净额
- 应收账款周转率 = 主营业务收入 ÷ 平均应收账款
- 固定资产周转率 = 主营业务收入 ÷ 平均固定资产总额
- 不良资产比率 = 不良资产 ÷ 资产总额
- 资产损失比率 = 待处理资产损失净额 ÷ 资产总额
- 营运资金占总资产的比率 = 营运资金 ÷ 资产总额
- 产销比率 = 产品销售总额 ÷ 产品生产总额
- 营业利润增长率 = 本期营业利润增长额 ÷ 上期营业利润
- 净资产增长率 = 本期净资产增加额 ÷ 期初净资产
- *ln*（总资产）
- 主营业务收入增长率 = 本期主营业务收入增加额 ÷ 上期主营业务收入
- 应收账款与流动资产比率 = 应收账款 ÷ 流动资产
- 其他应收账款与流动资产比率 = 其他应收款 ÷ 流动资产
- 应收账款占销售收入比率 = 应收账款 ÷ 主要业务收入
- 非经常性损益占利润总额比率 =（利润总额 - 营业利润）÷ 利润总额
- 长期资产适合率 =（所有者权益 + 长期负债）÷（固定资产 + 长

期投资）

- 留存收益与总资产比率 =（未分配利润 + 盈余公积）÷总资产
- 销售现金比率 = 经营活动现金流量 ÷ 主营业务收入
- 资产现金回收率 = 经营现金净流量 ÷ 平均资产总额
- 经营性现金流量流动负债比 = 经营活动现金净流量 ÷ 流动负债
- 经营性现金流量债务总额比 = 经营活动现金净流量 ÷ 债务总额
- 第一大股东持股比例
- 第一大股东最终控股股东类型（国有控股取 1，否则取 0）
- 前五大股东持股比例和（Herfindahl_5 指数）
- 第一大股东与第二大股东持股比例的比值（Z 指数）
- 公司前五大股东持股比例之和（CR_5 指数）
- 第二大股东至第十大股东股权集中度（第二大股东至第十大股东持股比例比上第一大股东持股比例）
- 高管持股比例
- *ln*（高管平均年薪）
- 独立董事比例
- 董事长和总经理"二位一体"性（董事会与总经理完全分离取 0，其他取 1）
- 董事会规模
- 董事会持股比例
- 董事长是否持股（是取 1，否取 0）
- 董事会会议频率
- 治理环境指数
- 营业费用比例 = 营业费用 ÷ 主营业务收入
- 管理费用比例 = 管理费用 ÷ 主营业务收入
- 审计意见类型

（四）财务风险预警指标选取过程

首先，在从已有研究模型中初步筛选纳入财务风险预警指标体系的指标时，要考虑到企业集团及其成员企业所处行业背景及自身实际经营情况，进而合理改进其中的部分指标。

然后，将德尔菲法运用到企业集团内部，邀请该领域的专家进一步筛选初步确定的一般指标，同时再列举出其他具有行业特色的预警指标。

最后，根据企业集团及其成员企业的指标数据，采用显著性差异分析的方法，对财务风险预警指标进行更深层次的筛选，形成最终企业集团财务风险预警指标体系。

（五）企业集团财务风险预警变量选择

通常企业集团应该结合自身的财务风险进行财务风险预警指标的选取。也就是说，指标的选择是为了帮助企业集团规避长短期风险，包括突发风险、经营风险和市场风险等，而这一目标的实现需要建立在全面分析企业集团财务风险的各种产生原因的基础之上。依据企业集团财务危机爆发的主要原因与各个财务指标的功能特性，在对已有个别企业财务风险预警指标体系的借鉴基础上，结合企业集团自身特点以及企业集团层面的指标，从传统财务会计指标、现金流相关财务指标、企业集团特征指标以及其他辅助性指标 4 个方面筛选出 6 个主要指标作为财务风险预警指标，并在以上 6 个一级指标下设了 23 个二级指标（见表 2－5）。

1. 传统财务会计指标。参考当前各企业集团及其成员企业在财务风险点分析和经济活动实时追踪过程中应用的各项财务会计指标，企业集团财务风险预警指标体系中应当涵盖偿债能力指标、盈利能力指标、营运能力指标、发展能力指标等传统财务会计指标，具体如表 2－5 所示。

表 2－5 初选的企业集团财务风险预警指标

一级指标层	二级指标层	说明	指标计算公式
特征指标	关联交易金额占总资产的比例	中性指标	关联交易金额÷总资产
	关联交易次数	中性指标	期间发生关联交易的次数
	行业分散程度	正向指标	集团经营活动涉及的行业
	或有负债	中性指标	集团对外担保的或有负债数
偿债能力	流动比率	中性指标	流动资产÷流动负债
	速动比率	中性指标	（流动资产－存货）÷流动负债
	资产负债率	逆向指标	总负债÷总资产
	利息保障倍数	正向指标	EBIT①÷利息费用
	长期资产适合率	中性指标	（所有者权益总额＋长期负债总额）÷（固定资产总额＋长期投资总额）
盈利能力	净资产收益率	正向指标	净利润÷股东权益
	总资产净利润率	正向指标	净利润÷主营业务收入净额
	营业收入净利率	正向指标	净利润÷营业收入
营运能力	已获利息倍数	正向指标	息税前利润总额÷利息支出
	存货周转率	正向指标	营业成本÷[（当年存货净额＋前一年存货净额）÷2]
	应收账款周转率	正向指标	主营业务收入净额÷[（当年应收账款＋前一年应收账款）÷2]
	总资产周转率	正向指标	主营业务收入净额÷[（当年资产合计＋前一年资产合计）÷2]
发展能力	净利润增长率	正向指标	本期税后利润÷上期税后利润－1
	营业收入增长率	正向指标	（本期营业收入－上期营业收入）÷上期营业收入×100%
	固定资产增长率	正向指标	本期净资产÷前一期净资产－1
	总资产增长率	正向指标	期末总资产÷去年同期总资产－1

① PEST 是宏观环境分析的一种类型，是标准的简称，即 P 为政治（Politics），E 为经济（Economy），S 为社会（Society），T 为技术（Technology）。

续表

一级指标层	二级指标层	说明	指标计算公式
现金流量	现金比率	中性指标	货币资金÷流动负债合计
	销售现金比率	正向指标	经营活动现金净流量÷主营业务收入
	现金流动负债比率	中性指标	年经营现金净流量÷年末流动负债

根据企业的实际情况，引起企业集团财务危机的主要原因可以大致分为以下几种：(1) 由于负债总额过高，导致利息费用过多，进而导致企业集团及其成员企业无法按时还本付息。偿债能力指标可以反映该情况。目前采用的偿债能力指标主要有：速动比率、流动比率、资产负债率和利息保障倍数等4个指标，财政部企业绩效评价体系也将这4个指标纳入偿债能力指标当中。考虑到固定资产和长期投资通常在总资产中占据较大比重，为了保证集团的可持续发展，应在预警指标中加入长期资产适合率指标。(2) 企业集团内的成员企业如果连续亏损或盈利能力较差，则会导致银行征信下降，进而引发财务危机。这种情形可以依靠盈利能力指标进行预警。股东权益报酬率作为能够综合反映盈利能力的指标，也是当前在判断企业集团及其成员企业能否公开发行股票、增发或配股时需要重点考察的因素；从集团内成员企业所处行业特点的角度来看，日常经营或招投标环节中最常参考的指标是毛利率，因此选择营业收入净利率指标作为盈利能力预警指标。此外，增加总资产净利润率作为盈利能力预警指标。(3) 企业集团内成员企业的资产运营效率低下，不良资产比重较大，会成为爆发财务危机的导火索。针对此种情形，可以运用营运能力指标进行预警。例如；总资产周转率能够综合反映资产运营能力。如果非营运资产以及劣质闲置不良资产占总资产的比重过高，那么总资产周转率就会低于正常水平，从而可以比较有效地对经营能力进行预警；由于应收账款不能及时收回等管理方面的漏洞会对企业集团的资金链造成严重的消极影响，同时结合集团应收账款管理存在的其他较为突出的问题，决

定选取应收账款周转率、存货周转率、总资产周转率以及已获利息倍数 4 个指标作为企业经营能力的预警指标。(4) 企业集团由于面临的市场环境恶化，或因缺乏对固定资产的更新改造能力而无法把握商机，业务规模逐渐缩小，会引起财务风险，这种情况适用于用企业集团内成员企业成长能力指标进行预警。经过前人的实证研究证实：营业收入增长率、总资产增长率、净利润增长率、固定资产增长率等 4 个指标效果比较显著，因此选择这 4 个指标来反映企业集团的成长能力。

2. 现金流相关财务指标。企业的财务危机从出现苗头开始，都要经过一个逐步累积、转化到最后产生严重后果的过程。在这样的转化过程中，可以从资金运动的“晴雨表”——现金流财务指标的变化中直接或者间接地看出危机给企业集团带来的各种影响。当现金流量出现恶化时，某种意义上意味着现金周转存在困难甚至是企业集团可能存在财务危机。即将到期的负债可能对企业集团的正常运营来说威胁最大，一些金额较大的资本性支出以及日常支出带来的威胁次之。经营活动现金流量是企业集团积累财富或走出危机的原动力。与现金流相关的财务指标相较于传统财务会计指标而言对财务风险的预测能力更强，但同时获取信息的难度也更大。企业集团视资金管理为企业财务管理的核心，因而在财务风险预警指标体系设计中，在条件许可的情况下应该更多运用现金流指标。

3. 企业集团特征指标。企业集团是以母公司为核心，将多个企业通过产权纽带联结在一起，形成以母子公司关系为主的企业群体。因为企业群体可以发挥其在经营战略上的协同效应，所以相比于单个企业来说，企业集团具有更强的竞争力。在现实的生产经营活动当中，企业集团一般是指多个企业联合体的控制性企业，即以“集团”命名且具有法人资格的企业。企业集团和一般企业有所不同，在选择企业集团财务风险预警指标时，需要在一般企业层面汇总和筛选出的财务类指标之中，加入带有企业集团特征的非财务因素指标，全面考虑可能导致企业集团出现财务危机的各种现实因素。

企业集团的特征主要包括：关联交易、偿债行为、或有负债及现金流。（1）关联交易：企业集团涉及关联企业较多，关联交易更加频繁。关联交易可能会成为企业集团母公司侵占债权人以及少数股东利益的一种手段，甚至是惯用方式之一。现有文献研究表明，母公司可借助不平等的关联交易来达到转移资产、逃避债务等目的，从而致使商业银行贷出的款项无法按时收回。（2）偿债行为：组织架构复杂、行业和地域跨度大、经营层面广，这些都是企业集团的特点，这些特点会造成银行与企业集团之间的信息不对称问题愈发严重，使银行对于作为客户的企业集团的偿债情况更加难以控制。履行偿债义务的企业一般必须同时具备偿债意愿和偿债能力，偿债主体及契约关系所处的制度环境对企业的偿债能力也有一定的影响。从近几年某些已出现财务问题的企业集团（如乐视网等）的经验来看，企业集团一旦无法按照规定程序偿还债务，便借助关联交易等手段抽逃资金（如康得新股份有限公司）、逃避债务等，为银行带来巨额损失。（3）或有负债：如果企业集团的潜在风险长期得不到重视，就很有可能因为其对外担保等或有负债转化为实际负债而遭受重创。由于集团内母子公司之间、成员企业之间互为担保以及对集团外担保的金额一般较大，可以专门将表外指标中的“对外担保比重”纳入预警指标体系。（4）现金流：现金流的多少直接决定着企业集团当期的偿债能力，并且会在很大程度上影响企业集团的财务风险预警和信用风险评估。考虑到企业集团的多元化，企业集团内部成员公司之间的产品通常各不相同，而未来不同产品市场的波动情况不定，相应地给企业集团带来的现金流也是不确定的，对企业集团财务状况和偿债能力都将产生影响。因此，企业集团对产品现金流采取良好控制能够有效应对集团债务危机，降低集团信用风险。

4. 其他辅助性指标。尽管财务会计指标也能起到部分预测作用，但受制于其在时间上的滞后性，理想的预警系统不能仅仅依赖于财务会计指标的事后反映，还需要补充与企业集团业务和关键风险点相关的定性指标和业务指标。

四、财务风险预警指标权重确定

（一）财务风险预警指标权重确定的方法

目前关于权重的确定方法有几十种，根据原始数据来源的不同可以将这几十种方法大致分为两大类：第一种是主观赋权法，被调查专家主观的经验判断构成了该方法的原始数据来源，如德尔菲法、集值迭代法、层次分析法（AHP）法等；第二种为客观赋权法，这种方法的原始数据是统计被评价企业的现实数据并计算得到的指标，包括熵值法、最大方差法、层次分析法等。在层次分析法的基础上，模糊层次分析法被学者提出并应用于实践。总体而言，熵值法、德尔菲法、层次分析法较为成熟，目前各学科领域使用最为广泛的方法是层次分析法，其科学性最高。主观赋权法与客观赋权法各有优缺点：主观赋权法的优点是解释性比较强，相对而言客观赋权法的解释性较弱，对计算的成果无法明确地给出解释；但是客观赋权法的优点是其确定的权数精度较高（只是在小部分情况下与实际情形不符），在这方面主观赋权法的劣势较为明显。

1. 熵值法。熵值法是一种测定权重的方法，其原理是依据所要测定的指标按照其包含的信息的有序程度来确定权重。信息的熵值越大，所对应的指标的权重就越小。熵值法确定指标权重的优点是可以去除人为因素的影响，使评估结果能够更加客观、公正、合理。熵值法的操作步骤如下：

（1）定义标准化。

$$Y_{ij}=\frac{y_{ij}}{\sum_{i=1}^{m}y_{ij}} \tag{2-7}$$

（2）第 j 项指标的信息熵值 e_j 用公式表示为：

$$e_j = -\frac{1}{lnm}\sum_{i=1}^{m} Y_{ij} ln\, Y_{ij} \qquad (2-8)$$

第 j 项指标的信息效用值 d_j 计算公式如下：

$$d_j = 1 - e_j \qquad (2-9)$$

（3）评价指标的权重。信息效用值越大，表明指标越重要，对评价的重要性就越大。第 j 项指标权重的计算公式如下：

$$W_j = \frac{d_j}{\sum_{j=1}^{n} d_j} \qquad (2-10)$$

（4）F 的计算公式如下：

$$F = \sum W_j y_{ij} \qquad (2-11)$$

2. 德尔菲法。

（1）德尔菲法概述。德尔菲法最早是被古希腊的预言家用来预测未来的一种方法，因这些预言家来自于希腊德尔菲地区，故因此得名“德尔菲法”。20 世纪 50 年代以后，对于未来学的研究重新发掘并使用了德尔菲法，主要将其作为预测未来的工具。德尔菲法也被应用到了现代教育评价中，其实质是一种专家意见征询法，是为了在制定教育评价体系的时候，能够对一部分指标的关键程度形成共同的看法。德尔菲法主要采用邮件或电话等方式将专家的知识、经验、智慧等信息彼此交换，这些信息往往无法量化且带有很大模糊性。组织者并不会安排各位参与的信息交换专家成员见面，而是让他们各自完成问题表并收集他们对于指标重要性程度的判断。接着组织者将问题表的反馈意见收集起来，整理后再呈送给之前的各位专家，要求专家在之前汇总意见的基础上反馈新的想法。如此循环多次后，专家在意见上会逐渐达成一致，而最后形成的一致性意见就是结论。

德尔菲法征求意见的过程一般是：第一次征求意见时，收到信函的专家将自己认为应当预测的技术问题整理在发放的预测问题表上。

专家反馈意见时应当不受限制地进行预测，避免最终意见受到先入为主的意见的干扰。但是这种做法往往使收集到的信息呈碎片化，给整理总结带来了困难。为解决该问题，组织者往往需要事先将需要预测的问题整理在表格中，让专家根据整理好的问题进行评价。当然，为保证预测问题的全面性，也允许专家对问题进行补充和修改。

由于并非所有专家对所需要反馈的问题的背景信息都是完全了解的，组织者在征询意见之前应当将与征询意见相关的背景信息整理好并随同征求意见表一同呈送给各位专家。特别是在首次呈送时，背景信息的准备应该尽力做完善、全面。另外，被征询意见的专家也可以对问题的背景信息进行补充和完善。

德尔菲法是依靠不同背景的专家作为一个集体来共同解答一些复杂问题，解答问题的过程就是这个可控制的组织集体思想交流的过程。它有如下特点：①应询的专家在程序上应当是匿名的。如果部分或者全部专家并非匿名反馈意见，那么组织者应该至少保证每名专家无法了解其收到的其他意见的来源和身份信息。②汇总信息的目的是为了在重复反馈的过程中，使专家在集体意见的基础上进行判断并最终形成统一的意见。③每名专家收到的其他专家反馈的信息都是经过组织者汇总整理并匿名的，这个过程至少要经历一次，使每个专家了解所有答案以及不同意见背后的理由。④每名专家至少有一次修改意见的机会。

（2）利用德尔菲法进行调查研究方案的设计，应进行如下步骤：

第一步，根据一定的标准挑选符合条件的专家，并对其进行资格认定。德尔菲法要求的专家讨论所涉及的主题一般较为深入，因此需要挑选多个领域且具有较高专业水平的专家，所以在确定专家的资格时需要注意：①应考虑具备与企业集团财务风险预警相关理论知识和实践的专家，并且专家最好分别来自多个不同城市，若条件允许，可以聘请国外相关专家。②应当邀请包括政府相关部门官员、高校教授、金融机构高管、工程经验丰富的工程师、精通法律法规的科研人员等参与征询。③从单个城市挑选的人员数量应当为5—10名，而参与征询的专家总数应当为50—80名。

第二步，整理第一次收集到的征询表，对反馈的意见进行统计，并根据第一次的意见反馈设计第二次征询表。第一轮专家咨询表如表2-6所示。

表2-6　　　　第一轮专家咨询表

指标	重要程度的等级			
	很重要（0.4）	重要（0.3）	一般（0.2）	不重要（0.1）
指标1				
指标2				
……				
备注	1. 表中所列的数值是估计的权重系数； 2. 用于向专家应询的文件必须对涉及的指标进行说明并对等级有明确的划分说明			

在统计意见时要计算两个量数：

①计算每个指标的权重系数的估计均值，公式如下：

$$\overline{w_i} = \frac{1}{n}\sum w_{ij} \tag{2-12}$$

其中，W_{ij}为第j个专家对第i项指标权重系数的估计值（$i=1, 2, \cdots, m; j=1, 2, \cdots, n$）。

②计算每个专家估计的W_{ij}值与评价估计W_i的偏差Δ_{ij}，公式如下：

$$\Delta_{ij} = W_{ij} - \overline{w_{ij}} \tag{2-13}$$

把计算得出的两个量数和对应的说明填写在表2-7中，并把使用层次分析法计算得出的企业集团财务风险预警指标体系的初始权重一同填列在表格中，然后要求每个参与的专家根据第一次整理的意见汇总以及评价体系的初始权重做额外两轮的反馈。

表 2-7 第二轮专家咨询表（后同）

指标	上一轮估计值		初始权重	此次估计值
	评价估计值$\overline{W_i}$	偏差Δ_{ij}		
指标 1				
指标 2				
……				

在经过多次的征询意见后，专家反馈的问题的看法会逐渐趋于统一。此时，通过对反馈的专家意见的汇总整理，可以得出企业集团财务风险预警指标体系的权重，进而依据模糊评判来判断项目总体的风险水平，并对可能出现的风险进行提前预警和防范。

3. 层次分析法。层析分析法是在 20 世纪 70 年代由美国著名运筹学专家、匹兹堡大学教授 T. Lsaty 研究得出的一种合理可行的决策方法。这种方法一般是依据严密的数学模型来进行复杂的系统分析，但是原理相对简单易懂。运用层次分析法进行分析、确定财务风险预警的指标权重的原理是：首先，将复杂的财务风险预警指标层次化；然后，通过专家对于财务指标两两之间的相对重要程度的比较和判断，构造一个判断矩阵；再次用数学的方法对矩阵进行分析处理；最后，通过计算得到不同财务指标之间的相对重要性权重。层次分析法计算指标权重的过程如下：

（1）将专家组的综合判断组成一个由判断指标组成的矩阵，并做出如下假定：指标数为 n，评判等级为 p。

（2）计算重要性排序。运用线性代数的计算方法对专家的判断意见组成的矩阵进行求解，并根据最大特征根计算相对应的特征向量。此特征向量是根据其重要性对每个评价因素进行的排序，它的作用是进行归一后形成权数分配。当矩阵的阶数比较大时就运用方根或者和积进行求解。

（3）检验：

$$A=\begin{bmatrix}\mu_{11} & \mu_{12} & \cdots & \mu_{1p}\\ \mu_{21} & \mu_{22} & \cdots & \mu_{2p}\\ \vdots & \vdots & \vdots & \vdots\\ \mu_{n1} & \mu_{n2} & \cdots & \mu_{np}\end{bmatrix} \qquad (2-14)$$

因为专家对于客观事物的复杂性同样可能存在认识不足或者认识片面的情况，所以根据由专家意见组成的判断矩阵求解得到的特征向量的权值不一定是合理的。因此，需要检验判断矩阵的一致性和随机性。检验判断矩阵的公式为：

$$CR = CI \div RI \qquad (2-15)$$

$$CI=\frac{\lambda_{\max}(A)-n}{n-1} \qquad (2-16)$$

求 A 的特征值的方法为，可以用 MATLAB 语句求 A 的特征值：(Y,D) = eig(A)，Y 为成对比较矩阵 A 的特征值，D 的列为相应特征向量。

其中，λ_{max}是矩阵的最大特征值；CR 为判断矩阵的随机一致性比率；CI 为判断矩阵一致性指标；RI 为判断矩阵的平均随机一致性指标，由大量试验给出。对于低阶判断矩阵，RI 取值如表 2-8 所示。对于高于 12 阶的判断矩阵，需要进一步查资料或采用近似方法检验。判断矩阵 A 一致性检验的步骤为：

①计算 A 的最大特征值。②计算指标 CI。③查表求得 RI。④计算 CR。⑤按 CR 的大小判断 A 是否有满意的一致性，或 A 是否要调整。

当 CR <0.1 时，即认为判断矩阵具有满意的一致性，说明权数分配是合理的；否则，就需要调整判断矩阵，直到取得满意的一致性为止。

表 2-8　层次分析法的平均随机一致性指标值

M	1	2	3	4	5	6	7	8	9	10	11
RI	0.00	0.00	0.58	0.90	1.12	1.24	1.32	1.41	1.45	1.49	1.52

4. 模糊层次分析法。模糊层次分析法首次将层析分析法和模糊数学进行了结合运用，并用模糊一致的关系实现模糊推导，然后再通过模糊数代替点值构造一个判断矩阵来实现层层推导，接着求解权重向量，并将通过模糊数矩阵进行向量计算求解得到的综合模糊数权重进行排序。该方法使建立模型并求解变得更加简便，也更有利于表达判断的不确定性。

模糊层次分析法的计算过程主要由以下 5 个步骤构成：①明确所要分析的问题。②对财务风险预警的层次结构进行构建。③建立不同层次的优先次序判断矩阵。④对每一个层次进行单独的排序。⑤进行层次的总排序。完成以上 5 个步骤，便可以计算出每个层次及其构成要素相对于总目标来说的组合权重，然后得到各个提案的综合评价值，进而帮助企业集团从中选出最佳方案。

（二）财务风险预警指标权重的确定

确定企业集团财务指标权重是风险预警中不可或缺的一环，其能够对财务风险预警的结果产生直接的影响。上述 4 种指标权重的确定方法对于企业集团财务风险的衡量并不全部适用，而且由于各成员企业所处行业以及发展时期的不同，其对于各财务风险预警指标的侧重点也不尽相同，企业集团一般采用需要进行严谨模型验证的层次分析法作为集团财务风险预警指标权重的确定方法。

1. 层次模型。层次分析法将财务风险预警分为总目标层 A（目标企业总财务风险）、准则层 C（C1：特征指标、C2：偿债能力、C3：盈利能力、C4：营运能力、C5：发展能力、C6：现金流量）、具体指标层 P（P1：关联交易金额占总资产的比例、P2：关联交易次数、P3：行业分散程度、P4：或有负债、P5：流动比率、P6：速动比率、P7：资产负债率、P8：利息保障倍数、P9：长期资产适合率、P10：净资产收益率、P11：总资产净利润率、P12：营业收入净利率、P13：已获利息倍数、P14：存货周转率、P15：应收账款周转率、P16：总资产周转率、P17：净利润增长率、P18：营业收入增长率、P19：固定资产增长率、P20：总资产增长率、P21：现金比率、P22：销售现金比率、P23：现金流动负债比率）。

2. 各指标权重系数计算。首先需要建立判断矩阵，判断值被用来表示判断矩阵中同一层次各个指标的相对重要性。因为专家为这些指标直接赋予权重的难度相对较大，所以结合心理学家提出的“人区分信息等级的极限能力为 7 ± 2”的研究结论，可使用九分位法作为标度，形成判断矩阵。甲指标与乙指标相比的重要性如表 2 – 9 所示。

表 2 – 9　　　　甲指标与乙指标标度

甲指标与乙指标比	极重要	很重要	重要	略重要	相等	略不重要	不重要	很不重要	极不重要
甲指标评价值	9	7	5	3	1	1/3	1/5	1/7	1/9
备注	取 8、6、4、2、1/2、1/4、1/6、1/8 为上述评价值的中间值								

根据专家对于各指标的评分构建判断矩阵，通过对于矩阵的求解，可以计算出各指标的权重系数，计算步骤如下：

（1）计算判断矩阵每行元素的积M_i：

$$M_i = \prod_{J=1}^{n} a_{ij}, i = 1,2,3,\cdots,n \qquad (2-17)$$

（2）计算各行M_i的 n 次方根值：

$$\overline{w_i} = \sqrt[n]{M_i}, i = 1,2,3,\cdots,n$$

式中，n 为矩阵阶数。　　(2 – 18)

（3）将向量$(\overline{w_1}, \overline{w_2}, \cdots, \overline{w_n})^T$归一化，即计算：

$$w_i = \frac{\overline{w_i}}{\sum_{J=1}^{n} \overline{w_i}} \qquad (2-19)$$

其中，$i=1,2,3,\cdots,n$，得到 $w=(w_1,w_2,\cdots\cdots,w_n)$，即为所求的各指标的权重系数值。

（4）计算判断矩阵的最大特征值：

$$\lambda_{\max} = \sum_{i=1}^{n} \frac{(A\bar{w})_i}{n w_i} \tag{2-20}$$

其中，$(A\bar{w})_i$ 为向量 Aw 的第 i 个元素。

（5）计算判断矩阵一致性指标 CI，并检验其一致性。计算公式如下：

$$CI = \frac{\lambda_{\max} - n}{n-1} \tag{2-21}$$

当 $\lambda_{\max}=n$，$CI=0$ 时，为完全一致。CI 值越大，判断矩阵的完全一致性越差。通常只要 $CI\leqslant 0.1$，就认为判断矩阵的一致性是可以接受，否则重新进行两两比较判断。

（6）组合权重计算。目标层 A 对准则层 C 的相对权重为：

$$\bar{w}^c = (w_1^c, w_2^c, \cdots, w_k^c)^T \tag{2-22}$$

准则层的各准则 C_1，对具体指标层 P 的相对权重为：

$$\bar{w}_{1l}^p = (w_{1l}^p, w_{2l}^p, \cdots, w_{nl}^p)^T \quad l=1,2,\cdots,k \tag{2-23}$$

那么，各具体指标 P 对目标 A 的相对权重可以通过权重 $\bar{w}^c$ 与 $\bar{w}_l^p$ $(1,2,\cdots,k)$ 组合而得到，$V^p=[V_1^{(p)},\ V_2^{(p)},\cdots,V_n^{(p)}]^T$ 为 P 层各指标的相对权重，则有

$$V_i^p = \sum_{j=1}^{k} w_j^c w_{ij}^p \quad i = 1,2,3,\cdots,n \tag{2-24}$$

最后，对各预警指标的相对重要性采用专家调查法进行判断。

第四节 业财融合的企业集团财务风险预警区间设计

一、财务风险预警区间设计依据

（一）财务风险预警指标评价标准的确定

首先，应根据预警指标的特点将其划分为极大型指标、极小型指标、稳定型指标和区间型指标。其中，极大型指标是指企业集团及其成员企业认为数值越大越好的指标，例如净资产收益率、应收账款周转率、主营业务毛利率、总资产增长率、利息保障倍数等；反之，极小型指标则是指企业集团及其成员企业认为数值越小越好的指标，例如对外担保比重、借款依存度；对于企业集团希望使其数值尽可能保持在某一水平的指标，通常称其为稳定型指标，例如速动比率、流动比率、长期资产适合率；而像资产负债率这样的指标，我们通常认为其最佳值存在一个合理区间，即被称为区间型指标。

其次，确定预警指标满意值、不允许值以及上下限值。使用者对指标的满意程度称为满意值，如果指标显示为满意值，那么就意味着财务危机的发生概率比较低甚至是零。不允许值是指企业集团及其成员企业可接受范围的极限值，即最低值（下限值）或最高值（上限值）。其中，确定满意值时应注意：预警指标满意值首选指标标准值，例如流动比率的公认合理标准是2，因此满意值取2。同理，速动比率满意值取1等。如果某一指标不存在标准值，则可以用同行业的平均水平来替代（因为考虑到财务风险预警的目的是提示危机风险，所以并非一定要选取同行业良好水平）。同行业平均水平的确定，可以参考财政部企业绩效评价标准值中同行业同规模企业的平均值。另外，不允许值的确定，可以参照财政部企业绩效评价标准值中同行业同规模的较差水平。为排除极端因素，建议对相关绩效评价标准以计算年度的近三年的数据进行综合测算确定，并在试用过程中随时根据客观的情况变化及时对标准进行调整。其中，对于各类型指标来说，极大型指标和极小型指标需要确定满意值和不允许值，区间型指标需要确定区间值范围和不允许值的上下限，稳定型指标需要确定满意稳定值和不允许幅度值。另外，由于成员企业的规模以及所处行业、地域、阶段的不同，部分指标的选取也需要随时进行调整，例如对于处在高速成长期的成员企业来说，其资产负债率通常相对较高，而对于处在正常经营的成熟期企业来说，其资产负债率往往较为平稳。

最后，需要对预警指标的评价标准值进行测定。因为企业集团从其内部获取所需的财务资料的难度一般较低，所以为了在进一步提升预警指标评价标准准确性的同时增强其实用性，企业集团可以通过运用内部财务数据对评价标准值进行测算。虽然财政部为企业绩效评价提供了部分标准值作为参考，但是其范围和匹配度有限，没有覆盖全行业，且未必完全符合集团的实际情况。因此，可以采用加权平均法对标准值进行测算。比如要测算第 t 年的评价标准值，首先需要计算出集团所属成员企业近三年（第 $t-1$ 年、第 $t-2$ 年、第 $t-3$ 年）的各预警指标实际值，分别乘上与年数相对应的权重（比如 2:3:5 的权重），这几项乘积求和后即可视作该指标第 t 年的满意值，指标的上下限值也可依据此方法计算得到。实践证明，此种确定预警指标评价标准值的方法较为有效。

（二）财务风险预警指标基准体系

企业集团可以将国务院国资委绩效评价指标体系、银行资信评级体系、宏观经济与行业政策以及上市公司数据作为对标对象对预警区间进行设置。

1. 绩效评价指标体系。现阶段，国务院国资委每年发布的《企业绩效评价标准值》是企业集团各项财务指标可以参考的较为权威的参照标准。该绩效评价标准对于不同行业、不同规模的企业分别给出了参考标准值。其中，绩效评价体系在对于企业集团债务风险、现金流风险和盈利能力方面的评价，主要选取了速动比率、已获利息倍数、存货周转率、应收账款周转率、盈余现金保障倍数、净资产收益率以及主营业务利润率等 7 个指标，具有较强的指导意义。因此，可以运用统计学方法在指标区间设置过程中对企业绩效评价标准值进行处理，同时根据企业集团所在行业特点赋予权重，并据此设置财务风险预警指标的预警区间。

2. 银行资信评价体系。为了更加严格地控制和管理银行的信贷风险，银行纷纷建立资信评价体系，目前这一体系已在我国银行间普遍运用。该体系根据财务分析理论，对企业集团及其成员企业的资产构成、流动性水平、经营能力、盈利能力和成长性进行全面评估。无论是从指标订立标准还是市场成熟度而言，银行资信评价体系都能为财务风险预警指标的选取和区间的设置提供极有价值的参考。因此，企业集团可以将银行资信评价起始扣分值作为预警体系的建议关注值，将起始扣分值和最差值的平均值作为预警体系的重大风险提示值。另外，为尽可能地涵盖债务风险和现金流风险，指标体系一般包括资产负债率、速动比率、担保净资产比、已获利息倍数、存货周转率和应收账款周转率。

3. 宏观经济与行业政策。由于企业集团业务所涉及的行业范围比较广，特别是国有企业集团，而且几乎都是我国国民经济的支柱型产业，关乎国计民生，因此宏观及行业政策、经济环境等的变化都会对其产生比较大的影响。因此，在指标区间的设定过程中，必须要将宏观经济环境及行业的特性纳入考虑范围。例如应该参考公开市场的银行存款和贷款利率对投资收益率指标进行设定，可将 2019 年最新一年期银行存款利率（1.5%）视为无风险投资的机会成本，作为计算不同程度风险下投资的机会成本的基准值；将银行一年期贷款利率（4.35%）作为投资的参考资本成本。

4. 上市公司数据。由于上市公司的公开数据具有客观性、完整性、可靠性和易获取性，因此能为预警体系的指标区间设置提供良好参考。企业集团可以选取在上海证券交易所及深圳证券交易所上市的所有公司的财务数据，结合多种方法（末位淘汰法、分类分析法、表分析法等）对预警区间参考值进行确定。其中，现金流风险和盈利能力风险可以运用经营性营业利润占总利润比和现金总资产比两项指标进行衡量。

（三）财务风险预警指标区间方案

根据已有实践经验，现为指标区间制定 4 项可实施性较强的方案，如表 2－10 所示。为遵循科学合理、从严从紧的原则，这 4 项方案主要借鉴了国务院国资委绩效评价指标和银行资信评价体系，同时结合了行业政策和上市公司的实际情况。

表 2－10　　备选方案

	方案一	方案二	方案三	方案四
对标对象	以上市公司数据为主，以宏观经济及行业政策和绩效评价指标为辅	以绩效评价指标为主，以宏观经济及行业政策和上市公司数据为辅	以统计处理后的绩效评价指标为主，以宏观经济及行业政策和上市公司数据为辅	以绩效评价指标和银行资信评价为主，以宏观经济及行业政策和上市公司数据为辅
指标区间设置对象	以细分后的行业为单位设定指标区间	以每个企业集团为单位设定指标区间	以每个企业集团为单位设定指标区间	以每个企业集团为单位设定指标区间

续表

	方案一	方案二	方案三	方案四
预警的松紧程度	要求最严	要求最松	要求次松	要求次严
优点	公开数据更具有客观性、可信度，且易于获取，便于日后随时进行指标区间调整	对于企业集团而言更具有针对性，凸显企业集团特征	对于企业集团而言更具有针对性，凸显企业集团特征	（1）对于企业集团而言更具有针对性，凸显企业集团特征；（2）银行资信重点考察债务和现金流风险，引入后更加全面
不足	（1）该指标区间主要来源于上市公司数据，没有体现国有特征；（2）按照行业划分制定预警区间，不能体现多元化；（3）计算过程繁复	（1）要求过于宽松，谨慎性不足；（2）缺乏银行对企业集团要求的考虑；（3）国务院国资委绩效评价指标反映的是全国该类企业集团的水平，难以体现地域特点	（1）没有考虑银行对企业集团的要求；（2）国务院国资委绩效评价指标体现的是全国该类企业集团的水平，难以体现地域特点	国务院国资委绩效评价指标反映的是全国该类企业集团的水平，难以体现地域特点

1. 主要依据为上市公司数据的区间设定方案。方案一中的指标区间主要是运用分类分析法，依据上市公司数据计算出绝对数值和其波动率得来的。其中，绝对数值指标区间的设置过程如下：

①对上市公司数据按照所属行业和财务业绩这两个方面进行分类。在企业集团所属行业维度，对上市公司分别按照所属行业大类进行划分。在财务业绩维度，根据企业集团盈利数据的优劣，把企业集团划分为良好、欠佳、亏损 3 类。接下来，将同一行业中已发生亏损的企

业集团在亏损之前的1—2年内的年度财务指标数据定为红色预警值，将被划分为财务业绩欠佳的企业集团未亏损年度的财务指标数据定为黄色预警值，最后将所确定的红色和黄色预警值与业绩欠佳的企业集团最初所设定的区间标准进行比对测试，以检验预警效果是否明显。

②运用末位淘汰法对经过分类分析初步设定的红色预警值进行优化，末位淘汰法与分类分析法的相同点在于选定研究样本以及划分企业集团和行业的方法。根据中国证监会发布的关于ST企业挂牌和退市的规章制度，做出以下假设：整个行业中被标记ST或ST*的企业将会是首批被从证券市场清退的企业；淘汰率m的计算方法是把ST加ST*企业数量之和除以上海证券交易所和深圳证券交易所上市公司的总和；将企业集团按照其财务指标数据表现优劣排序后，排名最后m的企业属于红色预警区间内。实证研究表明，末位淘汰法获得的预警指标区间和按照财务数据指标排序得到的结果一致的，结果还显示通过末位淘汰法得到的预警指标区间会更严格。

③为了结合财务管理方面的专业化经验对上述预警指标区间的设定进行验证和调整，并能够更加直观地展示，应当对各预警指标做成全行业以及分行业的图表，然后对这些图表进行分析。首先，把以上的指标结果做成散点图，并为其增加趋势线和分类线，这样可以用图表这种直观的方式检验红色预警值和黄色预警值能否将亏损和欠佳的企业集团区别开来。其次，为了使预警指标进一步准确，应当收集并结合证监会、券商、银行等机构对企业集团所处行业及企业集团本身的评价指标和准入条件等，对个别不适当的指标进行修改。

另外，监察企业集团是否在某一风险领域发生突然或者较为明显的改变时常常使用波动率区间这个相对指标，其主要目的是为黄色预警区间设定参考值。在具体实践中，黄色预警值可以参考统计学原理计算出来的非异常数据变化率的最大值，而这个最大值源自于受国务院国资委管辖的下属企业近三年财务数据在一定时期内的波动范围均值。为对波动率的区间范围进行进一步的修正，可以把波动率范围制成图表，在其上增加趋势线和中位线等辅助线条，然后对其进行观察并进一步评价最初的黄色预警值对于异常波动的敏感程度如何，从而判断是否需要修正。

2. 主要依据为《企业绩效评价标准值》的区间设定方案。由于企业集团承担着较多的社会责任，并且存在历史遗留问题，资产质量平均水平一般低于上市公司，因此方案二中的关键参考标准应当选择国务院国资委颁布的《企业绩效评价标准值》，《企业绩效评价标准值》汇总了不同行业、不同规模企业的绩效评价标准。这些标准划分为5个档次，依次是优秀值、良好值、平均值、较低值和较差值。企业集团财务风险预警的评价与估测可以以绩效评价标准的较低值作为财务风险预警的黄灯值，然后以标准的较差值作为预警的红灯值。但是由于集团企业所涉及的行业较广，其业务结构比例可能会存在较大的差异，因此为了解决方案一中指标区间针对每个行业设定过于笼统的缺陷，方案二针对具体企业集团的业态权重，对指标区间值进行了加权处理。

3. 主要依据为统计处理后的《企业绩效评价标准值》的区间设定方案。风险预警系统可以提前预测风险，从而可以提前准备应对策略，因此企业集团为了更加严格控制内部风险，可以适当地选取《企业绩效评价标准值》中涉及的年度数据，将选取的相关数值进行平均处理后，并用得到的平均值作为预警的黄灯值，并用处理得到的较低值作为预警的红灯值（和方案二相比增高了较低值和较差值的标准）。当红灯值不断出现时，使用趋势箭头表示情况走向，绿色箭头表示情况趋好，红色箭头表示情况恶化。

4. 主要依据为《企业绩效评价标准值》与银行资信评定标准相结合的区间设定方案。在方案四加入银行资信评定标准，对于考察企业集团风险，尤其是企业集团债务及现金流状况的持续经营风险尤为有效。该方案设定风险预警指标区间的核心依据是将《企业绩效评价标准值》与银行资信评定标准的相结合，如果一个指标同时属于这两个评价标准体系，则按照孰紧原则来设定预警区间。

（四）财务风险预警区间方案的特点与选择

通过全面的比较以上4个方案之后，方案四（以《企业绩效评价标准值》和银行资信评定标准参照为主，以行业政策和上市公司数据参照为辅的指标区间设置）被确定为最后选定的方案，因为其具有以下几点优势：

①科学性定制。财务风险预警区间不应该只依据行业中上市公司的标准，而是要依据企业集团具体的业态分布和行业特征设定。

②合理化要求。企业集团的参考标准不应过高，上市公司资产质量较好，所以由此得出的参考标准无实质意义。

③动态化“亮灯”。选定的方案中既包括了单纯“亮灯”的情况，也包括了“亮灯”情况的趋势分析。这样的动态分析能够更加细致、有效地帮助企业集团发现风险未来可能的变动趋势，从而及时采取应对措施。

根据以上的特征可知，设置财务风险预警指标区间，既要有较强的理论依据，又需要对适用性和可操作性进行充分的考量，同时也需要对财务风险预警框架的基本原则有较为深刻的理解。

二、财务风险预警区间划分设计

（一）预警区间划分——基于优化的K－means＋＋聚类法

聚类是进行数据挖掘最常使用的技术之一，这种无监督的分类算法会使类内的间隔达到最小，而类间的间隔达到最大。聚类可按多种标准进行分类，其中层次聚类法（Hierarchical Clustering）与非层次聚类法（Non－Hierarchical Clustering）是依据方法原理的经典聚类来划分的两种类型。使用非层次聚类法通常需要事先确定具体的类别数量，在此基础上可实现快速地将对象划分成为确定数量类别的目的。划分式聚类法是非层次聚类法的典型代表，常用的主要有 K－means 算法、K－medoids 算法和 Clarans 算法等。另外，使用聚类法划分预警区间能够克服人为确定预警区间范围与层次的主观性。

1967 年，麦奎因（MacQueen）经研究发现了一种聚类方法并命名其为 K－means 聚类法，也叫快速聚类法。K－means 聚类法的具体步骤如下：

1. 随机挑选 M 个数据点 $C_i(i=1,2,\cdots,M)$ 并将这些数据点作为各聚类的初始中心。

2. 将各数据点归类至所属聚类，若决定第 i 聚类中含有数据点 X_j，则权重值 $W_{ji}=1$，反之为 0，即：

$$W_{ji}=\begin{cases}1,if\|X_j-C_i\|\leqslant\|X_j-C_m\|,\forall m\neq j\\0,otherwise\end{cases} \tag{2-25}$$

且满足：

$$\sum_{i=1}^{k}W_{ji}=1,\forall j=1,2,\cdots,n,2n,\sum_{i=1}^{k}\sum_{j=1}^{n}w_{ij}=n \tag{2-26}$$

3. 根据公式 2－27 算出目标函数 J，倘若 J 始终一致，则说明聚类结果已经固定，就可以结束此迭代方法，否则执行步骤 4。

$$J=\sum_{i=1}^{k}J_i=\sum_{i=1}^{k}\sum_{j=1}^{n}w_{ij}\|X_j-C_i\|^2 \tag{2-27}$$

4. 以公式 2－28 更新聚类的中心点，回到步骤 2。

$$C_i=\frac{\sum_{j=1}^{n}W_{ji}X_j}{\sum_{j=1}^{n}W_{ji}} \tag{2-28}$$

K－means 聚类法有两个与初始值存在关联的重大缺陷：

①倘若初始聚类中心位置未能达到事先所期待的状态，则会出现目标函数 J 落入局部解的可能，最终无法得到最佳的聚类集。

②与划分式聚类相同的是均要提前确定聚类数目 M。

选择初始聚类中心的位置可通过 K - means + + 算法解决。K - means + + 算法确定初始聚类中心的基本思路是：各聚类的初始中心应当尽可能保持远的间距，具体算法如下：

①确定第一个聚类中心，随机挑选一个已输入的数据点即可。

②计算数据点集合内每一个数据点 X 与最近聚类中心（即已选聚类中心）的距离 $D(x)$ 的平方。

③在确保 $D(x)$ 的平方较大的点能以较大概率被选为聚类中心的原则下，挑选一个新的数据点视为新聚类中心。

④步骤②和步骤③不断循环直到有明确的 M 个聚类中心。

⑤然后对上述选出的 M 个初始聚类中心运行标准的 K - means 算法。

通过实验对比方法能够确定聚类数目，即在给定的聚类数区间内选取聚类效果最佳的个数。

（二）预警区间划分的评价

在确定预警区间的过程中，还会遇到聚类结果和预警区间划分合理性的评价问题。刘艳（2013）使用轮廓图（Silhouette）衡量聚类效果，同时预警区间的定义主要以多项 ST 企业的类别分布作为参考标准。

对于每个点分类是否合理主要采用构建简洁轮廓图的方式评价。此处将轮廓图中第 i 个点的轮廓值（Silhouette Value）Si 表示为：

$$S_i = \frac{b_{(i)} - a_{(i)}}{\max\{a(i), b(i)\}}, i = 1, 2, \cdots, n \quad (2-29)$$

其中，$a_{(i)}$表示点 i 当前所属类的差异度（dissimilarity），是点 i 与同一所属类中其他点之间的平均间距；$b_{(i)}$表示点 i 与不同类差异度的最小值，是点 i 与其他类的类内各点之间的平均间距。

公式 2－29 可转换为：

$$S_i = \begin{cases} 1 - \dfrac{a_{(i)}}{b_{(i)}}, if\ a_{(i)} < b_{(i)} \\ 0, if\ a_{(i)} = b_{(i)} \\ \dfrac{b_{(i)}}{a_{(i)}} - 1, if\ a_{(i)} > b_{(i)} \end{cases} \quad (2-30)$$

如公式（2－30）所示，轮廓值S_i的取值范围为$[-1,1]$，当$a_{(i)} < b_{(i)}$时，S_i等于 1，某个点轮廓值越接近 1 则代表该点分类越合理；如果$S_i < 0$，则表示 i 点的分类不合理，仍存在更加合适的分类。因研究时顾忌噪声数据对结果的影响，故刘艳（2013）在选取聚类结果时以轮廓值$S_i > 0$ 的个数大于 95% 作为置信区间。

在对已明确的聚类区间的主成分进行分析后可以看出，综合得分越高说明财务状况越好，相反则说明财务状况越糟。同时，上海证券交易所和深圳证券交易所发布的《股票上市规则》，以及中国证监会发布的《关于上市公司状况异常期间的股票特别处理方式的通知》等文件中，“特殊处理”相关规定的条款指出，ST 公司和 ST* 公司财务风险偏高，陷入财务危机等状况概率更高，允许企业集团以主成分分析法分类的分布情况作为参考定义预警区间。

三、财务风险预警区间标识设计

（一）红黄绿信号灯和趋势信号的特征

财务风险预警体系应该用直观且科学的方式展示其所产生的信息，表达方式主要有风险评分、趋势线、红黄绿灯 3 种。在这些表达方式中，风险评分仅可看出风险的数值但是，无法呈现风险等级与趋向；趋势线尽管可以观察到风险的趋势却难以呈现直观的评估结果；红黄绿灯则融合了理论研究与现场调研实践，能够用不同的颜色所表示的不同状态与趋势线融合，将风险的等级评估和趋向同时以较为直观的方式表示出来。

财务风险预警信息系统通过将公司上报的年报、快报、重大事项报告与提前设置的预警区间进行对比，然后自动执行算法并对风险状况进行识别，最后以3种不同颜色的信号灯简洁明了地表示企业集团所面临风险的程度，红色信号灯意味着存在重大风险，这些风险通过引入趋势线来展示风险的趋势，起到风险预警的作用。

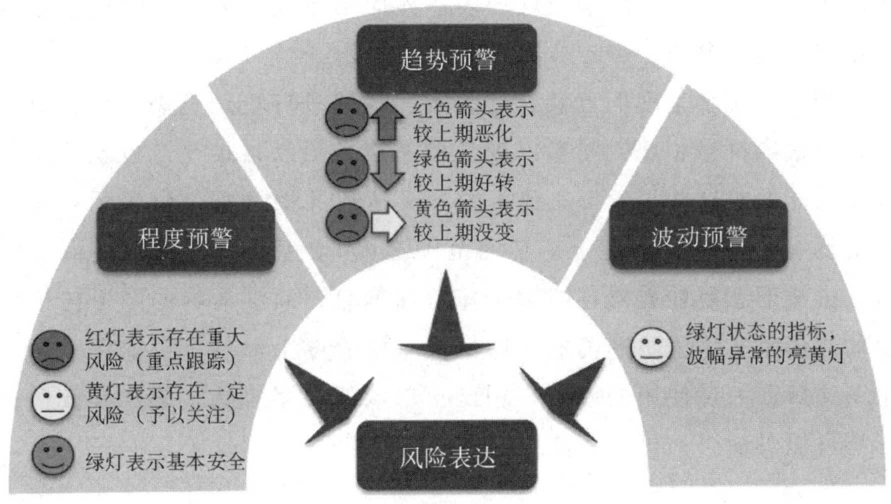

图2-1 风险表达具体流程

图2-1风险表达的具体流程如图2-1所示，风险预警体系的预警区间分成3个等级，用红、黄、绿三种颜色的信号灯表示。红灯说明该指标存在重大风险，可能会对公司产生较大的不良影响；黄灯说明该指标存在一定的风险，可能会对公司产生一定程度的不良影响；绿灯说明该指标代表的风险对公司无明显的不良影响。另外，对于持续亮红灯的指标应当引入趋势箭头，相关状况改善以绿色箭头表示，状况恶化以红色箭头表示，此动态分析能够帮助公司判别未来风险变动趋势，从而实施相应的措施。

（二）红、黄、绿信号灯的优点

相比于数值呈现的方式，红、黄、绿信号灯方式具备更强的适应性。由于企业集团的生产经营活动涉足多个经济领域，在制订预警区间时应当以一个企业集团为单位来体现行业特性，所以用数值直观呈现风险需要同时在系统中显示多套对标值，才能呈现出风险的大小与走向变化。红、黄、绿信号灯的表达界面则更利于风险预警信息系统的使用者进行分析。

相比于文字呈现的方式，红、黄、绿信号灯更加直观。已有研究认为与语言符号相比，图形以视觉形态表现更易被接受，也就是说大部分人能够对这些视觉形态代表的含义达成共识（如红灯表示处在危险的状况，绿灯表示处于正常的范围之内）。另外，对于描述形态结构，视觉形态更加震撼且能够快速传递信息，简洁清晰的图形传达信息的作用是文字无法媲美的。这也在一定程度上回答了当前展示设计中图文版面大量使用的原因。相比于单调的文字表达，图片具备多种形态且更具活力，可以让使用者更加轻松愉悦。

（三）红、黄、绿信号灯对信息的整合及发布

企业集团的年报、快报和重大事项报告等公开资料都是信号灯基础信息的来源。财务风险预警系统可以自动从基础信息来源中获取各项数据，对比提前设置的预警区间，自动执行算法并对风险状态进行识别，最后通过3种不同颜色的信号灯对企业集团的风险及趋势进行传达。经过整合的财务风险整体状况由企业集团向负责管理财务风险的员工传递。

第三章

企业集团财务风险识别与评估

第一节　企业集团财务风险预警评分制度建设

一、预警方法

目前，在财务风险预警理论性定量研究中，最常用的方法就是建模法。基于大量数据样本进行模型预测，精度较高，在精细化的财务风险预警理论研究中具有广泛的适用性。但是面对不同行业、不同企业集团的差异，建模法表现出较差的应用性，模拟出的财务风险预警结果往往也不够精确。相比于建模法，评分法可以根据不同行业、不同企业集团的具体财务状况，发掘产生财务风险的原因，指导管理层进行财务风险管理以及制定相应的解决措施。由此可见，评分法是进行财务风险预警更为有效的手段，企业集团可以利用线性关系和指数法运算将预警指标以及风险程度反映出来，从而将财务风险进行量化，进而指导企业集团进行风险管理，其实用性更强。虽然企业集团在实际操作中可以选择不同的财务指标进行财务风险预警，但是多数企业集团更倾向于选择评分法。

二、预警指标体系指标设计

为使财务风险预警产生显著效果，也为了给财务风险预警指标预测的准确性提供保障，企业集团需要对指标的敏感性、先导性和相关性进行分析研究，进而谨慎选择出合适的预警指标。预警指标主要分为基本指标和辅助指标两大类，其中基本指标反映的是企业集团整体及其成员企业的偿债能力，辅助指标则反映其盈利能力和经营能力。一般来说，企业集团应选取的基本指标包括资产负债率、流动性比率、短期借款（含一年内到期的长期借款）占流动负债利率、速动比率、现金流动负债率、已获利息倍数、长期负债与营运资本比率；应选择的辅助指标包括应收账款周转率、净资产收益率和外部担保占净资产的比例。

就中国交通建设股份有限公司（以下简称“中国交建”）而言，存在的主要财务风险是应对债务时的偿债风险。因此，本研究在财务风险预警指标体系中，选取偿债能力作为衡量财务风险的主要指标。利用该指标的主要优势在于可以从不同侧面、分重要程度反映偿债能力以及发生财务风险的可能性。企业集团整体及其成员企业的偿债能力可以从总体资本结构和负债规模、负债弹性、变现能力、实现即期能力偿还借款利息情况等方面反映出来。企业集团整体及其成员企业的资本结构和负债规模可以用资产负债率来反映，还可用来衡量其资产偿还债务的能力；企业集团整体及其成员企业的债务内部结构和财务风险主要通过短期借款占流动负债的比重进行测试；可以通过计算流动比率和速动比率并比较两者大小来确定企业集团整体及其成员企业偿债能力以及可变现能力；可以通过现金流动负债比率来反映企业集团及其成员企业的即时支付能力。企业集团整体及其成员企业获得的利息保障倍数主要用来反映偿还债务利息的能力。企业集团整体及其成员企业的长期负债与营运资本比率用于衡量长期偿债能力。应收账款周转率主要用于衡量利用自身资源降低财务风险的能力，资金的回收情况也可通过应收账款周转率来反映，进而反映应收账款存在的财务风险；净资产收益率可以全面反映企业集团整体及其成员企业的盈利能力，也是资金流动功能的体现，一般也被看作是应对财务风险能力的衡量标准；对外担保额占净资产的比例可以反映企业集团整体及其成员企业当前或有负债的规模，也可以反映存在的隐藏财务风险的大小。企业集团可以根据财务风险控制的需要，结合所处行业和企业规模，灵活采用以上指标，从而健全财务风险控制指标体系，从不同侧面反映财务风险，为管理人员进行决策提供依据。

三、财务风险区间的划分

根据实际情况的不同，本书将财务风险划分为 3 个区域：绿色安全区域、黄色预警区域以及红色危机区域。企业集团依据财务风险发生概率的大小，分别将企业集团内的成员企业划分在绿色安全区域、黄色预警区域以及红色危机区域 3 个区域内。在财务风险控制体系实施过程中，恰当地将不同企业划分到合适的区域内十分重要。若划分标准宽松，就将起不到财务监管的作用；若划分过于严格，成员企业在风险控制过程中就会畏首畏尾，丧失较好的发展机会。在进行风险区域的划分时，要将企业集团及其成员企业自身的基本情况纳入考虑范围内，包括所在的行业、所达到的管理水平、规模、风险偏好、抗风险能力以及同行业的平均水平等，尽量做到贴合自身实际，不能够完全依靠数据以及学术权威。随着企业集团的发展，财务风险区域的划分也要不断进行调整和修正。

对于企业集团来说，各成员企业应参照集团财务风险控制体系，评估其存在的财务风险，即根据各项财务指标的计算结果，参照评分方法对财务风险进行评分，并根据得分划分财务风险区域。如果分数不在安全区域内，应予以关注，并采取相应措施，避免风险进一步扩大和恶化。如果得分达到红色危机区域时，母公司应立即命令其采取有效措施将相关指标降至可接受范围。如果子公司未能按照要求进行整改，母公司应采取不提供贷款担保、不审批投资项目等惩罚措施。相应子公司也必须根据具体的财务风险进行专门研究，采取降低财务风险的具体措施，以避免财务风险的进一步扩大。

四、财务风险评分规则

本着直观、实用性的原则，财务风险评分规则主要参照国际通用的评分法，实行百分制评分。财务风险百分制评分的步骤如下：

第一步，要确定财务指标的重要性，并依据重要性确定财务指标的权重；

第二步，根据相应的财务资料，对各项指标值进行计算，并注意排除客观因素的影响；

第三步，参照评分办法，以计算出的各项指标值为依据，计算出对应的指标分数；

第四步，根据两类指标（基础指标和辅助指标）中的得分，将财务风险评分汇总相加；

第五步，根据财务风险区域的划分标准，按财务风险评分确定该成员企业处于财务风险区域内。

为了方便构建预警指标体系，本节参考了相关企业集团的评分方法和相关做法及对于有关人员的咨询情况记录表，提出可供参考的权重设计和评分办法如表 3－1 所示。

表 3－1　　权重设计与评分方法　　单位：分

指标名称	权重	安全区	预警区	危机区
一、基础指标	80	该项指标为 0	将预警区间 10 等分，每一等份按照 1/10 计分	该项指标得满分
现金流动负债比率	20			
速动比率	16			
流动比率	12			
短期借款占流动负债比重	8			
长期债务与营运资金比率	8			
资产负债率	8			
已获利息倍数	8			
二、辅助指数	20			
净资产收益率	7			
应收账款周转率	7			
对外担保额占净资产比例	6			
合计	100	≤40	(40，70)	≥70

需要说明的是，企业集团应当根据财务指标的不同，分别划分其处于安全区、预警区还是危机区。各个指标的权重应根据成员企业的实际情况不同而确定。例如，一般认为流动比率在 10 分左右，企业就处于稳定的财务结构中。企业集团可以依据流动比率具体情况把成员企业列入安全区、预警区、危机区。该指标的权重可采用问卷调查法、专家打分法、德尔菲法，或者层次分析模型确定，其中层次分析模型的具体应用，读者可以参考本书第六章的具体案例分析。

五、建立财务风险分析评估报告制度

企业集团可以参考国务院国资委考核分配局出台的《企业绩效评价标准值》，该文件对企业集团的盈利能力、生产运营能力、偿还债务能力和未来成长能力 4 个方面的财务指标进行了全面的分析，构建了包括财务指标在内的企业集团经营成果评价指标体系。由于企业集团经营成果与经营目标之间出现非预期负偏差的因素主要为财务风险，因此可以先对企业集团实际经营成果进行评价，并根据做出的评价进行细致分析，进而预测企业集团的财务风险是否会发生以及产生的财务风险程度。

企业集团各成员企业可以通过月度、季度、年度财务风险分析评估报告的方式对财务风险预警的自我分析、指标分数处于预警区或危机区的原因分析、对超过指标的异常幅度做出专项分析以期降低财务风险。各成员企业应将为了改善财务经营状况准备采取的措施进行整理，经由成员企业财务负责人和主要负责人签字确认后，向母公司备案。除此之外，为了发挥财务风险预警的最大作用，企业集团在条件允许的情况下，应对财务风险进行实时管理。企业集团可以根据自身实际情况，运用计算机网络进行财务共享，实时共享和传输相关财务数据，实现财务风险的动态实时监控。

第二节 基于业务的经营风险预警指标的监测管理

财务指标是企业集团财务运行的“晴雨表”，企业集团财务危机会通过有关指标逐步显现。企业集团利用主要财务报表包含的有关内容构建合理、科学、有效的风险预警指标，可以有效地对财务风险进行检测和评估。

一、偿债能力指标

合理的财务结构对于企业集团持续健康发展至关重要，企业集团整体及其成员企业的偿债能力可以反映其财务结构的合理性。一般情况下，偿债能力指标用来衡量财务风险程度。企业集团财务风险承受能力越强，偿债能力指标越高。常用的衡量偿债能力的指标有流动比率、资本负债率、营运资本比率等。

(一) 短期偿债能力指标

短期偿债能力是衡量企业集团偿付下一年度到期流动负债的能力，是反映财务状况是否健康的重要标志。

1. 流动比率。

(1) 指标说明。流动比率是反映企业集团短期偿债能力的传统指标，其计算公式如下：

$$流动比率 = \frac{流动资产}{流动负债} \tag{3-1}$$

一般说来，企业集团整体及其成员企业持有资产的变现能力和短期偿债能力与流动比率成正比。流动比率越高，变现能力越强，短期偿债能力亦越强。就大部分行业来说，流动比率在1.25—2属于正常范围，流动比率小于1.25的企业存在较大的偿债风险，流动比率大于2的企业在短期内偿还流动负债的能力较强。一般情况下，流动比率用来衡量流动资产在短期负债到期以前可以变现并且可用来偿还负债的能力强弱。

(2) 指标分析要点。

首先，流动比率不能对企业集团未来现金流动性进行预测。影响流动比率的要素都是时点指标，属于存量指标范畴，因此流动比率不能影响和衡量企业集团未来的现金流动性，只能用于表示某一时点企业集团拥有的资源和负担债务的数量和状态。

其次，流动比率不能准确反映企业集团资金融通状况。在一个注重财务管理的公司，持有现金的目的是防止现金短缺。然而，现金是一种非营利性且低利润的资产。追求利润最大化和企业价值最大化的目标会导致企业集团通常试图减少持有的现金数量，例如通过财务公司融通不同成员企业之间的资金以减少对外融资，同时减少集团整体现金持有量。因此，企业集团宁愿在现金短缺时向金融机构借款也要降低现金规模，因而企业集团整体及其成员企业资金融通的具体数额，并不能在流动比率中得到体现。

例如，在集团内的成员企业保持日常经营的情况下，周期性是其具有的一般属性。因此，对未来净现金流入进行预测和评估不能通过应收账款金额来衡量，要综合考虑该成员企业的销售状况、销售条件、信用政策等相关因素，而不应该仅仅关注应收账款金额，以避免由于过度关注应收账款金额而产生判断的偏差。

总之，从企业集团整体层面分析流动比率时，必须考虑成员企业所处行业的差异。例如，大宗商品批发行业的资产负债率一般非常高，航空公司主要依靠融资租赁而不是使用自有资金购买飞机，其资产负债率普遍偏高，但是这并不一定会影响其正常经营。

2. 速动比率。

（1）指标说明。速动比率表示流动资产中可通过随时变现并用于偿还流动负债的能力，也称为酸性测验比率，通过速动资产除以流动负债计算。用公式表示为：

$$速动比率 = \frac{流动资产 - 存货}{负债} \qquad (3-2)$$

正常情况下，速动比率的值一般在 1 左右波动。速动比率与偿债能力呈正比关系，即速动比率越高，未来的偿债能力越强，偿债风险就越小。速动比率介于 0.25—1 时，通常被认为是一个合理的区间范围；速动比率大于 1，表示短期偿还流动负债能力强，但相对保守；速动比率小于 0.25，表明短期偿债能力偏低，具有较大偿债风险。

（2）指标分析要点。

首先，在运用速动比率指标分析企业集团整体及其成员企业短期偿债能力时，应结合应收账款的规模、周转率和其他应收款的规模及其流动性。如果速动比率较高，但应收账款周转率较低，且其他应收账款规模较大，流动性较差，则短期偿债能力较指标反映的要差。

其次，如果预付账款、递延费用等流动资产的流动性较差或无法变现，且这些指标过大，就应先剔除这些项目的影响，再使用流动比率和速动比率分析公司短期偿债能力。

一般来说，企业集团及其成员企业的流动资产和流动负债是相辅相成的。企业集团想保持良好的发展前景，避免重大债务偿还风险，就要保证流动负债的增长速度与流动资产的增长速度保持一定的比例关系，从而保证总利润随之增长。如果流动资产的增长速度跟不上流动负债的增长速度，就很难保证企业集团资金链运转顺畅，严重时会影响经营发展，无法偿还债务。

3. 营运资金。

（1）指标说明。营运资金也被称为运用资金，国外称为营运资本。表示企业集团及其成员企业经营活动中可供使用的流动资金和周转资金的净额。通过企业集团整体及其成员企业流动资产总额减去流动负债总额计算，其计算公式如下：

$$
\begin{aligned}
\text{营运资金} &= \text{流动资产} - \text{流动负债} \\
&= (\text{总资产} - \text{非流动资产}) - (\text{总资产} - \text{所有者权益} - \text{长期负债}) \\
&= (\text{所有者权益} + \text{长期负债}) - \text{非流动资产} \\
&= \text{长期资本} - \text{长期资产} \qquad (3-3)
\end{aligned}
$$

营运资金是适度指标，用于衡量企业集团及其成员企业短期偿债能力。营运资金越充足，短期偿债能力越强，为履行支付义务的准备越充分。一般情况下营运资金为正值，如果该指标为负，说明企业集团存在不能应对短期债务的危险，严重时会因周转失败而使经营活动中断。

（2）指标分析要点。作为财务管理的重要内容，营运资金管理对于企业集团整体及其成员企业的正常经营、保证流动性十分重要。良好的营运资金管理要求企业集团及其成员企业能够妥善运用资金，对现金、应收账款和存货进行管理，企业集团的母公司应能指导成员企业进行资金筹措，对银行短期借款和商业信用进行良好运营。

（二）长期偿债能力指标

长期偿债能力是指企业集体整体及其成员企业偿还债务利息和到期偿还本金的能力，该指标从合理的负债权益结构出发，分析未来是否能够偿还长期负债本息。

1. 资产负债率。

（1）指标说明。资产负债率主要通过比较企业集体整体及其成员企业总负债与总资产，衡量债权人对经营活动提供资金的能力，也反映了债权人贷款的安全水平。一般也被称为举债经营比率，其计算公式为：

$$资产负债率=\frac{债务总额}{资产总额} \tag{3-4}$$

资产负债率主要用于衡量债权人提供的资产占全部资产的比重。一般来说，资产负债率为 40%—60% 时被认为是一个合理的区间范围。

（2）指标分析要点。适当的债务规模可以促进企业集团发展以及经营规模的扩大，但过高的债务则会导致企业集体及其成员企业筹资困难。若资产负债率高于 60%，企业集团整体及其成员企业的利息负担沉重，就会形成较高的筹资风险，偿债风险也随之增加。当资产负债率超过 100% 时，其资产总额已经偿还不起债务，成员企业面临倒闭的危险，企业集团整体将受到影响。较低的资产负债率（低于 40%）说明企业集团及其成员企业拥有较强的经济实力，资金充沛，具有较少的负债，此时适当举债可以促进企业集团的发展。通过资产负债率分析发现，当前去杠杆的国家政策不是不要杠杆，而是避免杠杆率过高，杠杆率需要回归正常范围。

2. 权益负债率。

(1) 指标说明。权益负债率反映的长期筹资过程中的债权人和企业所有者分别提供的资金比例，用公式可以表示为：

$$权益负债率 = \frac{负债总额}{所有者权益总额} \tag{3-5}$$

通常情况下，当权益负债率大于 1 时，说明企业集团利用资金的能力较强。

(2) 指标分析要点。虽然权益负债率越高说明企业集团利用资金的能力越强，但是该比率的高低有可能不是企业集团主动采取的财务管理行为，而是企业集团及其成员企业资金周转困难产生的后果而已。还有可能是因为企业集团没有更好的投资项目，无须占用更多的上下游资金和银行借款。在企业集团内部，不同行业之间的正常权益负债率也是不同的，例如资本密集型的成员企业的权益负债率达到 2 甚至超过 2 都属正常现象，但是从事加工制造的成员企业的权益负债率超过 1 就可能形成财务风险。

3. 偿债率。

(1) 指标说明。偿债率指标主要反映的是企业集团整体及其成员企业在无力支付当期借款利息时，收入减少的程度，其计算公式为：

$$偿债率 = \frac{息税前利润}{当期的利息支付总额} \tag{3-6}$$

(2) 指标分析要点。息税前利润一般不能小于当期的利息支付总额。如果企业集团或成员企业的息税前利润小于当期的利息支付总额，就意味着企业集团内的母公司或成员企业已处于破产边缘。

二、运营能力指标

运营能力指标一般包括存货周转率、总资产与收入比例、应收账款周转天数和应收账款周转率等。运营能力指标反映了企业资产的周转率或效率性。企业希望在最短的时间内，用最低的资产占用实现尽可能多的产品周转，从而实现良好经济效益，实现更多的业务收入，提高自身的竞争优势，向着企业财务管理目标、实现自身价值的方向前进。

（一）应收账款周转率

1. 指标说明。应收账款周转率是企业集团整体或成员企业在一定时期内赊销净收入与应收账款平均余额的比率。该指标是衡量应收账款周转效率和管理效率的指标，其计算公式如下：

$$\text{应收账款周转率}=\frac{\text{营业收入}}{\text{应收账款平均余额}} \quad (3-7)$$

应收账款在流动资产中占有举足轻重的地位，特别是市场地位不高的市场竞争主体需要采用信用销售方式取得收入，收入的增加往往伴随应收账款的增加。企业集团及其成员企业常用应收账款周转率评价应收账款周转速率，具体可以采用应收账款周转天数、平均收现期限或者平均应收账款回收期衡量时间表示应收账款周转速度。如果企业集团想提高资金使用效率，就必须及时收回应收账款，缩短从获得应收账款的权利到实际收回款项、变成现金所需要的时间。

2. 指标分析要点。企业集团及其成员企业不能单纯分析应收账款周转率指标值的大小，应当考虑其影响因素。影响应收账款周转率指标准确性的因素包括以下几种：

（1）具有季节性经营特性的企业集团及其成员企业使用该指标时不能全面地反映实际情况。

（2）销售时使用大量现金结算。

（3）分期付款批量销售。

（4）年末销售大幅下降。

企业集团依据该指标对财务状况进行分析和评估时，需要将计算结果与之前的指标数值以及行业平均水平进行比较。

（二）存货周转率

1. 指标说明。存货周转率是指企业集团及其成员企业一定会计期间内已销售商品的成本与平均剩余的存货的比值。该指标主要用于衡量销售能力的强弱及存货管理水平的高低，并对流动资产周转率做出了补充说明，其计算公式为：

$$\text{存货周转率} = \frac{\text{主营业务成本}}{\text{存货平均余额}} \tag{3-8}$$

该指标用来反映存货的流动性和存货资金的数额是否合理，不仅反映存货周转时间和存货占用水平，也反映销售速度。在正常情况下，存货周转率越高，说明存货周转速度越快，存货周转所需时间越短，对投资于库存到完成销售、库存转化为货币资金或应收账款的速度也越快，企业集团面对的风险也就越低。

2. 指标分析要点。

（1）存货周转率指标是企业集团及其成员企业管理的重点内容，既影响短期偿债能力，又能反映存货管理水平。

（2）在分析存货周转率时，还应分析影响存货周转率的重要项目。例如，计算原材料周转率和产品周转率。这两个财务指标的计算公式如下：

$$\text{原材料周转率} = \frac{\text{耗用原材料成本}}{\text{存货平均余额}} \tag{3-9}$$

$$\text{在产品周转率} = \frac{\text{制造成本}}{\text{存货平均余额}} \tag{3-10}$$

（3）存货周转分析的目的是从不同角度和环节找出存在的问题。高水平的库存管理可以减少资金占用，同时保证生产经营的连续性，提高资金使用效率，增强短期债务偿还能力。

采用应收账款周转率和存货周转率两大类指标进行财务风险预警时，必须联系企业集团整体及其成员企业当前所处的发展阶段，避免由于生命周期的不确定性，造成财务风险预警指标的错误运用。另外，须注意在识别企业集团及其成员企业是否处于财务危机之中的同时，关注其所处行业的总体水平、具体环境以及国家对于该产业的政策变化，注意年度内重大关联交易、资产置换、债务重组、重大诉讼及仲裁等事项。

三、盈利能力指标

利润是企业集团及其成员企业最为关注的问题，主要通过盈利能力指标衡量企业集团整体及其成员企业的业绩。盈利能力指标主要包括主营业务利润率、成本费用利润率、每股营业收入、总资产报酬率、销售净（毛）利率等。企业集团如果想要维持持续健康的发展，就要投入更多的资金和资源，这就要求企业集团整体及其成员企业降低财务风险，不断提高自身的盈利能力，查找自身的财务问题并改进管理。

（一）主营业务利润率

主营业务利润率用于反映企业的主营业务的获利能力，其计算公式如下：

$$\text{主营业务利润率}=\frac{\text{主营业务收入}-\text{主营业务成本}-\text{主营业务税金及附加}}{\text{主营业务收入}} \qquad (3-11)$$

主营业务利润率反映了企业集团整体及其成员企业主营业务收入带来的利润，体现了其获利能力。主营业务利润是利润指标中最为重要的部分，是影响企业集团及其产业企业整体经营效果的主要因素和评价经营效益的重要指标。

1. 指标说明。

（1）企业的盈利能力、偿债能力、营运能力、成长能力与社会贡献能力主要通过财务报表体现。作为财务报表分析中的重要指标，主营业务利润率用于衡量企业主营业务的盈利能力和成长空间。因此，通过主营业务利润率分析财务报表更为高效、实用。

（2）企业核心产品的核心竞争力有多种表现形式，既可以是制造能力或技术服务等实物资产，又可以是市场网络或品牌价值等无形资产。但无论以何种形式表现出来，一个企业的核心产品竞争力都要通过主营业务的资金流、管理能力、专门人才数量等方面得以体现。公司核心产品的盈利能力就主要依靠主营业务利润率得以体现。企业要维持日常运作，保证运营过程中现金流充足，就必须保证核心产品的盈利能力，即将企业主营业务利润率维持在一定水平。

从企业的业务经营来看，如果企业想要保持强劲持续的核心竞争力，维持企业高速发展，就要保证主营业务利润率的一定增长，并不断通过提升自身服务以及产品质量，扩大企业规模和业务，从而创造更多的业务收入和经营利润，进而表现企业较好的核心竞争力。

2. 指标分析要点。主营业务利润率指标越高，说明主营业务产品附加值越高，营销策略越得当，主营业务在市场竞争力越强，未来发展潜力越大，盈利水平越高。

若在某一阶段，该指标明显下降或者某一阶段呈下降趋势，则说明该主营业务逐渐丧失竞争力。企业集团及其成员企业应该及时调整营销战略或者加大研发投入，通过利用新的替代品或者技术亮点，夺回竞争优势。

但是在实际生产过程中，主营业务利润率也不宜过高，该指标过高会吸引竞争对手进入市场，还会产生较高的赋税，使企业集团承担更多的税赋压力。

（二）成本费用利润率

1. 指标说明。成本费用利润率用于衡量企业集团及其成员企业当期发生的成本费用带来收益的能力，是经营耗费所带来的经营成果，反映了成本费用的获利能力，其计算公式如下：

$$成本费用利润率 = \frac{利润总额}{成本费用总额} \tag{3-12}$$

2. 指标分析要点。成本费用利润率指标越高，反映企业的经济效益越好。企业集团及其成员企业可以采用信息技术手段监测该指标的变化，并与历年数据和同行业数据进行对比分析。

如果成本费用利润率呈现下降趋势，其原因可能是成本增加过快或者利润增幅过缓，成本的增加主要来自于人工、材料、燃料和动力等方面，利润增幅的减缓主要来自于产品或服务盈利能力的下降。

从该指标的经济后果来看，如果一个行业存在足够高的利润，那么就会导致大量竞争对手涌进该行业，从而提高原材料等的需求，导致价格上升，同时产出产品或者服务增加，利润出现平均化趋势。

（三）净资产收益率

1. 指标说明。净资产收益率主要用于衡量股东持有权益的收益情况以及企业集团及其成员企业持有资本的运用效率高低，该指标可以通过税后利润除以净资产计算，其计算公式如下：

$$净资产收益率 = \frac{税后利润}{所有者权益} \tag{3-13}$$

净资产收益率可以较好地分析企业获利能力，衡量企业投入资本的利用效率。例如，企业为原有股东分配红股后，单股盈利降低，利用单位股税后利润指标进行衡量时，会给投资者造成错觉，需要进行复权分析。

2. 净资产收益率指标的一般影响因素。净资产收益率主要受总资产报酬率、负债利息率、资本结构和所得税税率等几个方面的影响。

（1）总资产报酬率对净资产收益率的影响。当企业集团及其成员企业的负债利息和资本构成维持在一定水平时，净资产作为总资产的重要组成部分，必然会对净资产收益率产生影响，也就是说净资产收益率必然受到报酬率的影响。从数量上来看，净资产收益率随着总资产报酬率的同方向变动。需要注意的是，虽然净资产收益率和总资产收益率都是反映盈利能力的指标，但是不同利益相关者对二者的关注度是不同的。例如，债权人关注的是总资产收益率，而所有者关注的是净资产收益率。

高的总资产收益率往往与企业集团持续扩张、规模不断扩大以及保证净利润和净资产的双向同步增长有关。只有实现同步增长，拓展出适合规模扩张的产品和市场以及适应管理模式，才能在扩大规模的同时保证收益率。

（2）负债利息率对净资产收益率的影响。当企业集团及其成员企业的资本结构处于相对稳定状态时，负债利息率的变化会引起净资产收益率的变化。如果负债利息率高于总资产报酬率会使净资产收益率降低，对企业集团及其成员企业的未来发展产生不利影响；如果负债利息率低于总资产报酬率会使净资产收益率升高，促进企业发展。

（3）资本结构或负债与所有者权益之比对净资产收益率的影响。企业集团及其成员企业可以通过调整负债与所有者权益的比例来调整净资产收益率，进而应对总资产报酬率高于企业负债利息率的状况。需要注意的是，所有者最为关注的是净资产收益率指标的提升，如果其提升主要是依靠资产规模的扩大，而资产规模的扩大主要是依靠负债融资，那么企业集团及其成员企业承担的财务风险就会增大，也就是说债权人和所有者在盈利能力指标之间的矛盾就会凸显出来。

通过提高负债水平提高净资产收益率，还会受到经济周期性波动的影响。当财政和货币政策趋紧时，该企业集团及其成员企业的净资产收益率就会失去高负债的基础，不仅净资产收益率无法保障，还有可能出现巨额亏损。因此，净资产收益率过高时，应注意负债率是否在合理的范围内。

（4）所得税税率对净资产收益率的影响。通过净资产收益率计算公式可以看出，净资产收益率随所得税税率变化而变化，并成反向变动关系，即净资产收益率随所得税税率的下降而升高，随所得税税率的升高而下降。净资产收益率与影响因素的关系可以通过以下公式反映：

$$
\begin{aligned}
\text{净资产收益率} &= \frac{\text{税后利润}}{\text{所有者权益}} \\
&= \frac{\text{息税前利润}-\text{负债}\times\text{负债利息率}}{\text{净资产}} \\
&\quad \times(1-\text{所得税税率}) \\
&= \frac{\text{总资产}\times\text{总资产报酬率}-\text{负债}\times\text{负债利息率}}{\text{净资产}} \\
&\quad \times(1-\text{所得税税率}) \\
&= \Big[\text{总资产报酬率}+(\text{总资产报酬率}-\text{负债利息率}) \\
&\quad \times\frac{\text{负债}}{\text{净资产}}\Big]\times(1-\text{所得税税率}) \qquad (3-14)
\end{aligned}
$$

通过分析净资产收益率与总资产报酬率、负债利息率、企业集团及其成员企业的资本结构和所得税税率之间的联系，并结合连环替代法或定基替代法，可以分析净资产收益率受各因素影响的程度。

3. 基于杜邦体系的净资产收益率指标的影响因素分析。净资产收益率指标具有较强的综合性，该指标反映了企业集团整体及其成员企业的盈利能力，还可以分析其经营能力和偿债能力。杜邦分析法就是以该指标为核心的综合分析法，采用杜邦分析法评价各项指标时，具有很强的实际价值，具体公式如下：

$$
\begin{aligned}
\text{净资产收益率} &= \frac{\text{税后利润}}{\text{所有者权益}} \\
&= \frac{\text{税后利润}}{\text{销售收入}}\times\frac{\text{销售收入}}{\text{总资产}}\times\frac{\text{总资产}}{\text{所有者权益}} \\
&= \text{销售净利润率}\times\text{总资产周转率}\times\text{权益乘数} \qquad (3-15)
\end{aligned}
$$

其中，在净资产收益率的各个驱动因素中，销售净利润率是用来衡量企业集团及其成员企业主营产品、所提供服务的优势所在以及赚取利润的盈利能力的；总资产周转率体现其管理优势、运营能力以及概括其资产方面信息，是体现营运能力的指标；权益乘数代表着企业集团整体及其成员企业筹集外部资金的能力以及当前权益负债方面的财务状况，是体现偿债能力的指标。

从公式 3－15 可以看出，通过提高销售净利润率、总资产周转率和权益乘数，可以提高净资产收益率，实现这一目标最简便的方法就是增加权益乘数。企业集团及其成员企业通过提高杠杆率，可以快速有效地提高净资产收益率。但是过高的债务规模最终会导致财务风险上升，所以我们应该警惕这种单纯提高净资产收益率的方法。相反，如果企业集团及其成员企业提高净资产收益率是通过提高净利润或总资产周转率实现的，则值得提倡。这两种方法都是通过内涵式发展及自我升级，而不是外延式的借债来提高利润。其中，前者主要依赖利润和缓慢的销售提高盈利能力，后者主要通过较低利润和快速销售提高盈利能力。

综上所述，企业集团及其成员企业可以通过净资产收益率指标观察盈利能力和管理水平，衡量投资绩效时也可以利用净资产收益率和可持续性水平加以评估。

（四）净利润现金保证比率

1. 指标说明。净利润现金保证比率是经营活动现金流量和净利润的比值，为何选择经营活动现金流量而不是现金净流量，是因为真正对企业集团及其成员企业财务风险产生影响的是经营活动现金流量，该指标能够克服权责发生制财务信息的弱点，从现金流量角度反映盈利质量，其计算公式表示如下：

$$\text{净利润现金保证比率} = \frac{\text{经营活动现金流量}}{\text{净利润}} \qquad (3-16)$$

净利润现金保证比率指标越大，说明盈利质量越高，发生财务风险的概率越低。如果净利润较高但经营活动产生现金流量很低，说明本期净利润中存在会计虽已确认和计量，但是尚未最终实现现金流入的收入，如果净利润常年超过经营活动现金流，那么企业集团发生现金短缺的财务风险就会增大。

2. 指标分析要点。企业集团的盈利质量可以从经营活动现金净流量与净利润的比率体现出来，一般来说，净利润质量与该比率成正比关系，但净利润现金保证比率较高的原因，很可能是净利润相对较低造成的，说明企业集团经营理念保守，会丧失好的投资机会。

有些企业集团虽然有着很高的账面利润，现金却入不敷出，这也是权责发生制核算带来的结果；有些企业集团虽然账面亏损，但现金充足，生产经营运转很正常，暂时也不会发生财务风险。例如，航空业利润率不高，特别是在国际油价和汇率波动较大时，发生亏损是正常现象，但根本不会影响航空公司正常运营和偿还负债。因此，单纯通过利润指标评价企业集团及其成员企业的经营业绩和盈利能力是不严谨的。只有对经营活动现金净流量信息进行分析，并结合现金流量表所提供的现金流量信息，分析结果才会更加贴近企业集团管理的客观真实。

要使分析净利润现金保证比率指标具有意义，必须保证企业集团及其成员企业正常经营且能创造正的利润，同时现金净流量为正值，否则对该指标的分析就会陷入荒诞的境地。

第四章

企业集团财务风险预警分析与报告

第一节　财务风险预警报告概述

一、企业集团内部报告概述

企业集团的财务风险预警分析报告作为内部报告，属于管理会计报告的范畴。从国外相关文献来看，内部报告是管理会计研究的内容，其发展受到管理会计发展的影响。国内学者对管理会计的研究相对较晚，特别是与财务风险预警相关的文献相对较少。

（一）什么是内部报告

在我国学术研究中，对内部报告有多种称谓，例如，内部管理报告、内部财务会计报告、内部财务管理报告、企业管理会计报告、内部报告等。大多数研究都认为向企业集团内部管理者及员工提供的信息中包含了内部报告，并且以财务信息为主，非财务信息为辅。这些信息在反映过去的交易事项的同时，更加注重发挥决策支持作用，即对未来事项进行预测、计划和控制，实现为企业集团及其成员企业经营管理服务的功能。

（二）内部报告的发展阶段

在管理会计发展的早期（第一阶段），内部报告的最初形式是成本分析报告。服务于企业的成本管理是成本分析报告的目标，但并未出现“内部报告”这一专业术语。在管理会计的执行型阶段（第二阶段），内部报告以责任会计报告为主要形式，运用标准成本、预算控制和差异分析对各责任中心进行业绩评价。在管理会计的决策型阶段（第三阶段），内部报告为管理层提供经营决策所需信息。在管理会计的会计相关性遗失阶段（第四阶段），由于企业注重向资本市场提供对外的财务会计信息，而忽略了对内提供管理会计信息，会计信息的决策相关性被搁置，管理会计研究出现了停顿。在管理会计复兴阶段（第五阶段），内部报告向两个研究方向发展：一是将内部报表作为内部控制的工具，通过内部报告委托者了解代理人对企业经营管理的履职情况；二是关注企业价值创造，以业务流程为基础设计各项指标，形成系统、综合的内部报告体系。

（三）内部报告的主要类型

从最重要的利益相关决策所需信息的角度，内部报告应该包括为内部管理者提供信息的管理决策报告，为社会公众提供公益等的社会责任报告，以及为股东价值最大化提供支持的企业价值报告3大类。从内部运营决策支持角度，内部报告体系在现代企业制度下可以包括资本经营报告、资产经营报告、商品经营报告和生产经营报告等。从投融资服务经营管理角度，内部报告可以分为筹资决策报告、投资决策报告和经营决策报告。从预算全过程控制角度，内部报告体系包括预算编制与执行报告、预算分析报告和评价报告。从当前理论和实践发展角度，由于内部报告属于个性化报告，各类研究都未形成体系，所提供的内部报告信息尚不能满足利益相关者决策需要。

（四）财政部关于内部报告的相关规定

管理会计报告是内部报告的重要表现形式，财政部于 2016 年 6 月发布的《管理会计基本指引》和 2017 年 9 月发布的《管理会计应用指引第 801 号——企业管理会计报告》（以下简称“《企业管理会计报告》”），分别对管理会计报告的概念做出了规定。《管理会计基本指引》规定，管理会计报告是管理会计活动成果的重要表现形式，旨在为报告使用者提供满足管理需要的信息。

《企业管理会计报告》还对企业管理会计报告的目标、组织体系、报告形式、报告对象、报告时间、报告内容等做出了规定。企业管理会计报告的目标是为企业各层级进行规划、决策、控制和评价等管理活动提供有用信息。企业应建立管理会计报告组织体系，根据需要设置管理会计报告相关岗位，明确岗位职责。企业各部门都应履行提供管理会计报告所需信息的责任。企业管理会计报告的形式要件包括报告的名称、报告期间或时间、报告对象、报告内容以及报告人等。企业管理会计报告的对象是对管理会计信息有需求的各个层级、各个环节的管理者。企业可根据管理的需要和管理会计活动的性质设定报告期间，一般应以日历期间（月度、季度、年度）作为企业管理会计报告期间，也可根据特定需要设定企业管理会计报告期间。

二、企业集团财务风险预警报告概述

（一）企业集团财务风险预警报告的定义

根据财政部对管理会计报告的定义和相关规定，企业集团财务风险预警报告是企业集团运用风险预警方法，在加工、整理财务和业务的基础信息的基础上，提供满足企业集团内各层级信息使用者财务风险管控需要的内部报告。

企业集团财务风险预警报告的目标是为企业集团各层级开展管理活动，提供进行财务风险识别、财务风险评估、财务风险决策、财务风险控制等的有用信息。企业集团应建立财务风险预警报告组织体系，以财务风险预警汇报关系为依据，设置相关岗位，明确风险预警岗位的报告职责。企业集团财务风险预警报告的组成要素包括报告的名称、报告对象、报告期间、报告人、报告内容（财务风险预警的指标、评价标准、评价结果、原因分析、应对措施）等。企业集团财务风险报告应以月度、季度、年度为报告期间，在定期报告的基础上也可以根据需要进行不定期报告。

企业集团财务风险管控和风险预警报告不仅是内部报告，也是管理会计的研究内容。企业集团财务风险预警报告是解决企业集团内部母子公司信息不对称，实现风险控制和满足相关决策信息需求的有效途径。

（二）财务风险预警报告的分类

从财务风险管控、预警报告与内部报告之间的关系，以及财务风险管控、预警报告体系的构成角度分析，特别是基于集团层面、成员企业层面、部门层面和业务单位层面，各企业集团应分别在不同层次上建立财务风险识别报告、风险评估报告和风险控制报告。在本质、目标、职能方面，财务风险预警和内部报告能够结合在一起，并且构建了包含偿债能力风险预警、盈利能力风险预警、运营能力风险预警、发展能力风险预警、资产管理能力风险预警的财务风险预警的内部报告体系。从风险管控角度来看，企业集团财务风险管控的内部报告体系应包括风险识别报告、风险评估报告和风险控制报告，需要特别强调的是，报告应将风险控制点融入业务流程中，形成闭环并能够进行持续优化。

（二）财务风险预警报告的编制依据

企业管理会计报告是指企业运用管理会计方法，根据财务和业务的基础信息加工整理形成的，满足企业价值管理和决策支持需要的信息。作为管理会计报告的具体表现形式，企业集团财务风险预警报告在构建财务风险预警分析报告体系时，应当以前文提到的财政部的《管理会计基本指引》和《企业管理会计报告》为法规基础。

（三）企业集团财务风险预警报告撰写要求

财务风险预警报告作为内部报告，通过不断从企业集团内部和外部收集和分析与其经营决策有关的信息，识别财务风险，对风险进行预警，为各级管理者提供有关评价、控制、预测和决策的信息。企业集团由于组织结构复杂、管理层次较多，财务风险来源广、种类多，管控更加困难，因此更需要进行财务风险预警分析。企业集团财务风险预警报告应具有如下要求：

首先，组织结构和契约关系错综复杂，导致财务风险预警分析报告反映关系的复杂性。企业集团作为母公司，通过持有股份、参与决策、委派高管等方式，对子公司和相关企业进行管控，但是母公司和成员企业都是独立法律实体，这就造成多层委托代理关系，既有独立经济利益又有共同经济利益，造成财务风险的复杂性。

其次，控制链条长，信息沟通困难，财务风险大。由于企业集团规模大、集团成员企业地理分布广、内部交易事项复杂，导致撰写财务风险预警报告所需信息的收集、整理、加工、传递的过程加长，即便采用管理信息系统，但信息系统不能准确、完整地描述交易事项，财务风险预警分析报告的质量也会打折扣。

最后，财务风险的聚合效应。企业集团中的成员企业之间、母公司和成员企业之间相互投资持股、相互担保，会在集团层面放大财务风险。企业集团内部资金运作的各个环节（如筹资、投资、资金运营和利润分配等）出现的财务风险，会出现“蝴蝶效应”，从而引发整个集团的系统性财务风险。也就是说，企业集团财务风险预警分析报告，不仅要关注单体成员企业的财务风险，更要从集团整体和集团管控视角分析问题，从风险聚集角度进行综合评估并提出应对措施。

第二节　财务风险预警报告的汇报机制

《企业管理会计报告》对企业集团及其成员企业的管理会计报告组织体系、相关岗位和职责做出了规定。企业集团财务风险预警报告组织体系应与企业集团的组织结构相适应，反映集团内部的委托代理关系和契约关系。集团内各单位、各部门应履行提供财务风险预警报告所需信息的责任。

一、企业集团的组织结构

在组织结构上，企业集团一般包括总部、事业部、经营单元、母公司、子公司、分公司等。企业集团的组织结构反映了集团内部的集权和分权程度，不同的组织结构决定了各层级管理者职责范围的差异。集权和分权的程度也反映了纵向和横向分工的差异，进而决定了各层级管理者所需信息的差异（需求不同、详略程度不同）。企业集团组织结构一般分为职能制组织结构、事业部制组织结构和矩阵制组织结构。

（一）职能制组织结构

在企业集团建立的初级阶段多采用职能制组织结构。企业集团将权力和责任分配给各专门的管理部门，各部门之间既相互独立，又相互协作和影响。该组织结构的优点是根据职能进行分工，有利于提高工作效率，从而实现规模经济；缺点是不同职能部门各自为政。

（二）事业部制组织结构

当企业集团拥有多个产品线或者跨地区经营时，多采用事业部制组织结构。在企业集团内部根据产品、服务、市场或地区设置不同的事业部。集团总部负责计划、协调和安排资源，事业部承担营运和职能责任。该组织结构的优点是能协调不同职能部门的工作，各事业部集中精力经营自己的领域，能更快做出决策；缺点是各个事业部会争夺企业集团有限的资源，管理成本重复，事业部之间难以协调，本位主义严重。

（三）矩阵制组织结构

企业集团为了开展新项目或处理非常复杂的项目往往选择采用矩阵制组织结构。在开展新项目或从事复杂的项目时，企业集团从各职能部门、事业部抽调人员，组成矩阵制组织结构。在该组织结构中，每个员工由两个上级部门管理，相应拥有两个预算权力与两个绩效和奖励来源。该组织结构的优点是实现了集团内部各部门的协作、各种专业技术的整合和各类专家相互学习；缺点是权力划分不清，职能工作和项目工作容易产生冲突、上级管理者权力重叠等。

二、企业集团财务风险预警报告的汇报路径

企业集团财务风险预警报告的汇报路径和信息整合方式均与企业集团的组织结构有关。

（一）职能制组织结构下的财务风险预警报告汇报路径

在职能制组织结构下，企业集团财务风险预警报告的汇报路径主要包括成员企业（含子公司）向集团内的母公司汇报、成员企业向集团的职能部门汇报、集团的职能部门向企业集团董事会和总经理办公会汇报。汇报既需要考虑各职能部门独立的财务风险，又要考虑各职能部门财务风险的相互影响，还要考虑成员企业和母公司以及成员企业之间的财务风险。

（二）事业部制组织结构下的财务风险预警报告汇报路径

在事业部制组织结构下，企业集团财务风险预警报告的汇报路径主要包括子公司向母公司（企业集团）汇报、子公司向事业部汇报、事业部向企业集团汇报（如董事会、总经理会等）。汇报既需要考虑各事业部独立的财务风险，又要考虑各事业部财务风险的相互影响。例如，采用区域事业部制或产品事业部制的企业集团，需要考虑不同区域事业部或不同产品事业部的财务风险的叠加和抵消效应。

（三）矩阵制组织结构下的财务风险预警报告汇报路径

在矩阵制组织结构下，企业集团财务风险预警报告的汇报路径主要包括项目公司向集团内的母公司汇报、项目公司向职能部门汇报、项目公司向事业部汇报。汇报既要考虑各项目公司独立的财务风险，又要考虑职能部门、事业部汇报的财务风险，还要考虑职能部门之间、事业部之间汇报的财务风险的相互影响。

中国交建的《财务指标控制管理暂行办法》规定，由财务部定期（每季度、每年度）发布控制财务指标的监测分析报告，报告应提交资金部、各单位（包括中国交建及其所属各级全资子公司、控股子公司），作为实施监测管理的依据。中国交建的《财务风险管理办法》中规定，财务风险管理实行分级报告制度；各单位在季报、半年报、年报结束后的10个工作日内编制财务风险评分表；当出现3项以上（含）主要指标在预警区、危机区时，或者当财务风险评分结果大于40分时，须将财务风险分析报告报送上级单位；各单位财务负责人和企业主要负责人应当在财务风险评分表、财务风险分析报告上签字。也就是说，中国交建财务风险预警报告的汇报路径主要由职能部门——财务部主导，各单位分别对财务风险进行自我评价，当评价结果显示出现较大财务风险时，下级单位须向上级单位汇报，也就是各事业部、子公司须向集团公司汇报。

第三节 业财结合导向财务风险预警报告内容

业财结合导向的财务风险预警报告是将财务风险控制点融入流程中，将财务风险管控流程反映到财务风险预警内部报告系统中。一般来说，财务风险预警报告体系包括财务风险识别报告、财务风险分析报告和财务风险控制报告。但是，不同的企业集团管控模式会影响财务风险预警报告的内容。

一、财务风险预警报告的内容

（一）财务风险识别和评估报告

收集大量信息是识别企业集团财务风险的基础。集团内各相关业务单位和各成员企业需要对这些信息进行整理、统计和计算，以识别和判断财务风险发生的可能性。信息来源于企业集团业务发生的内外部环境。因为外部环境的变化会对财务风险产生影响，所以对于外部信息的分析可以采用战略管理的PEST分析法。对于内部信息的分析，可以采用德尔菲法、SWOT分析法①、财务报表分析法、组织系统图分析法等。

中国交建的风险识别主要建立在收集内部信息的基础上，内部信息的分析以财务报表分析法为主，以外部信息（如市场情况和金融环境等宏观因素信息）为辅。中国交建将风险预警区间划分为安全区、预警区和危机区。在财务报表分析法下，以12项财务指标为基础，通过设定评分办法计算风险评估得分，识别财务危机发生的可能性。

中国交建要求各单位在季度报表、半年报表、年度报表结束后10个工作日内，对各项财务风险控制指标进行计算，并编制财务风险评分表。集团根据主要指标是否处于预警区、危机区，将各单位的风险情况分为存在财务危机发生的可能性［即同时有3项以上（含）主要指标处于预警区以上］和财务危机发生的可能性较大［即同时有3项以上（含）主要指标处于危机区］。对于存在财务危机发生可能性的单位，应开展下一步财务风险分析；对于财务危机发生可能性较大的单位，集团将进行专题调研，形成财务风险分析报告。除此之外，对于变动异常的指标（本期与上期相比变化幅度超过10%）要进行专项的风险识别，并对增加的财务风险说明原因（风险分析报告）。

（二）财务风险分析报告

财务风险分析，主要是针对不同等级的风险，分析风险产生的原因。企业集团财务风险分析主要从集团层面、成员单位层面、企业内

① SWOT分析法是指基于内外部竞争环境和竞争条件下的态势分析法，S代表优势（Strengths），W代表劣势（Weaknesses），O代表机会（Opportunities），T代表威胁（Threats）。

部部门层面、业务层面进行财务风险分析。集团成员单位的财务风险分析，侧重于对本单位的财务风险预警指标进行风险原因分析，目的是找出成因，以便采取切实可行的解决方案。集团层面的财务风险分析主要侧重于从企业集团组织结构入手，根据集团内各分公司、子公司或事业部之间的内在联系以及相互依赖的程度，分析财务风险在集团内的传导，以及母公司、子公司、分公司、各事业部之间的财务风险相互影响效应。

如前文所述，中国交建规定，当出现 3 项以上（含）主要指标在预警区、危机区时，或者当财务风险评分结果大于 40 分时，须将财务风险分析报告报送给上级单位。各单位报送的财务风险分析报告需要说明：本单位财务风险所处的级次、与上期相比当期指标变动情况和是否存在异常及其原因、对于处在预警区和危机区的指标进行原因分析，以及拟采取哪些措施来降低财务风险和改善财务状况。

（三）财务风险控制报告

在识别风险、分析风险之后，企业集团应针对财务风险采取相应的应对策略，如风险回避、风险降低、风险分担和风险承受等，还要进一步采取不相容岗位相分离等控制措施加以落地实施。财务风险控制报告是各单位针对财务风险采取管控措施的报告。

财务风险回避，是指企业集团采取措施退出会给企业带来财务风险的活动，以规避该财务风险。财务风险降低，是指企业集团采取旨在降低财务风险发生的可能性或影响程度的应对措施。例如，对投资项目进行可行性研究，编制详细的投资计划，邀请行业专家对投资项目进行评审，以降低投资风险。财务风险分担，是指企业集团将财务风险转嫁他人或与他人共担风险。财务风险承受，是指企业集团通过内部管控措施自我消化、抵消、承受那些不能转移的财务风险。例如，企业集团通过购买财产保险，将可能遭受财产损失的风险转嫁给保险公司。

中国交建要求各单位对本企业的财务风险实施动态控制，并且建立重大风险事项报告制度，各单位负责人对本企业的财务风险控制负责。当某单位有5项主要指标同时处于危机区时，或者当财务风险评分结果大于70分时，则集团会要求该单位限期整改，调整财务结构，在绝对量上降低债务规模，在相对量上降低负债占比。如果该单位未能在规定时间内达到整改要求，则中国交建将对其信贷和担保业务采取限制措施。限制措施包括缩减银行借款、不审批投资项目、不为其提供借款担保等。企业集团可以将各单位负责人和主要经营者的绩效考核和年薪与财务风险控制情况相挂钩，并据此进行奖惩。

二、不同企业集团管控模式下的财务风险预警报告内容

（一）管控模式

从管控的着力点来看，企业集团管控模式分为财务型管控、战略型管控和运营型管控。①财务型管控。集团总部角色定位为投资决策中心，管控着力点在财务目标上。集团所属企业可以自主做出战略选择、调整经营方式。②战略型管控。集团总部角色定位为协调、平衡资源，管控着力点在战略上，平衡集团内部各企业之间的资源需求和利益、协调矛盾、分享经验等。集团所属企业对于战略选择和经营方式的调整在一定程度上受到集团的影响。③运营型管控。集团总部角色定位是运营管理，管控着力点在各业务条线上，对集团资源进行高度集中控制和管理。集团所属企业在业务上接受集团的直接管控。

（二）集团管控模式对风险预警报告的影响

与不同企业集团管控模式相对应，财务风险预警报告内容的侧重点也有所不同。①财务管控型财务风险预警报告，主要服务于集团总部的投资决策，报告的内容侧重于对盈利情况、投资回报、资金收益

等指标所反映风险的分析。②战略管控型财务风险预警报告，主要服务于企业集团的协调资源、把握战略方向，报告的内容侧重于战略指标的风险分析，例如市场占有率、利润率、人均产值增长率等。③运营管控型财务风险预警报告，主要服务于企业集团对业务的控制和资源的集中管理，报告的内容侧重于与业务活动指标相关的风险分析，例如制造费用率降低率、管理费用率、产品库存率等。

（三）风险预警报告应用案例

“他山之石，可以攻玉”，借鉴其他行业和企业财务风险预警的经验，可以为包括中国交建在内的企业集团提供借鉴。例如，某公交集团设计的财务风险预警报告体系，基于国务院国资委考核指标进行了调整，具体包括对其偿债能力、盈利能力、运营能力、发展能力、资产管理能力等方面的风险预警报告。偿债能力风险预警报告的主要组成部分包括资本成本报告、资本结构报告、资金需要量预测表、货币资金报告、银行借款报告、应收账款报告、相关政策变动报告以及财政补贴收入报告等。盈利能力风险预警报告的主要组成部分包括采购报告、运输成本报告、营运间接费用报告、辅助营运费用报告、各线路营收情况报告、广告收入报告，以及包车收入报告、投资报告、驾驶员管理报告、安全事故报告、停车场站报告、安全生产费用报告、财政补贴收入报告、结算中心报告等。运营能力风险预警报告的主要组成部分包括车辆档案报告、应收账款管理报告、固定资产报告、存货报告、突发事件报告、安全事故报告、安全检查报告，以及稽查情况通报、客流量调查报告、各线路营运情况报告以及车辆运行情况报告。发展能力风险预警报告的主要组成部分包括顾客满意度报告、驾驶员管理报告、管理层评价报告以及外部环境报告等。资产管理能力风险预警报告的主要组成部分包括长期股权投资报告、固定资产报告、结算中心报告、资金占用费报告、基建工程项目报告、存货报告、应收账款管理报告以及车辆档案等。该公司值得借鉴之处在于不仅从财务视角进行分析，还进行财务数据和业务数据的综合分析，利用数据之间的逻辑结构，分析是否可能存在异常情况，从而发现风险并评估风险严重程度。该公司把非现场风险管理和现场风险管理结合起来，有效提高风险预警质量并降低预警相关管理活动的成本。

中国交建财务风险预警报告内容以财务风险指标评分结果为基础，对财务风险进行报告和分析。财务风险控制指标体系主要是围绕企业偿债能力设计的，包含 12 项指标，分为主要指标和辅助指标。主要指标有 7 项，分别为现金流动负债比率、资产负债率、借款依存度、已获利息倍数、经营活动现金流入比重、流动比率和速动比率；辅助指标有 5 项，分别为净资产收益率、应收账款周转率、存货周转率、营业收入增长率和对外担保占净资产的比例。根据实际情况，在包含以上指标的前提下，集团各单位可以增加财务风险控制指标，以建立适用于本单位实际需要的财务风险控制指标体系。

第四节　财务风险预警报告的使用

一、风险预警报告使用原理

财务风险预警报告的使用主要是指利益相关者取得财务风险预警报告中显示出的异常指标值等信息，并采取风险控制措施。所谓“使用”就是针对财务风险预警指标体系中出现问题的指标，采取有针对性的风险控制措施。例如，如果资产负债率过高，就需要考虑采取措施“去杠杆”。

二、风险预警报告使用案例

中国交建《财务指标控制管理暂行办法》规定，对于财务风险控制指标评分结果在40分以下的单位，应提交专项分析报告，提出整改措施，限期整改；在财务风险控制指标评分未达到40分以上前，集团将不予审批其新增银行借款、不予审批新的投资项目、不予提供借款担保。这些措施旨在降低负债、降低投资风险、控制债务风险。

中国交建对于财务风险控制指标的监测管理包括流动比例监测管理、资本化比率监测管理、资产周转率监测管理、资产负债率监测管理、净利润现金保证比率监测管理。

（1）流动比例监测管理。对于当季流动比率突破严控值的单位，集团将予以警示；半年度、年度流动比率突破严控值的单位，不得新增短期借款，如以后流动比率符合严控要求，可增加短期借款，但应对新增短期借款额度进行有效控制，以确保新增短期借款后流动比率不突破严控值。

（2）资本化比率监测管理。对于季度资本化比率突破严控值的单位，集团将予以警示；半年度、年度资本化比率突破严控值的单位，不得新增长期借款，如以后资本化比率符合严控要求，可增加长期借款，但应对新增长期借款额度进行有效控制，以确保新增长期借款后资本化比率不突破严控值。

（3）资产周转率监测管理。包括流动资产周转率、应收账款周转率、存货周转率监测管理。对于季度3项指标中任何一项突破严控值的单位，公司将予以警示；半年度、年度3项指标中任何一项突破严控值的单位，不得新增短期借款，如以后3项指标均符合严控要求，可增加短期借款，但应对新增短期借款额度进行有效控制，以确保新增短期借款后3项指标不突破严控值。

（4）资产负债率监测管理。对于季度资产负债率突破严控值的单位，集团将予以警示；半年度、年度资产负债率突破严控值的单位，不得新增长、短期借款，如以后资产负债率符合严控要求，可增加长、短期借款，但应对新增长、短期借款额度进行有效控制，以确保新增长、短期借款后资产负债率不突破严控值。

（5）净利润现金保证比率监测管理。对于季度净利润现金保证比率突破严控值的单位，集团将予以警示；连续 4 个季度净利润现金保证比率突破严控值的单位，处以暂停 1 个季度新增短期借款的处罚。

（6）对于因指标超过严控值，不能增加长、短期借款的单位，确因特殊业务需要增加长、短期借款的，实行一事一审批制度，即申请单位就单项增加借款事项书面报告集团财务部，由集团财务部会商资金部并报经集团财务总监审批同意后，方可按规定程序办理新增借款手续。

第五章

企业集团财务风险控制措施与持续优化机制

财务风险控制，是指企业集团为实现预定的财务目标，在财务管理过程中，搜集相关信息并运用特定手段进行风险识别、评估和预警，将财务活动中可能发生的风险控制在可承受范围内的一系列活动。财务风险控制是财务风险预警的后续环节，也是把风险管理和战略实施进行全过程融合的过程，是企业集团进行风险控制是否成功的决定性因素。

首先，财务指标是企业集团经营状况的直接体现。虽然企业集团及其成员企业在经营过程中存在各种各样的风险，但最终都可认为是资产风险和资金的流动风险，即最终体现在资金上。企业集团及其成员企业资金的总体状况可以通过与财务状况、经营状况及现金流量等有关的财务指标体现。

其次，财务活动贯穿于整个企业集团运营流程中。无论是产品生产、销售等日常经营活动，还是投资、筹资活动等日常管理活动，只要存在资金流动，就都是企业集团财务风险控制的对象。也就是说，企业集团财务风险可能在资金流动的每一个环节、每一个部门产生，而且风险环环相扣，相互影响。因此，企业集团及其成员企业在日常经营和管理活动中要注意资金使用是否合理，发挥财务风险控制制度的有效性，提高财务风险管理效率，促进企业集团及其成员企业良性运转。

最后，财务风险较易受到影响。财务风险控制之所以在企业集团风险控制中处于核心地位，是因为企业集团及其成员企业做出的风险预测是否恰当、风险决策是否科学合理，经营活动和管理活动是否有效，风险防控措施是否恰当，风险预防能力是否提高，都最终集中体现在财务上，即财务风险管理效果良好是提高经营效率、稳步向前发展的重要前提条件。

由于企业集团具有规模大、协调合作统一等优势，近年逐渐成为众多企业进一步扩大发展的首选企业组织形式。当然，这种组织形式也是一把“双刃剑”，正因为其规模较大，领导组织体系庞大，使得财务风险控制的难度加大。一般而言，企业集团财务风险控制手段包括：在企业集团及其成员企业运营过程基础上，建立财务风险管理组织职能体系、制定有关财务风险的内部控制规范、建设财务风险预警机制等。由于财务风险控制体系是一个动态系统，而且具有自主功能，因此企业集团构建并在后期不断维持财务风险控制体系的同时还要保证财务风险管理的基本流程能够得以执行。财务风险控制的基本流程既适用于企业集团及其成员企业财务层面的风险管理，也适用于企业集团内某一项业务或某一环节的风险控制，即财务风险控制可以与企业集团各项风险控制措施有效融合，支持业务的顺利开展。

本章主要介绍企业集团财务风险控制手段与持续优化机制，本章中提到的如无特别说明，风险控制即指财务风险控制。

第一节　风险控制责任制建设

财务风险管理组织职能体系建设是财务风险控制的组织保证，是风险管理体系运行的基础。从企业集团的角度，“职能先行”是普遍的共识，也是风险管理体系建设中最受关注的一项内容，因为它涉及对现有组织体系的变革、职责权利的重新分配、现有部门或机构的工作内容调整。组织设计本身是一项比较复杂的工作，一般包括的内容如图 5－1 所示。

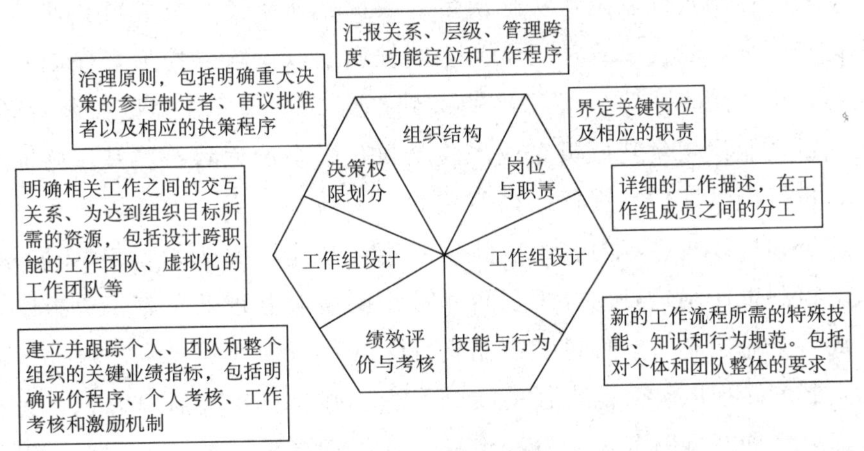

图 5－1　组织设计架构

具体到风险控制组织体系建设，一般包括对企业风险管理组织结构的整体设计、各级机构风险管理职责分工、各类风险的管理责任落实、风险管理的考评和问责机制建设等内容，上述设计的目的是建立风险管理责任落实机制。企业集团不论是强化财务风险控制手段，还是完善财务风险预警管理，都需要一个配套的责任落实机制将相关责任落实到个人，使风险管控制度的执行力度和执行效果得到保障，即财务风险能否有效控制，离不开风险控制责任机制的支撑与保障。

一、风险控制责任制制度简介

风险控制责任制制度是企业集团风险管理工作中基本管理制度的重要组成部分，具体是指企业集团及其成员企业为降低生存发展中所面临的风险因素，通过规定各级管理人员和普通员工的职责，将与风险管理环节有关的规划、组织、协调、控制、指挥、决策、执行及监督等活动分配至对应的职责岗位，制定各部门及所属人员的风险控制职责、到位标准、权利与义务，以降低设备、生产、环境、营销和职业健康等各类风险可能造成不良事项发生的可能性。

风险控制责任制是从实际出发，根据企业集团及其成员企业组织机构和管理职能，以管理规章为主要准则，以风险管控为责任制管理核心，尽可能将风险管理事项明确到部门或个人，并辅以监督评价，实现对企业集团及其成员企业风险全方位、全过程管控。其实施流程主要包括风险评估、责任制内容建立、沟通和回顾、责任制执行、监督评价和持续改进等内容，风险控制责任制建立框架如图 5 - 2 所示。风险控制责任制建设的合理与否直接影响着其管理效果。企业集团及其成员企业建立并完善风险控制责任制，一方面要建立全员财务风险问责制度，把风险防范责任落实到个人，强化员工的风险意识；另一方面要定期开展财务风险管控考核，并根据考核结果进行奖罚，以强化制度执行力度并提高执行效果。

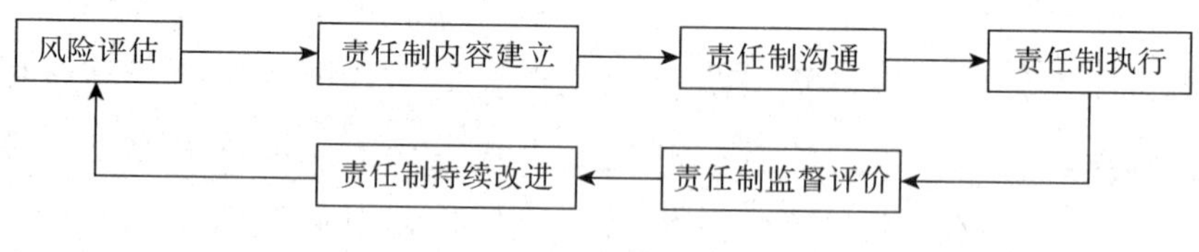

图 5 - 2　风险控制责任制建设框架

二、企业集团风险控制责任制常见问题

风险控制责任制是落实员工行为准则的重要措施之一，通过考核员工行为，可观察企业集团及其成员企业风险控制责任状况。在实践中，许多企业集团及其成员企业尽管按照国家规定建立了形式上的风险控制责任制，但在实际运行中存在很多问题。本节以建筑行业为例，阐述该行业财务风险控制责任现状。建筑企业施工过程中，工程管理具有管理过程复杂、工程管理不确定性较大等特点，因此在实际管理过程中，大多数建筑企业采用内部责任制，具体是由经营管理部门负责承揽施工，项目经理部门负责组织实际施工和结算工作。在这种承揽项目和实际施工职责分离的管理模式下，负责承揽项目的经营管理部可能会为了完成集团公司规定的承揽目标，达到中标合同数额，而忽略业主单位的资金和信用方面存在的问题；项目经理部门接到实际施工时，一味地追求工程进度，往往不制订资金预算和成本控制计划。上述行为都大大增加了企业集团的财务风险。存在上述问题的主要原因包括：

（一）管理者“以风险控制为目标建立责任制”的意识不强

虽然建筑企业集团都制定了风险控制职责制度，并通过签订职责书的方式明确区分员工与内部法人企业各自应承担的职责，但监控风险控制职责制度的制定、执行及实施等可以发现，部分管理者对此不够重视。例如，在责任书的内容中未明确区分双方责任，未明晰双方需承担的风险；责任书事后改动频繁，缺乏权威性，责任人失职时应承担的惩罚没有严格兑现；风险控制责任制管理流于形式，实际执行力不足；部分企业管理者对员工的奖惩不清、追踪考核不严格等。

（二）风险控制责任制可操作性不高

企业集团及其成员企业风险控制部门主要负责组织风险控制活动

和风险控制责任制度的制定、下放、监督及完善，但大多数企业集团及其成员企业的风险控制责任制度内容侧重于风险发生后的结果承担，对业务过程中的风险管控重视程度不高；或者即便制定了全过程风险控制，但风险控制布局过于宏观，在具体执行时落实不到细节点上。例如，主要风险监控对象、实际业务中风险控制的重点不明确；岗位与职责不匹配；风险控制措施可有可无等问题，以至于风险控制制度实际可执行性较弱。

（三）风险控制责任制监督过程无力

多数企业集团及其成员企业在对风险控制责任制建设实施过程监督时，设置“管理—部门—岗位”三级评价单位，实行累计加分制或扣分制，通过定期对三级得分汇总了解日常风险控制情况。但由于一般企业集团及其成员企业盈利项目多于亏损项目，且风险出现的可能性较小，各部门得分差异较小，较难得出重点风险监控对象。同时，定期一次的考核方式不利于风险管理部门在风险暴露时，立即采取补救措施，致使风险控制责任制的优化和完善滞后。可见，企业集团及其成员企业应及时改进风险控制责任制监督过程无力的现象。

（四）风险控制责任制不能持续完善

任何一项制度的内容都不是固守不变的。在实践中，部分企业集团及其成员企业风险控制责任制度更新周期长，制度管理不合实际，管理方式固定化；部分企业集团及其成员企业未能及时更新责任制内容；部分企业集团及其成员企业因缺乏完善的手段，导致责任制内容调整不恰当，不适合其实际情况。滞后的、一成不变的、不合实际的风险控制责任制度不但不能实现制度最初设立的目的，反而成为企业集团及其成员企业向前发展的“绊脚石”。

因为风险控制责任制完全在企业集团内部进行，即最终所有的风险都由企业集团及其成员企业承担，所以如果企业集团及其成员企业不能及时发现并改善风险控制责任制的漏洞与缺陷，就有可能使责任落实机制失灵，达不到风险管控的目的。不断完善和持续优化风险控制责任制，使其成为应对财务风险的强有力措施，是防范风险、实现经营目的的重要步骤。

三、企业集团风险控制责任制的建设与优化

建设合理的、实际运行有效的风险控制责任制是企业集团及其成员企业风险管控的重要手段。风险控制责任制的建设要结合企业集团及其成员企业自身的业务发展、经营规模、发展战略、业务布局、集团总部管理能力、信息化水平、企业文化及其他因素来综合分析。在对企业集团及其成员企业发展战略的正确判断和对风险管控的重视下，风险控制责任制的建设应遵循责任布局全覆盖和责任追究全覆盖的基本原则，并根据认定的责任标准，定期考核责任履行情况，对个人或部门产生的风险事项进行追究，且在实践中不断完善风险控制责任布置、落实、处理等制度。

（一）建立“管理—部门—岗位”三级责任制，确保风险责任布局全覆盖

企业集团管理层级的风险控制责任制管理包括风险控制责任制制度建设和监控，以及各级管理人、部门承担风险的职责下放等。风险控制责任制制度建设需根据企业集团管理实际，制定相应的风险管理责任制流程、政策和监督机制；风险控制责任制监控要做到实时监控、全局监控，包括资产管理业务风险监控，交易监控（监控各项风险指标，确保其在合理范围内），业务操作流程监控，交易授权审核，文件审核，配合市场风险经理做好集团层面市场风险的日常管控，做好企业集团报表的监控、审核、统计、管理工作等众多有关风险监控的

事项；在各级管理人、部门承担风险的职责下放方面，企业集团应制定并发布《企业集团董事、监事、高级管理人员的风险和责任规定》的文件，规定企业集团各级管理人员对风险承担的职责，并对其在风险管理过程中出现的失职、措施执行不到位、业务发展模式出现差错以及违规舞弊等行为分别进行责任认定和追究。企业集团及其成员企业将风险责任划分给各个管理人，结合管理人分管部门，确定部门风险控制职责，并定期对部门风险进行责任落实排查和考核。董事长是企业集团安全生产风险控制和隐患治理的第一责任者，对企业集团风险控制和隐患治理负全面责任。

企业集团及其成员企业部门层级的风险控制责任制管理主要指设置部门具体风险管控职责，例如，集团母公司的财务管理部门主要负责集团全面预算编制、各项财务管理一级制度的制定、财务管理流程体系的构建等工作；集团母公司的财务考评部门主要负责构建、完善、监督集团分子公司财务内部控制评价体系及其相应的绩效考核，还需要负责跟踪检查内部控制的整改情况并协助财务管理部门完善集团财务管理一级制度和内控流程的建设；集团母公司的审计部门主要负责在董事会授权范围内，对可能存在重大风险的事项进行专项审计。

企业集团及其成员企业岗位层级的风险控制责任制管理是指将企业集团部门职责细分到个人，保证相关岗位从业人员合规履职、勤勉尽职。例如，财务出纳岗位的风险控制职责是执行好公司日常资金收支业务办理、有价证券管理、资金划拨等岗位职责，严格遵守财经纪律，一律按照国家现金管理条例和银行结算制度处理企业集团及其成员企业发生的经济业务；会计核算岗的风险控制职责是严格按照会计制度规定对本单位各项业务收支进行记账、算账、报账工作，做到手续完备、内容真实、数字准确、账目清楚、日清月结、按期提出会计报表等。

（二）明确责任认定标准，完善责任考核流程

企业集团设定责任认定标准时，可推行四级（管理人—部门负责人—项目组长—组员）分工负责制，管理人对项目风险负全责，部门负责人对本部门项目质量风险负责，项目组长对实施的项目风险负责，组员对分工的事项风险负责，遵循各级“独立认责为主，自我认责为辅”的原则，统筹考虑风险影响的范围大小、责任人的行为造成的影响以及责任人行为与不良影响间的关联关系和影响程度这 3 项因素，尽可能将风险标准细化，认定当事人的责任大小，确定各当事人的责任等级，进而建立详细的各级责任认定标准。

企业集团的风险控制责任考核流程，可实施由集团母公司审计监督部门统一组织，统一开展风险考核认定的方法，各层风险控制责任部门在各自权限内实施防控措施，风险控制质量由集团总公司集中认定、控制和监督。此外，涉及重要的管理责任事项，企业集团需独立考核，各部门、单位也可自行开展风险控制责任考核。在责任制考核上，可采取以下措施：

1. 实行百分考核制。企业集团及其成员企业风险管理部门将风险控制责任下放到各管理人和各部门，各部门再具体落实到各个项目组，由部门负责作为业务处的代表，对风险控制签订责任认定及承担的“军令状”，实行百分制考核。考核结果在半年度报表发布日公布，与年终考核结果进行加权平均，作为最终考核的重要组成部分。

2. 实行一票否决制度。主要是指一旦出现质量事故，则有关责任部门和有关人员年终不得参与评优，也将失去被提拔升级的候选人资格，对于造成较为严重后果时，还要追究相关人员的责任，并给予相应的处分或资金处罚。

3. 形成审计风险档案。集团总部对下属各部门实行百分考核制度，并对所属审计人员进行业务评价，将考核及评价结果记入审计风

险档案；还需要对各个岗位上的员工建立风险控制职责档案，进而不断加强相关员工的自我意识、事业心和责任心。

（三）建立“业务—机构—人员”三级责任追究，确保风险责任追究全覆盖

风险控制业务责任追究是指，针对发生的风险事项，增加责任追究的认定事项数量，依次明确相关部门的责任认定情况，将责任追究的认定范围由个别项目逐步扩大至一整类项目，由偶然到必然的追究方法。要将与该业务事项风险管控相关的部门和人员均纳入责任认定的范围。机构责任追究是指将企业集团所有经营和管理部门均纳入责任追究的范围，具体有集团总公司、总公司各个业务管理部门、集团直属机构、所有境内外分公司以及所有控股子公司。人员责任追究是指将参与风险管理、可能出现风险的操作过程中涉及的所有人员，即执行人员、落实人员、权限批准人员、管理人员、统筹人员、做出决策人员及其他有关人员全部纳入责任追究范围内。

企业集团及其成员企业应严格要求风险控制责任的负责人，对承担一般风险责任的负责人进行口头告诫、通报批评或取消部分授权，并根据实际情况给予罚金或职位降级等处罚；对承担较大、重大风险责任的负责人，或在风险管理过程中有严重违规、舞弊等行为的负责人，除以上处罚外，还要给予警告以上的处分或暂时停职、免除职务等严重处罚；在各部门和各个员工执行业务时，对严重失职、行权不当、违法违规、舞弊欺诈等行为进行追究和认定应承担的责任，并按照对应的制度规定进行处分或处罚。

（四）完善风险管理体系，落实风险职责制

构建适合企业集团及其成员企业风险管理模式、资产规模大小和业务风险复杂程度的风险管理体系并对其不断完善，有助于董事会、

监事会、管理层、集团总部相关部门及相关机构明确各自应承担的风险控制工作职责，还可以有效监控、预测和处理各类风险。企业集团及其成员企业完善风险管理体系可通过落实领导责任、制度执行责任、监督检查责任和问责责任来执行。落实领导职责是指，巩固集团领导作为风险控制工作首位负责人的地位与意识，实时观察纪检监察部与集团各职能部门配合的程度，将下放的风险控制职责予以落实，形成权利与责任明确清晰的风险控制工作机制；落实制度执行责任是指，严格规范员工执行业务的行为，在企业集团及其成员企业范围内广泛开展与职业道德、岗位操作规范、法制教育等相关的宣传活动，形成遵守法律法规的精神氛围和企业文化，加强员工廉洁从业、合规操作的意识，使员工自发地遵守各项规章制度，确保员工的行为受到制度的约束；落实监督检查责任是指，在考虑企业集团及其成员企业业务发展状况和风险实际控制情况之后，加大对重点业务及关键环节的风险检查力度，提高制度的落实程度和实际执行力，将与员工行为管理相关的控制纳入总体风险管理控制范围内，约束员工的行为；落实问责职责是指，企业集团及其成员企业定期开展风险自我评估活动，自我完善风险内部控制管理，并将评估工作纳入年度考核范围内。集团总部应实时检查各分子公司执行风险控制目标责任制度的落实程度，加强对风险控制工作的集中化管理，明确各个岗位应承担的职责，建设权利与职责明确清晰的风险控制工作机制，保证领导对风险控制工作的要求得以实现。

综上所述，风险控制责任制通过约束高管、部门、员工职责，将风险管控这一宏观工作细化到个人，做到“事事有人管、人人有专责”。加强风险控制责任制内部管理，通过风险控制责任制积极预防和应对风险，是企业集团及其成员企业风险控制的强有力手段。

第二节　风险控制的权限设置

权限设置是企业集团及其成员企业风险控制的强有力措施之一，是风险管理组织设计的关键内容之一。通过权限设置可控制企业集团及其成员企业管理人滥用职权、越权决策、责任推脱等行为，进而降低因管理人失职而产生风险的可能性。风险控制的权限管理更多体现在财务风险的控制管理方面，财务活动中财务授权审批与各等级、各部门和个人的权利控制等都体现了风险控制的权限设置理论。

一、风险控制的权限设置概述

（一）权限管理概念

权限管理常用于计算机程序设计和操作系统中，具体是指授予计算机系统中不同层级的部门或个人与职责对应的权限，并规定不得越权操作的过程。企业集团及其成员企业经营活动中的权限管理是指，合理授予企业集团及其成员企业各层级、各部门和各员工权利并对权利予以控制，防止授权不当或滥用权利的情况出现。总之，经营活动中的权限管理是重要的内部控制手段，其本质是科学、合理地分配和限制权利，并设计一系列程序将其落实。

（二）风险控制权限管理概念

风险控制权限管理是对权限管理要实现目标的范围进行限定。所谓“风险控制”是指考虑到企业集团及其成员企业员工处理日常事务时可能发生滥用职权、分权不当和过度用权的情况，企业集团及其成员企业在设置和执行权限管理制度时，为防止上述情况发生，设置科学、合理的风险控制权限管理制度和流程，确保权限管理工作风险最低化。财务开支事项存在于企业集团及其成员企业产生的所有经济业务中，且所有经济事项的财务开支又需要对应的财务事项审批，因此风险控制权限管理就是指在财务管理过程中，如何合理配置并合理控制各层级、各部门和各员工的财务审批权，以有效预防财务审批授权不当或滥用职权产生的财务风险。

在企业集团中，其风险控制权限管理主要是从管理的角度进行分析，如有效、科学、合理地在财务部门和各类业务活动中配置、优化相关的权利，对授予的权利给予相应控制，以便能有效地防范企业集团授权不当或滥用权利带来的风险。根据企业集团的发展特点，可得出其财务风险控制权限管理主要包括财务授权审批系统和财务授权审批流程两个体系。其中，财务授权审批系统涉及财务授权审批可执行的范围、层次、责任制的划定等；财务授权审批流程指企业集团依据相关基本原则，规范财务授权审批程序，对各类财务事项审批程序的先后进行规定。财务部作为财务活动归口核算部门，应贯彻财务授权审批程序，财务人员应依照审批程序进行业务处理，防止滥用审批、越级越权审批等不良行为的产生，确保企业集团的财务审批工作风险最低化。

（三）风险控制权限设置的内容

企业集团权限设置要达到风险控制预期效果，应通过建立财务授权审批系统，将权利合理划分为几个等级，并对对应等级的部门授予相应的权力，在制度中明文规定各个岗位职责及审批责任等，以将权力限制在可控范围内。企业集团及其成员企业还需要建立审批及签字批准流程，以检验、监控财务审批权力是否控制在合理范围内，进而实现始终将财务授权审批风险控制在有效范围内的目标。企业集团层面风险控制的有关权限管理的内容也要围绕财务审批系统和财务审批流程这两个系统展开。

财务授权审批体系内容包括：（1）财务授权审批的范围。一般情况下，企业集团及其成员企业内部所有涉及财务的事项都属于授权审批的范围。（2）财务授权审批的级次，即财务事项审批权限的级次。授权审批的级次应由各项财务事项的重要性和金额大小决定，确保管理层的权责分配合理，并且还需要将不同级次的审批权限进行再划分，即先由提出审批事项的部门负责人进行审核，再由财务部核准，最后由管理者进行最终审批。（3）财务授权审批的具体事项。企业集团及其成员企业应规定各类财务事项在各级审批中应复核的内容。（4）财务授权审批的职责归属。企业集团及其成员企业应当根据各级次审批的具体内容的重要性划分被授权者在审批财务事项的可执行性时应对哪些事项负责以及承担责任的程度范围。

财务授权审批流程是指企业集团及其成员企业应规定审批每一类财务事项的先后步骤，按步骤先后办理审批事项，一方面可以提高审批事项办理的效率，另一方面还可避免越级审批或违规审批等情况的发生。

二、风险控制权限设置的影响因素分析

分析风险控制权限管理的概念和内容可知，要实现科学、有效的财务事项权限管理，前提是确保财务审批权力配置的合理性以及审批程序设置的层级是否清晰明了。此外，企业集团及其成员企业的组织结构、岗位职责分工等内部因素也会影响财务事项权限管理。

（一）组织结构

企业集团及其成员企业组织结构是指，在与国家相关法律法规、股东大会规定、公司章程及其他相关制度保持高度一致的同时，结合企业集团及其成员企业自身的实际发展状况，规定股东大会、董事会、

监事会、管理层和内部各级机构设置、职责权限、人员编制、工作流程和相关制度编制所成立的，支撑企业集团及其成员企业活动有序进行的重要体系。在企业集团中，常见的组织构架形式有直线式和扁平式，常见的管理模式有分权制和集权制。企业集团无论选用哪种组织形式和采取哪种管理模式都需设置内部职能部门及治理组织结构。但是，内部职能部门和治理组织结构的资源分配、设置、决策等都会对企业集团财务活动的权限管理工作造成一定范围的影响，由于企业集团及其成员企业在设置职能部门时，一般既要考虑不相容职务分离的问题，又要考虑各级管理层的权力范围和不同级次管理者的权力授予，以对相应的岗位配置、权力与职责关系、发生的业务处理流程、内部协调机制与控制机制等做出决策，进而确定财务管理应触及的广度和深度，由此产生财务权力的集中与分级管理，进而决定了企业集团及其成员企业是直线式还是扁平式组织结构。

一般而言，采用直线式组织结构的企业集团及其成员企业的特点是职能部门管理幅度窄而层次多。在这种模式下，财务管理的深度和广度都会受到限制，因其财务管理模式常为集中管理。也就是说，财务事项审批权由企业集团及其成员企业高层掌握，下级人员不被授予或授予权限较小的审批权。其优势是可防止多人审批造成监督不力或审批标准不一等情况发生。

扁平式组织结构则与直线式相反，这种模式下的企业集团及其成员企业职能部门管理幅度广而层次少，财务管理模式通常为分级管理。在该模式下，企业集团及其成员企业划分审批权限级次的依据是业务所涉及的范围、业务的重要程度及金额大小，以达到该项业务的分管领导或职能部门负责人在其权力管辖范围和对应金额范围内拥有相应的审批权限。这种模式的优点是各分管领导或职能部门负责人可在其权限范围内灵活运用审批权，提高财务事项处理效率；缺点是容易发生滥用权限、财务审批不当或超出控制范围等情况。

（二）职责分工

企业集团职责分工是指企业集团遵循内部职能机构的设置原则，在充分了解各个岗位相关情况的基础上，分解各个岗位的职能，规定企业集团及其成员企业具体岗位的名称、岗位工作要求、相关的任职条件等内容，从而进一步明确各个岗位所拥有的权限、职责以及每个岗位间的互补性和协作性关系。职责分工要做到科学、合理，一方面要考虑职能部门应如何设置，另一方面要做到不相容职务相分离。观察企业集团内部职能部门的设置情况可发现，不相容职务至少应包括业务经办职务、授权审批职务、审核监督职务、会计记录职务、财产保管职务这5大职务，也就是说这5种职务必须进行两两相互分离，以确保财务事项审批权限级次分明且合理。将财务事项审批责任与岗位责任联系在一起保证审批责任落实到个人，从而实现对财务审批权限的有效控制。

（三）业务性质

我国基建类企业集团之间虽然基本业务都是一致的，其功能存在许多相似之处，但性质不同，具体业务也会有所区别。企业集团按经营过程可将业务划分为采购业务、销售业务、成本费用业务等。按经营过程划分业务性质，可确定财务事项审批权归属的具体职能部门和具体审批程序。例如，财务审批采购业务的权利可以归属于采购部门、财务部门和相关领导，其审批手续由采购部门负责人确认，然后提交到财务部门主管审批，最后经相关领导批准；成本业务的财务审批权可以归成本部门或出口管理部门、财务部门及相关领导审批，其程序为由成本发生部门或管理部门负责人确认，并报财务部门负责人审批，最终由相关领导批准。根据业务发生的范围和频率，可以将业务划分为常规业务和专项业务，按此划分将影响到财务授权审批是一般授权还是专项授权，以及如何控制授权。一般授权是指开展常规业务的授权权限、授权条件和授权范围，其特点是授权期限较长，审批程序较为固定，企业集团及其成员企业的大部分业务内容属于一般授权业务。这种授权可以通过确定在履行岗位职责过程中审批责任的履行情况进行控制。特殊授权是指授予特殊业务的授权权限、条件和责任范围，其特点是授权时间短，审批流程多变。例如，重大资本支出、重大融资、投资活动和例外情况，企业集团及其成员企业需要采取专项授权。由此可见，企业集团无论如何划分业务性质，均会影响其财务事项的权限管理。

（四）全面预算管理

全面预算管理是指企业集团及其成员企业通过制订与日常经营、投资、筹资等财务活动相关的年度、季度和月度财务收支总体计划，来实现企业集团总体战略目标和日常经营目标的一系列活动，是企业集团财务管理的重要内容，对财务审批权和财务审批程序有重大影响。大多数企业集团的全面预算管理重点一般是成本、项目和销售这 3 大预算模块，对这些经济类项目的发生和金额都会编制严格的预算限额控制计划。通过各级管理人员和部门权限设置，根据财务事项的审批权限，可以将审批权限下放至固定收费项目级别，无须上报审批。这不仅简化了审批流程，提高了审批效率，而且使审批流程清晰，审批责任也容易确定。由此可见，财务项目权限管理的建立应充分考虑企业集团预算管理的实施进展，有效地将全面预算管理与财务项目权限管理相结合，建立合理的财务授权审批制度，简化财务审批流程，并应充分发挥企业集团预算管理的作用，优化财务管理程序。

三、企业集团财务风险控制权限设置的优化建议

（一）加大财务事项授权力度，建立分级审批模式

企业集团授权力度不足会导致经济事项审批流程长、响应速度慢，

影响项目的开展进度。近年来，随着企业集团对组织职能和管理制度的规范和创新，管理模式逐渐趋向于扁平化，企业集团在财务开支管控上执行全面预算管理体系，为企业集团及其成员企业管理权力分层下放的可行性奠定了基础。

具体解决方案：第一，以企业集团及其成员企业职能组织结构为依据，将财务事项审批权分为以下 4 个级次：最高管理者—财务总负责人—财务分负责人—部门负责人，分别授予各级人员可控制范围内的财务审批权限。第二，在全面预算管理的基础上，根据重要性和金额大小确定审批级次。对数额确定或数额较小、性质明确的项目可直接由部门负责人审批；对数额不确定或数额较大、性质重大的项目，根据具体适应的情况分别交由财务分负责人、财务总负责人或最高管理层审批。

（二）完善财务授权审批制度，制定标准可行的操作手册

对于因为缺乏认识的审批责任和不清楚的审批责任等问题，造成的不完美的审批系统在企业集团内各个层级的财务授权，应逐步完善财务授权审批制度，并在具体审批过程中落实，防范因制度不完善等因素造成的财务风险。

具体解决方案：第一，根据各职能部门的具体职责分工和业务性质，详细规定各审批级次中财务事项的审批内容。例如，在费用数额不确定的财务审批中，部门负责人或财务分负责人的审批内容应为本部门发生的非定额费用业务的真实性和合理性。第二，根据财务分级审批模式下赋予审批人员的权利，结合各级次审批的具体内容，按权责对等的原则明确审批人员应对哪些方面负责。例如，只要部门负责人对不真实、不合理的财务事项审批通过，就必须担负起由此产生风险的责任。第三，基于财务授权审批系统涉及的各项内容，编制规范且可操作性强的财务风险控制手册和具体实施细则。手册内容应包括：

各类财务事项的关键环节、关键可控点、批准风险、批准程序、批准职责、批准事项、批准权限级次、批准范围等。

（三）优化整合审批流程，建立事前审批制度

针对企业集团及其成员企业的财务事项权限管理中审批环节多、审批效率低下的问题，优化整合财务事项审批流程是解决问题的关键，也是创新的前提。因此，必须完善财务管理机制，提高基本管理水平。

具体解决办法是：第一，前置负责业务领导审批权限。业务主管领导审批设置在预审批环节，即经办人提交业务申请时，业务主管领导审批是否需要发生该业务事项。第二，根据财务授权审批的分级模式和全面预算管理的内容，各级经济项目的审批应同时进行，可缩短审批周期，优化财务事项的审批流程。一方面，前置分管业务领导审批权可缩短财务事项审批周期，避免重要经济业务错失良机，提高审批效率；另一方面，还可审核该项经济业务是否有必要发生及发生的合理性，能帮助企业集团及其成员企业在事前控制财务风险，为降低风险做好准备，把损失降至最低，保证财务事项审批程序的正确性和有效性。

（四）强化全面预算管理体系，提高预算执行力

全面实施预算管理是建立财务授权审批制度的基础，是有效防范财务审批权限下放风险的配套管理措施。目前，企业集团及其成员企业虽然建立了全面预算管理体系，但在全面预算管理的内容、实施、组织结构等方面还不够完善。

具体解决办法包括：第一，企业集团应根据自身发展状况，建立和加强全面预算管理体系，实施全面预算管理，制定科学合理的预算指标，并根据经济业务的发生及时修订、调整和补充。第二，应该建立一个独立的预算管理部门，一般由财务部门负责。在高级管理人员

的领导下，由专人负责预算的决策、全面预算管理控制和预算账簿的登记。第三，应进行预算评估。企业集团必须定期或不定期对预算指标的实际执行情况进行评估，并将评估结果与奖惩制度相联系，完善全面预算管理的实施，落实全面预算管理。

（五）找准关键控制点，降低财务事项财务审批风险

对不真实、不合法、不必要、出现频率较高的财务支出项目进行审批，可能会导致企业集团及其成员企业的资产流出和资源用到不恰当项目上，由此产生财务风险。因此，找准财务事项审批环节中的重要控制点，有利于规范财务审批内容，降低因制度导致的财务审批风险。

具体解决方案：第一，控制点的查找范围包括但不限于，财务开支项目的真实性、合法性、必要性等。第二，在财务事项审批过程中，审批控制是否能够覆盖多个可能出现的错误，或是否只有审批控制能够覆盖对可能出现错误的搜索。例如，在采购业务的审批流程中，控制点包括采购业务是否是真实的和必要的、附加的原始凭证是否真实、审批手续是否完整、采购业务的财政支出是否合理、支付方式是否合法。其中，采购业务的支付是采购业务财务审批和采购业务预算审核的关键环节，而签字审核并不是重点控制环节，因为采购业务是不是控制在预算之内也可以在财务预算控制中重新审核。

（六）提升企业文化层次，强化对权限管理的考核与监督

企业集团及其成员企业加强文化制度建设和强化对财务事项权限的考核与监督，是解决审批过程中存在的审批职责意识不强烈、财务事项审批的效果没有及时有效地考核与监督不及时的有效手段。

具体解决方案：第一，企业文化建设围绕责任理念展开。除了在企业文化制度中明文规定各级授权审批人员的责任外，还应通过企业

日常宣传活动，培养授权审批人员的责任意识，提倡相关人员自觉遵守规定并主动承担责任，建设以责任意识为核心的企业文化，进一步升华企业文化内涵。第二，强化对财务事项权限管理的考核与监督。具体是指，在考核绩效时，要将授权审批的职责履行情况、具体审批内容、审批责任的大小纳入考核范围内，作为考核标准的参考依据。同时，加大内部审计部门对财务事项权限管理的监督力度，增加内部审计人员数量，提升内部审计人员专业素质，对与各级审批内容有关的单据抽检每半年至少 2 次，并将抽检结果形成书面报告，直接递交给相关审批的负责人。

第三节　风险控制与运营控制的融合

由于企业集团规模一般比较大甚至非常庞大、组织结构复杂、业务种类较多以及财务风险管理措施尚未形成体系等因素，有些与之相关的财务风险控制措施可能还未实施就被“扼杀于摇篮中”，因此需要企业集团及其成员企业将运营控制作为其“保镖”，通过企业集团日常生产运营控制来完善有关风险控制的制度与体系，在风险控制与运营控制双重控制下，将财务风险管理作用最大化。本节通过介绍运营控制的概念、风险控制与运营控制的关系和二者融合的作用，阐述利用搭建风险控制与运营控制融合框架和列举二者相融合过程中需注意的关键因素，以及风险控制与运营控制相互融合的必要性，以谋求将现代企业集团所面临的财务风险降到最低。

一、融合风险控制与运营控制的必要性

（一）运营控制概述

运营控制是指，企业集团及其成员企业为实现其管理效率和管理

效益提升，利用企业集团及其成员企业内部各部门或参与员工工作的活动建立一种连续性和联系性的运行过程，并对计划、组织、实施和控制进行约束，主要是为了保证在企业集团整体的价值最大化的前提下，将企业集团及其成员企业现有资源给予最大限度的运用。从企业集团及其成员企业销售的角度看，运营控制还包括设计、运行、评价及改进主营产品和所提供服务的一系列控制流程。由此我们可以看出，与产品生产和所提供服务密切相关的各项工作和程序组成了运营控制。运营控制可以按不同分类标准进行分类，依据控制对象的区域进行划分，可以分为市场运营控制、团队运营控制、顾客运营控制和业务运营控制；根据经营过程所处的不同阶段，可以划分为经营规划阶段控制、经营发起阶段控制、经营操作阶段控制和经营管理阶段控制。

运营控制理论的发展分为3个阶段：第一阶段，即最早期的运营控制概念较为粗浅，仅指车船的运行和营业控制，主要控制内容为“狠抓事故苗头，确保安全运营”；第二阶段，随着实体经济的不断发展，西方学者将与工厂有关的有形产品的生产称为“生产”或“制造”，提供服务的活动称为“经营”，此阶段的运营控制涉及的产品不仅包含了产品本身，还需对由产品带来的服务活动进行控制；第三阶段，即当前社会，随着“大智移云”背景的不断深入，互联网产品在人类生活中占据的比重不容小觑，运营控制在实体产品及其服务的控制基础上又新增了互联网产品等无形产品的运营控制，这也推进了现代运营控制机制的完善与成熟。随着社会生产的进步，企业集团及其成员企业规模不断扩大以及新技术的快速发展都对完善运营控制机制起到推动作用。另外，对传统的运营控制观点与古典管理理论进行融合也推动了现代化企业集团及其成员企业运营控制的形成与发展。随着计算机技术的迅速落地与快速进步，促进了企业集团及其成员企业组织内部之间的信息传递与沟通反馈，也促进和推动了运营控制的落实与发展。目前，我国城市轨道交通、地铁线网、公路隧道照明以及银行日常工作等的运营都建立了运营控制机制。

（二）风险控制与运营控制的关系

企业集团及其成员企业内部的运营控制系统和财务风险管理系统在功能上存在交叉区域，二者相互监督、相互完善。进行运营控制是为了降低经营过程中的风险，而经营风险是财务风险的主要来源，因此风险控制与运营控制实际上是“殊途同归”，具体联系表现为：

1. 风险控制与运营控制的目标一致。企业集团追随的目标是所有者权益最大化，所有管理与控制活动最终都必须由财务指标体现。一般来说，企业集团及其成员企业的盈利能力与风险控制水平成正比，相比于其他企业，盈利能力更强的企业必定在生产、销售、经营及运营等各个环节实施了更加有效的控制措施，从而为较高的经营活动效率提供保障。可见，有效的运营控制是企业集团及其成员企业实现风险控制目标的必要条件，二者的目标表现出高度一致性。

2. 运营控制的目的弱化财务风险水平。企业集团及其成员企业运营活动是否正常有序进行主要取决于运营控制系统运行是否有效。企业集团及其成员企业经营失败的原因，除去负面新闻、产品质量问题等表面因素，以及世界经济萧条、市场不稳定等不可控的大环境因素之外，其根本原因大多是由于企业集团及其成员企业运营控制系统失效，未能及时规避风险，进而导致经营效率变低和生产过程出错等问题出现。所以，要将运营控制融入企业集团及其成员企业经营的每一环节，并使其充分发挥作用，将每个环节上的风险降至最低，进而降低整个经营环节的风险。

3. 构建运营控制体系是防范企业集团财务风险的必要环节。运营控制与风险控制的关键点存在不同，前者的关键点在于对经营活动所设计的各个流程进行控制，而后者的关键点是在整个企业集团层面对组织各个方面实行风险管理。但是，企业集团及其成员企业进行财务风险管理也有很重要的意义，通过构建并健全运营控制体系为企业集团及其成员企业的正常经营、财产安全和经营效率提供了保障。因此，运营控制是财务风险管理的必要环节，企业集团及其成员企业对财务风险的识别与控制推动了运营控制的执行。相反，若企业集团及其成员企业没有健全的运营控制体系，一般情况下会发生各种错误和舞弊事项，甚至使其走向衰退。

总体而言，风险控制与运营控制融合是企业集团发展的必然。从企业集团及其成员企业中不断兴起的运营控制中心对降低财务风险的作用的实例来看，企业集团及其成员企业运营控制逐渐呈现向风险管理靠拢和一体化的趋势。财务风险控制对决策的合理性进行不间断评价，同时预估可能出现的风险大小及影响程度，是为了巩固决策、控制、预警与评价机制的有效性，实现资金可控和资源配置的合理性。运营控制在监控、调整、反馈、沟通和协作上能整合个别或分散的财务资源，使企业集团及其成员企业资源集中化。企业集团及其成员企业进行财务风险管理的基本目标是筹集资金并使之效用达到最大化，而运营控制有效执行是实现该目标的基础。若在运营控制阶段出现问题，财务风险管理便不能实现其目标，必定会增加财务风险发生的可能性。可见，在日益严峻的经济形势下，要将财务风险降至可接受范围内，企业集团及其成员企业需要确保风险控制与运营控制有效运行。

（三）风险控制与运营控制融合的作用

运营控制是一种有效的关联性控制系统，在财务风险管理中融合运营控制制度，有助于企业集团及其成员企业确定管理工作关键点，明确各工作人员的岗位职责，并在财务风险管理内部人员之间，或财务风险管理人员与其他部门人员之间，建立一种相互牵制或者具有连续性的关系，使职工之间相互监督，进而提高财务风险管理工作的效率，形成有效的监督制度。另外，财务风险管理水平与财务资金的安全性和精确度成正比，企业集团及其成员企业的每一笔支出都会入账，那么各级管理者在做战略规划和战略决策或对所有员工进行管理时，以这些明确的财务数据为依据，就能实时监测各部门运作效率及各个员工的工作效率，而这必然会进一步改善企业集团及其成员企业整体的经营管理。风险控制与运营控制融合的具体作用有以下几点：

1. 有利于提高信息沟通和交流水平。在经营过程中，一旦企业集团及其成员企业内部的信息沟通机制出现问题，往往会导致信息滞后或“被劫”等风险，运行有效的信息沟通和交流机制不仅能够不断更新财务成果和经营情况，及时为信息需求者提供信息，而且可以及时反馈各个环节出现的问题。目前，我国大部分企业集团都建立了财务信息系统和运营控制中心，在风险控制和运营控制融合的情况下，财务信息系统和运营控制中心两个系统的设计不免也会相互交叉，两套制度共同渗透，共同为了企业集团及其成员企业目标的实现而进行系统设计，这样的设计体系不仅能够保证企业集团及其成员企业内部组织的员工有效无误地履行自身职能，也推进了信息的沟通与交流，提升了工作效率。

2. 有利于进行准确的风险评估。风险评估机制随着项目活动的进行需不断完善和补充，企业集团及其成员企业不仅需要密切关注内部经营风险和财务风险，对于外部存在的市场风险以及金融风险等也需要格外小心。在风险评估方面，各运营控制系统中经济项目产生的财务信息，能够反映本系统的经营状况和财务能力，对这些财务信息进行分析，有利于企业集团及其成员企业及时分析项目或产品的发展潜力，改进产品策略，多元化企业集团会采取优胜劣汰，舍弃盈利能力差的经营产品。运营控制对企业集团及其成员企业经营过程中所涉及的一切日常活动进行控制，着重考量产品和服务的质量、成本、时间3方面因素，为其他活动奠定基础。可见，作为风险控制的强有力保障，运营控制的水平直接影响着企业集团整体风险评估的可信性。

3. 有利于构建更全面的管理环境。运营环境是企业集团及其成员企业所有信息系统建立、调整、完善的基础，内部的规章制度、项目程序、运行流程是信息系统实行的参考标准，企业集团及其成员企业某项政策的实施、管理的侧重点以及经营活动的规范化通过信息系统可直观反映出来。可见，信息系统是企业集团及其成员企业运营控制的有力抓手，运营控制的管理可具体到经营活动的细节控制，包括实物采购、产品开发、商品营销等各个环节。结合财务人员通过财务软件、财务预警体系降低财务风险，企业集团及其成员企业通过建立内部控制，运行和落实内部控制制度降低全面风险，在侧重点不同的各种控制体系同步实施下，使风险控制的对象覆盖企业集团及其成员企业的所有活动，实现宏观与微观管理结合，为企业集团及其成员企业营造了一个更为全面的管理环境。

4. 有利于推动内部控制的有效运行。内部控制对于所有企业来说都至关重要，有效的内部控制监督制度，有助于提高企业集团及其成员企业财务风险管理的有效性，促使财务资源效用最大化，财务信息的安全化和精确化获得保障。而目前，我国大部分公司建设的内部控制往往更加关注事后监控，对应该更加重视的事前防范和事中控制重视程度不够。对企业集团范围内的全部经营活动进行全程监督和控制，可提高企业集团对事前和事中的内部控制，确保内部控制能够切实施行，为内部控制能与企业集团及其成员企业因内外环境的变化而产生的新情况和新问题实现同步调整提供保障，以免发生重大不可控风险。可见，运营控制是内部控制的重要组成部分，二者最终目标都是风险控制。

通过以上关于风险控制与运营控制融合对企业集团整体发展的作用的分析可以看出，企业集团及其成员企业加强风险控制和运营控制的融合，将对企业集团及其成员企业的信息交流、全面管理、风险评估和内部控制建设管理起到重要作用，不仅缩减了显性和隐性成本，而且限制了由于职能交叉或重复劳动而造成的资源浪费现象的发生。从企业发展上看，这更加符合现代化企业对价值创造和管理的根本追求。

二、风险控制与运营控制融合框架

随着企业外部环境变化，风险越趋多样和复杂，企业集团及其成员企业不得不采取合理可行的财务风险管理措施，将风险控制和运营控制融合。实际管理中，我国越来越多的企业集团为切实有效地防范和抵御财务风险，将运营控制融入风险控制架构，以运营控制为基础建设财务风险管理体系，或将财务风险控制融入企业集团及其成员企业运营控制架构，以防范财务风险为目标构建运营体系，在运营控制与风险控制的双重控制下，增加财务风险管理措施顺利实施的可能性。

（一）以运营控制为基础建设财务风险管理体系

财务风险管理的5个基本步骤分别是：设定风险管理目标、进行风险分析、建设风险预警机制、做出风险决策和处置风险，这是一个连续、循环且动态的风险控制过程。运营风险是财务风险的重要组成部分，因此要实现风险控制与运营控制的融合，就要将运营控制成本、运营风险预警、对经营活动项目的决策、对经营风险损失的处理方式等进行分析，将可能对运营控制执行的有效性造成影响的因素全部纳入考虑范围内，还需要明确运营控制在上述5个基本步骤中影响和辅助各个环节的要素。

1. 设定风险管理目标。财务风险管理是指，企业集团及其成员企业为实现总体财务目标而进行的一系列管理活动，包括制订成本最低且最有效的管理计划，在保证企业集团及其成员企业利益最优的同时，将风险成本控制在最低范围内。风险成本主要是指运行风险成本和其他与财务收支相关的风险成本，其主要由投资风险、融资风险、筹资风险、分红风险等构成。

2. 进行风险分析。进行风险分析时，需要进行识别风险、预估风险、评价风险 3 个步骤。由于运营风险是企业集团总体财务风险的重要组成部分，基于对运营风险程度的分析，可预估出企业集团面临的整体财务风险，但还需要用定性与定量结合的分析方法分析其他风险，才能使风险分析结果更深入、更准确。

3. 建设风险预警机制。企业集团及其成员企业要在运营层面建立运营风险预警机制，完善风险预警体系。同时，在企业集团层面建立财务风险预警机制，规定风险限额，当风险即将达到或即将突破风险限额时，预警机制能及时提醒经营者、投资者、债权人或其他利益相关者做好预防措施。在运营风险预警机制与整体财务风险预警机制双重监督下，企业集团整体风险发生的概率将大大降低。

4. 做出风险决策。风险评价结果是企业集团内各级管理层做出运营决策及其他项目决策的前提条件，通过风险管理操作技术组合进行升级，做出投入资金少且保险程度高的方案，实现风险管理整体目标。

5. 处置风险。处置风险是指通过分析、检查、修正、评价及估计风险管理的技术与成本，并设计出相应方案，进而对风险进行处置，将企业集团及其成员企业的风险的损失降至最低，削弱风险对于企业集团及其成员企业的冲击，并尽可能使成本投入最少。在事后控制环节，企业集团内各级管理层还需不断反省为何会产生风险，并进一步改进风险控制制度，强化企业集团及其成员企业对未来风险的抵御能力。财务风险管理程序框架如图 5-3 所示。

（二）以防范财务风险为目标建立运营体系

运营管理对于企业集团及其成员企业发展十分重要。企业集团及其成员企业要严格遵循“效率、质量、安全至上”的原则，不断完善

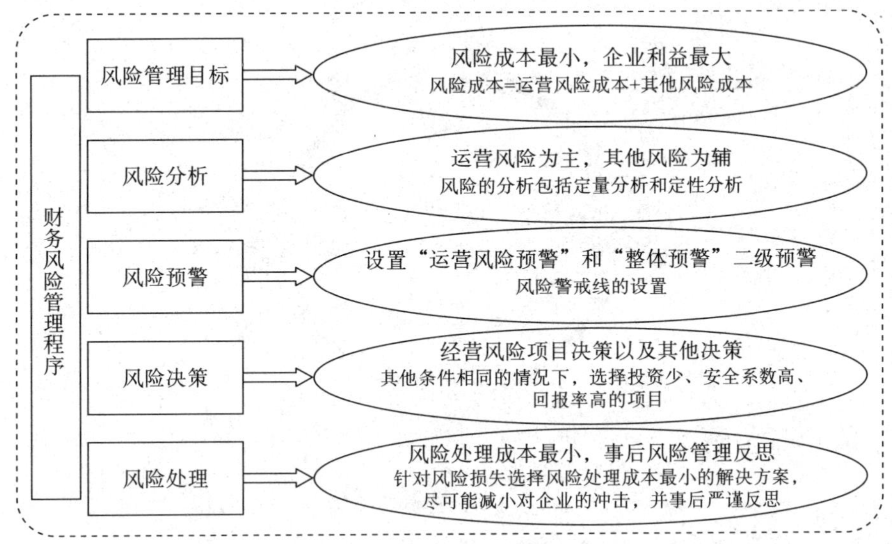

图 5－3　财务风险管理程序框架

经营体系，提高技术水平，严格要求内部控制，进而形成较好的经营体系，完善企业集团生产服务价值链的基本环节，为企业集团及其成员企业内外部竞争提供有力的竞争力。现代企业运营体系包括集约化运营体系、自动化运营支持保障体系、运营风险管控体系和标准化运营作用模式 4 个模块，如图 5－4 所示。以防范财务风险为目标建立运营体系，首先要将运营体系的目标之一设定为风险控制，再与风险回避、风险损失控制、风险转移和风险保留 4 种方法结合，将最初的 4 个模块改进为风险控制导向制运营体系。

1. 集约化运营体系。经调查发现，无论是跨国经营的企业集团，还是国内大型企业集团，集约化运营已成为现代化企业核心竞争力的重要组成部分，也已成为未来各行各业实现转型追随的方向。在风险控制导向下的企业集约化运营体系下，为了有效针对企业集团及其成员企业业务分散风险、人员胜任能力不足风险以及产品质量风险，努力构建“技术先进、风险可控、因地制宜、稳健高效”的集中授权管理体系，在企业集团及其成员企业中进行业务集中化和专业化处理的

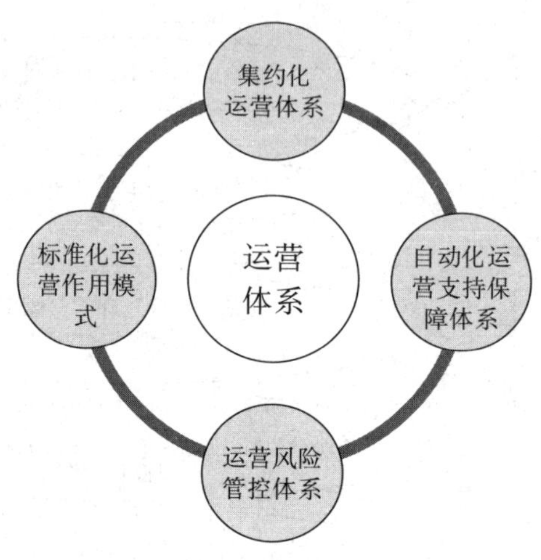

图 5－4　运营体系框架

改革，坚持构建高度集约化的后台作业体系，细化经营业务的事前防范、事中控制、事后监督等各项控制措施，并使其不断完善，不断对项目业务模式进行创新，加强业务集中化处理程度，集中监督、控制经营业务操作过程中产生的风险。

2. 自动化操作支持系统。为了实现客户服务的能力和生产效率的提升，企业集团及其成员企业应依据自身实际情况设置适合的自动化运营支持系统，并努力实现流程建模与需求分析的同步开发。构建合理、高效、严谨的业务流程是后台集中处理和优化运营模式的前提，也是现代企业运营体系的核心竞争力。企业集团及其成员企业必须始终坚持以业务流程和处理系统的优化为主线，简化业务处理环节，不断实现业务流程的标准化和模块化，以实现风险控制的目标。此外，为了降低人为主观操纵等欺诈的风险，操作过程也应该包括在自动化系统的程序中。

3. 运营风险管控体系。企业集团及其成员企业发展的基本要求是安全运营，运营风险管控体系是风险控制最基础的体系。企业集团及其成员企业应不断加强事前风险控制，建立风险预警体系，编制风险控制制度，根据企业集团内外部风险暴露的最新特点，及时深入分析各种经营风险，积极管理风险，对风险进行动态预警。此外，企业集团及其成员企业还应不断创新生产经营风险控制模式，构建一个全面、科学、可操作性强、合理的运行管理评价指标体系，逐渐形成以集中场外核查为主，现场分散核查为辅的工作模式，由业务风险监控的三维组合和强大的力量组成，进一步提高企业集团及其成员企业运行质量和风险管理水平。

4. 严密内控运营体系。现代企业运营体系的3个主要特征为运营作业的标准化、规范化和程序化。企业集团及其成员企业应始终遵循的第一条原则是“法规制度和操作标准”，并采取多种策略，如质量控制、风险管理和绩效评估，完备相关的业务管理方法、产品操作系统和培训材料，以保证操作系统持续、规范、高效运行。另外，企业集团及其成员企业应加快科研、管理和运营管理的团队建设，努力打造适应大型企业集团需求的运营管理精英团队。

三、风险控制与运营控制融合过程中需注意的关键因素

企业集团及其成员企业风险控制与运营控制的融合需不断认识、把握、实施、反馈，才能高效控制财务风险，以下分别介绍风险控制与运营控制融合过程中需注意的关键因素，以确保风险控制与运营控制融合适应时代发展。

（一）“风险控制—运营控制”的循环工作思维模式

在企业管理实践过程中，风险控制和运营控制工作都是从控制风险出发并回到控制风险的。不同的是风险管理更侧重于对企业集团及其成员企业未来战略的方向及政策的确定，而运营控制更侧重于实际落实方面，即确定风险控制的手段或措施。风险控制与运营控制的重要性排序随着企业集团内管理层级的不同而不同。企业集团应以总体

战略目标为核心，依据具体经营的目标，具体分析、评价、预估可能会导致目标实现不了的风险事项，并依据风险可能发生的概率及导致的后果，制定适合企业集团及其成员企业发展的战略，此时风险管理就比运营控制更加重要。在具体业务流程管理层面，管理者必须将风险控制与运营控制结合，识别并评估业务处理流程各环节中可能发生的风险事项，并根据运营控制的要求制定风险应对策略，此时运营控制的重要性则优于风险控制的重要性。

风险管理从识别风险起步，在评价风险、预估风险的可容忍度之后，最终制定风险管理策略。在遵循企业集团及其成员企业规章制度和内部控制的规范要求的基础上，运营控制以业务处理流程中识别的关键环节为起点，进而针对不同的运营阶段制定相应的控制手段，并依据选定时间段，对各项业务流程运营体系设计的合理性与运行的有效性进行评估。在实际风险管理过程中，二者的工作模式构成了“风险控制—运营控制”的循环模式。企业集团及其成员企业在这种思维模式的引导下，实现了风险管理和内部控制融合的有机循环，为集团内各级管理层做出科学决策提供依据，可以进一步提高管理水平，完成企业集团及其成员企业实现风险管理从战略制定到实际落实的管理活动。

（二）将风险控制与运营控制融入企业集团日常管理流程

风险控制和运营控制不是独立的或附加的活动，如检查和评估等，不是一个静态的事物，如机构文件、技术模型等，而是一个不断变化的过程。因此，风险控制和运营控制应整合到企业集团及其成员企业的日常管理过程中，形成日常经营管理机制，如必要的激励与监督机制、完善信息沟通渠道与解释制度等。在日常的管理工作中，企业集团及其成员企业应重视培养员工良好的责任感，使不同岗位上的员工对企业文化和经营模式产生认同感，这样将财务预算的整个目标分散到各部门或者个体时，各部门或各个员工会为达到绩效评定标准尽职效力，实现有计划、高标准的工作效率。企业管理层要重视与企业集团内外部之间进行有效的沟通交流，确保相关者的利益，进而提高日常管理效率。同时，因风险控制和运营控制随着计算机的发展系统化、软件化，各部门之间的信息交流传递很大程度上借助于信息系统，因此信息沟通始终是企业集团及其成员企业不同发展时期管理的重要部分。

企业集团及其成员企业风险控制与运营控制融合不合理时，会产生很多问题，如管理混乱、治理结构不完善、产权不明确等。故企业集团及其成员企业在将风险控制与运营控制相融合时，应对风险控制和运营控制融合时须注意的关键因素予以充分考虑，并对其进行持续改善。企业集团及其成员企业在不同的发展阶段，工作重点也不同，因此需要及时制定适合的策略并不断改进，使企业集团及其成员企业管理水平达到最优，促进其健康、稳定、持续发展。

简而言之，将运营控制与风险控制相结合，可以提高企业集团及其成员企业的运营效率和经营效益。另外，有益于增强企业集团及其成员企业风险识别的敏感性，促进运营控制业务的监控和改进，提高事前预警和事中预防的运用。

第四节　财务风险预警信息在具体项目中应用的机制设计

一、财务风险预警信息概述

（一）财务风险预警信息的概念

预警信息是指，某一主体为了最大限度预防和减少突发事件发生及其造成的危害，向相关者公开发布的及时、准确、客观、全面的突发事件有关的预警消息，包括已发生或可能发生、造成或可能造成主体目标无法如期实现的行为、项目等信息。风险预警信息是指，与风险预警对象和范围相关的体现风险程度的信息，以及监测、调查、监督管理信息。相应地，财务风险预警信息指，财务预警组织机构通过收集所有可能引起财务风险发生的信息，包括财务信息和非财务信息，将其带入财务预警模型进行定量和定性分析，所得出的财务风险预警报告中能反映主体财务风险大小程度的相关信息，包括财务业务流程的规范性、财务活动管理的合理性、经济业务事项选择的正确性等。本章主要研究企业集团财务风险的相关内容。

（二）财务风险预警信息的作用

企业集团财务风险预警信息具有 5 项作用：及时发送警报信号、潜在风险预测、风险程度判断、财务危机控制、避免类似财务危机再次发生。其中，前 3 项是财务风险预警信息的基本作用，后两项功能则由其衍生而来。

1. 及时发送警报信号。搜集与企业经营有关的信息，如政治、经济、产业政策、金融、市场状况、竞争状况、供求信息、消费者等，是财务预警组织机构的主要职责所在。预警模型集中分析处理影响企业经营和发展的重大外部环境信息和企业内部信息，包括各类财务和生产经营状况信息，整理、分析和比较这些有用信息，最后发出预警。信息的充分性和预警的合理性能够保证发现正确的预警信息，及时为企业集团内各级管理层和相关者发送警报信号，便于尽早采取应对措施。

2. 潜在风险预测。对风险预先做出警报和防范是财务风险预警信息的基本功能，财务预警机制的首要目标是深入企业集团及其成员企业内部，参照预设的目标、计划、标准，对比企业集团及其成员企业的生产经营过程，进而用对比结果对其运营状况进行评估，同时对其进行核算、考核，找出存在的偏差、导致偏差产生的因素以及企业集团及其成员企业在运营过程中存在的各种问题。风险预警信息的预测作用包括事前预测和事后预测。事前预测旨在危险事件发生之前，风险预警机制就能够预测到威胁企业集团及其成员企业发展的先兆信息，反映其经营中暴露出来的问题，它可以给经营者和投资者提出预警，提醒管理者采取对策，处理风险因素，从而降低损失，防患于未然；事后预测旨在事件发生后能够预测危险事件的发展趋势以及可能带来的不利影响。

3. 风险程度判断。通过对财务风险预警信息进行分析，能够判断事件的危险程度。财务预警组织机构人员运用现代企业管理技术、诊断技术对比分析跟踪、监测的结果，判断企业集团财务风险状况，对存在的问题发出相应的警报。这样能督促管理者及早了解企业集团及其成员企业财务状况恶化的原因，使经营者能够掌握风险控制的主动权，合理进行企业集团及其成员企业的资源配置，制定相关有效措施，防止企业集团及其成员企业财务状况恶化。

4. 财务危机控制。当企业集团及其成员企业出现财务危机时，财务预警系统密切跟踪危机的进展，财务预警组织机构人员迅速查找导致该危机财务预警信息出现的相关资料，寻找导致财务状况恶化的原因，判断影响财务风险的“病根”，同时“对症下药”，对财务管理过程中存在的不足之处进行弥补，采取有效方案，阻止事件进一步恶化，使经营者有的放矢。

5. 防范类似财务危机再次发生。通过对财务预警报告进行细致分析并将财务危机的产生缘由、解决程序、处理方案，以及反馈与修改意见在分析报告中详细记录，不断总结和积累经验。同时，横向借鉴同行业的经验教训，对企业集团及其成员企业以往财务管理及经营管理中存在的缺陷提出改进建议，可在一定程度上提高企业集团及其成员企业财务预警能力，巩固其对财务危机的免疫能力。

二、财务风险预警信息在筹资项目中应用的机制设计

在市场经济条件下，一切生产经营活动的起点都是筹资活动，而现代企业主要是在资本市场上进行筹资的。然而，企业集团及其成员企业在通过资本市场筹集资金时，导致原有的资本结构失衡，会产生筹资风险。同时，不当的管理方法也会给所筹集资金的使用情况带来很大的不确定性。企业集团及其成员企业常通过两种方式筹集资金：一是通过增资扩股、税后利润分配的再投资等所有权筹资；二是外部筹资。从所有者投资的角度来看，风险相对较小，没有还款期限，无须还本付息，可自由支配；从借入资金者的角度分析，企业集团及其成员企业借入资金会使财务杠杆率上升，由于借入资金实行负债式经营，在收益不确定性的情况下企业集团及其成员企业可能会丧失偿债能力。对风险进行量化管理是规避筹资风险的有效手段之一，“心中有数”是企业集团及其成员企业在筹资决策时需要做到的，如此便可以正确地评价企业集团及其成员企业的决策是否有规避和利用风险的作用。

企业集团及其成员企业筹资项目的风险预警信息是指，通过计算风险预警指标体系中筹资风险预警指标，包括筹资方式所占比重、产权比率、权益乘数、逾期付款率、资本成本率、财务费用水平、权益资本利润率、融资增长率、应收账款和应付账款匹配率、财务费用增长率、利息支付率和留存收益增长率等，根据筹资风险指标数值落入筹资风险预警控制区域的范围，衡量企业集团及其成员企业筹资风险的程度。风险预警信息在企业集团及其成员企业筹资项目中的具体应用为：

（一）确定筹资风险的预警控制所属区域

企业集团及其成员企业筹资风险经过量化后，如果指标数值落入

预警控制区域中，就表示企业集团及其成员企业可以利用筹资风险获取超值收益，企业集团及其成员企业管理层可以驾驭筹资风险，存在的筹资风险是在管理层的可控范围之内的；若筹资风险指标数值落入企业集团及其成员企业预警控制区域外，说明企业集团及其成员企业会发生筹资危机，此时需采取危机处理程序，尽可能使危机处理成本降到最低。但是，有多种因素影响企业集团及其成员企业的筹资风险，其中许多因素是无法量化的，然而这些无法量化的因素会对决策者的决策产生非常重要的影响。因此，在考虑筹资风险是否超出预警控制范围时，非量化因素指标也是一个必须考虑的指标，最终确定的预警控制区域必须在量化和非量化的双重指标的影响下确定。

（二）采取筹资风险防范措施

根据筹资风险预警信息，对已经存在中度以上风险程度的筹资项目，企业集团及其成员企业应及时、全面整顿筹资和财务管理工作，找出关键问题所在，制定有效的筹资顺序，采取放弃该种筹资方式、转换筹资方式、改进管理和追踪方法等途径走出险境；对无风险和安全风险的筹资项目采取预防措施，进一步加强筹资项目管理，完善筹资预警机制，如图 5－5 所示。

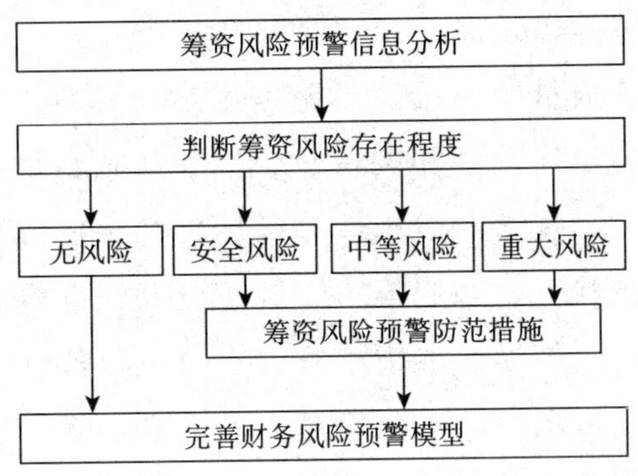

图 5－5　筹资风险预警信息的应用

三、财务风险预警信息在投资项目中应用的机制设计

企业集团在进行投资风险决策时，所需要遵循的重要原则是将“敢于投资”和“避免盲目乐观”有机结合。既要敢投资以获取超额利润，又要防止激进投资，在尽量降低或避免投资风险的同时追求盈利能力、风险和稳健性的最佳组合，或者作为回报和风险之间的平衡器。投资项目风险有3种情况：投资项目无法如愿进行，无法带来收益；投产了但无法获得预期利润，甚至可能造成企业集团及其成员企业亏损，给企业集团及其成员企业的整体收益带来了负面影响；虽没有给企业集团及其成员企业带来直接的损失，但由于盈利水平较低，甚至低于银行同期存款利率，或者利润率虽高于同期银行存款利率，但没有达到公司的平均资金利用率水平，从而间接导致隐形亏损。投资者通常都反感风险的存在，因此投资报酬率超过资金时间价值是投资者的基本要求，并以此作为承担投资风险所能获得的报酬。企业集团及其成员企业在资本市场筹集资金之后，主要会将资金投资于3类项目：一是生产项目；二是证券市场；三是分子公司。只有准确地度量和评估投资项目的风险，才能保障投资各方利益。投资项目主要受6个风险来源的影响，包括管理风险、资本风险、市场风险、技术风险、社会和政策风险以及退出和暂停风险。

企业集团及其成员企业投资预警信息是指，通过财务预警模型测算的反映其投资项目风险的相关信息，例如从项目的成熟性、替代技术、技术生命周期、技术的适用性等指标判断出的投资技术风险；从项目操作方的财务状况、融资能力、资金流动情况等指标判断出的投资资金风险；从市场规模、市场竞争力以及项目操作方的销售能力等指标判断出的投资市场风险；从管理者的背景、素质、经验及各方面能力等指标判断出的投资管理风险；从国家产业政策、地方政府政策以及政治经济环境等指标判断出的投资社会与政策风险；从投资回收

期、项目移交和清算、资本的退出方式等指标判断出的投资退出或中止风险。如图 5－6 所示，风险预警信息在企业集团及其成员企业投资项目中的具体应用为：

（一）低度以及轻度投资风险预警应用

当企业集团及其成员企业面临低投资风险时，由于没有明显的风险，只需进行持续监控。当企业集团及其成员企业面临轻度风险时，应考虑避免投资风险，此时无须刻意处理风险，只需确定风险来源并防止风险演变为中度或高风险。对于轻度风险的预警过程，重点应放在风险指标的实时监控上，高度重视，以尽可能防止风险扩大。

（二）中度投资风险预警应用

当出现中度投资风险时，开始影响到企业集团及其成员企业的投资活动，应该要采取相应措施转移和控制风险。一方面，企业集团及其成员企业仍然可以接受中度投资风险造成的损失，其无须采取高度警惕，但其需要加强监测工作，进行风险反馈，了解风险来源，防止风险恶化；另一方面，预警执行部门开始转移风险并将风险情况报告给企业集团及其成员企业的决策层。了解具体情况后，决策层在高级管理层发布风险转移指令，并采取警示监控，可以根据决策层的指令对风险做出反应，努力实现风险转移，防止风险损失。

（三）高度投资风险和重度投资风险预警应用

当预警信号为高度投资风险和重度投资风险时，损失控制是当务之急。首先，通过风险评估了解风险来源，风险扩散的相关指标越大，企业集团及其成员企业所面临的风险也随之变大。其次，董事会和风险控制委员会等决策机构应该迅速对相关风险进行反应，制订风险应急计划，并合理分配至各部门。预警执行部门，例如投资事业部、法律事务部、财务部和战略部等，需要严格遵从上级指示，建立责任小组，及时采取损失控制相关措施，防止风险加剧。在此期间，预警监督层（风险审计部门、风险监管部门）应持续监控执行层的风险控制活动，及时将所有问题反馈给决策层。最后，评估风险预警机制的效果，并进行合理的绩效考评。效果评估是通过具体的损失评价预警是否达到了预期的效果。风险预警考核评价是对参与人员进行的考核，将员工薪酬与预警效果相联系，对在预警工作中表现优异的部门和员工进行奖励。

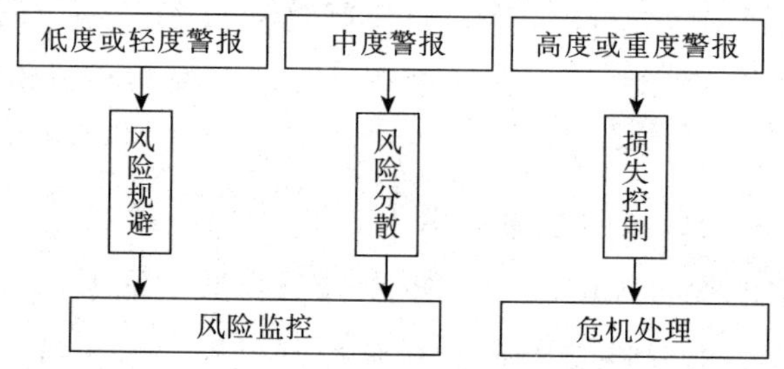

图 5－6 投资风险预警信息的应用

四、财务风险预警信息在营运项目中应用的机制设计

企业集团及其成员企业的经营活动在购置、生产、经营和其他管理活动方面得以体现。通过对企业集团及其成员企业经营活动周期的分析可以发现，生产经营活动部分用于原材料的购买，部分劳动力成本转化为生产成本和费用，部分用于购买固定资产，并以折旧成本和费用的形式体现。企业集团及其成员企业开展的任何活动都会影响顾客满意度，因此所有业务活动都应围绕顾客展开。营销是企业集团及其成员企业实现盈利目标的重要方式，而财务为营销提供准备材料。因此，企业集团及其成员企业应从资本的角度出发，运用预警系统对增值业务流程进行全面跟踪、反映、监督和评估。

（一）采购项目的风险预警

加强采购和供应管理、提高资金的使用效率是企业集团及其成员企业正常经营活动有效进行的保证。对于企业集团及其成员企业的采购和供应业务流程来说，最关键的环节是采购计划的制订、与供应商签订合同、将采购来的物品放入仓库保管、按照出库单出库、付款以及定期的盘点工作。可以建立和完善与采购及供应有关的财务预警系统对策，并将上述关键环节与企业集团及其成员企业的实际状况相结合，融入财务预警系统对策中。运用的主要预警指标为差价率、交割时间差、采购计划变更率、主要原材料库存差异率、逾期付款率、应付账款周转率等。

（二）生产项目的风险预警

了解客户需求，开发出能满足客户需求的产品，按需开展生产活动是提高顾客满意度的重要途径。企业集团及其成员企业新产品开发是营销与生产的中间环节，统称为生产活动。市场风险和技术风险是新产品开发过程中的两大主要风险，资本的计划及其实施则是新产品开发可能存在的财务风险。在标准化、自动化和电子化不断普及的过程中，减少了许多生产过程中不可控制的因素，也在很大程度上降低了产品的制造成本。在财务方面，由于影响生产环节的因素较少，企业集团及其成员企业可以根据自身实际情况为车间和总厂各自编制两套财务预警方案。预警方案中主要预警指标包括单位主要原材料消费差异率、单位变量制造费用差异率、单位劳动力差异率和生产责任事故损失率。另外，由于价格上存在的风险通常不归因于生产，因此要尽量使用定量指标进行分析。

（三）营销项目的风险预警

销售业务的一般流程，可分为销售计划管理、销售合同管理、回款管理、消费者投诉管理、销售费用管理和销售税费管理。对每个关键环节可能存在的问题进行详尽分析，设置销售增长率、销售利润率、消费者投诉率、月计划完工水平、合同违约比率、销售费用增长率与销售收入增长率之比、税金与销售收入比率、票据转账错误率、应收账款周转率、关键客户汇款率、逾期应收账款回款率等预警指标。针对以上的警示指标，标明价值与警告程度之间的联动性因素，并相应地说明各种警示情况的应对措施。

（四）工程和固定资产项目的风险预警

企业集团及其成员企业在建立工程项目和固定资产的财务预警体系时，要充分考虑到固定资产财务预警系统特殊性。项目论证、保证稳定的现金流以及保证资产的更新和使用是该预警系统需要重点解决的问题。重要固定资产的维持成本增长率、固定资产闲置率、固定资产与长期资产比率、资本需求变动率、资本到达率、固定资产置换率、固定资产周转率以及固定资产与流动资产的比例是主要的预警指标。

（五）基础管理项目的风险预警

企业集团及其成员企业为了对管理活动进行有效管理设置了相关财务预警体系，从结构和趋势两方面进行分析，对比同行业数据，重点监管异常项目，严格考核并进行费用预算控制。

（六）风险预警信息在营运项目中的具体应用

风险预警信息的应用除上述按项目进行分析外，还可根据预警信息对财务风险的潜藏时期进行判断。一般情况下，企业集团及其成员企业的营运风险预警信号分为早期营运风险信号、中期营运风险信号和晚期营运风险信号。对于早期的营运风险信号，分子公司财务部应尽快以书面形式向集团财务部正式报告，报告中应说明出现营运危机信号的原因、计划采取的措施等；对于中期的营运风险信号，分子公司财务部应及时向集团财务部汇报，并在短期内形成书面报告，分析出现中期营运危机的历史演变过程和原因、计划采取的措施和消除财务危机的责任人等，该报告同时抄报送至所属单位总经理、集团总裁和集团董事长；对于晚期的营运风险信号，分子公司财务部除立即以口头形式报告集团财务部、总裁和董事长外，还应要求所属单位总经理立即采取消除危机的措施，并重新审视预算编制依据、实际经营业绩与预算偏离的原因，同时将财务重新审视预算及预算执行情况的分析报告、总经理针对营运危机拟采取措施的会议纪要或者备忘录等，及时以书面形式向集团财务部报告，同时抄报送至集团总裁和集团董事长。

第五节　财务风险控制与其他风险控制体系的协调

除财务风险外，企业集团在生产经营过程中还会面临多种其他风险，包括战略风险、法律风险、税务风险、合同风险等。如前所述，财务风险控制体系是一个动态系统，具有自组织功能。因此，构建并维护财务风险控制体系的过程也是实行财务风险管理基本流程的过程。财务风险控制的基本流程既适用于对企业集团及其成员企业财务层面的风险管理，也适用于对企业集团及其成员企业内某一项业务或某一环节的风险控制，即财务风险控制可以与企业集团及其成员企业各项风险控制措施有效融合，支持业务的顺利开展。因此，探索发挥财务风险与战略风险、法律风险、税务风险、合同风险的协调机制和多风险协调作用，是理顺企业集团风险管理体制、优化财务风险控制机制和提升财务风险控制成效的有效途径。

一、财务风险控制与战略风险控制的协调

（一）战略风险的控制

战略风险是指影响整个企业集团的发展方向、企业文化、生存能力和效益的不确定因素。企业集团战略风险控制是一个动态的管理过程，从战略的分析和制定、选择和评估以及实施和控制等几方面着手，有效识别、评估和监控风险，对风险造成的损失进行预防和处理，降低经营成本，获得控制风险的最大保障。根据企业集团及其成员企业内部控制标准的要求，战略风险管理措施包括：

1. 企业集团要完善有关战略管理的组织结构，设立战略委员会，在董事会的主导下要求战略委员会按照相关工作标准进行工作。

2. 在制定目标的过程中，宏观经济政策、市场需求变化、技术发展趋势、行业和竞争对手的现状、可用资源水平及其自身优势和劣势等是战略委员会应考虑的因素。战略委员会应该通过充分研究、科学预测和广泛协商，并在此基础上制定企业集团及其成员企业的发展目标。

3. 企业集团应明确企业的发展目标并以此确定战略规划，明确发展阶段和程度、任务和实施路径。

4. 集团董事会负责对战略委员会提交的战略发展计划进行严格的审查，审查合格后提交股东大会予以批准实施。

5. 发展战略制定后，企业集团相应制订年度工作计划，编制全面预算，将年度目标合理分解并实施，保证发展战略能得到充分落实。

6. 建立评估体系是实施发展战略的必经之路，战略委员会应定期对发展战略的实施进行监测，加强相关信息的收集和分析，按照规定调整权限和程序，并在发展战略明显偏离的情况下及时提出并做出调整。

（二）财务风险控制与战略风险控制的协调

战略风险控制是实现企业集团及其成员企业对自身经营状况和财务状况正确评估的有效办法，解决企业集团及其成员企业发展应维持在什么速度、目标应定为什么阶段、业务应向哪一板块扩张和应重点重视什么业务等问题，是企业集团及其成员企业资金流向的重要参考。具体运营中，企业集团及其成员企业实施战略风险控制可帮助企业集团及其成员企业平衡多元化业务关系，避免出现产业“空心化”情况，尽可能地防范企业集团及其成员企业财务风险的产生及进一步扩散。可见，战略风险控制为企业集团及其成员企业财务风险控制奠定宏观方向，企业集团及其成员企业重要的财务决策也总会涉及全局战略，因此两者的协调可解决企业集团及其成员企业涉及财务性质战略的制定，解决资金的使用和管理战略问题，解决财务领域全局的、长期的发展方向问题，对提高企业集团及其成员企业财务风险控制的能力、水平和效果具有重要支持作用。财务风险管理是企业集团及其成员企业战略管理的一个重要组成部分，而战略风险控制是财务风险控制的指引。

二、财务风险控制与法律风险控制的协调

（一）法律风险的控制

企业集团及其成员企业法律风险是指，在经营或运营过程中，由于企业集团及其成员企业外部法律环境的变化，对其造成负面影响的可能性，或者其未能依法履行权利和义务的各种事项。法律风险控制涉及企业集团运营和管理的许多方面。具体而言，企业集团应执行以下操作：

1. 关注涉及企业经营的国内和其他国家或地区的政策变化和司法环境。

2. 研究关于企业集团及其成员企业法律风险管理的大量案例，除了关注通过对法律风险的有效识别、评估和预防，从而实现重大利益的案例，还要关注由于忽视法律风险而给企业集团及其成员企业造成重大损失的案例。

3. 企业集团应该加强对法律合同谈判、签约、履行、审批、管理和争议解决等方面的管理，保证实现合同的预期目标和合同正常履行，并利用法律优势解决合同的争议问题，使合同风险降到最低。

4. 注重知识产权风险，了解自身和竞争对手的知识产权情况，了解有关知识产权的相关法律政策。同时，应建立企业集团及其成员企业侵犯知识产权的侵权调查和法律调查机制。

5. 对风险管理部门及有关人员进行审查，实现规范化管理和有效授权，对员工进行有关法律知识的培训和考核，在员工的绩效考核中加入法律风险控制能力这一指标。

（二）财务风险控制与法律风险控制的协调

法律风险是影响企业集团及其成员企业财务风险的重要风险，科学有效地评价和规避各种法律风险是企业集团及其成员企业财务人员重要的日常工作之一。因法律风险的产生有主观故意为之、他人被迫触犯、无意过失 3 种方式，所以企业集团及其成员企业在财务风险控制过程中要注意上述 3 种途径造成的财务损失。一方面，要重视培养财务人员的法律意识，强化领导人员的法律素养，使财务人员树立坚定的思想防线抵抗各种诱惑，减少因自身私欲膨胀而铤而走险等各类违规操作现象，减少企业集团及其成员企业领导强迫财务人员做假账、坏账等行为；另一方面，财务人员在应对一些日常琐事时，应提高警惕，严格按照工作标准和操作流程执行，减少因惯性导致的无意过失。因企业集团及其成员企业法律风险具有全局性，其产生原因和影响范围贯穿于企业集团及其成员企业日常运营的整个过程，并受到来自各方因素的制约和影响。在法律风险控制和财务风险控制协调作用的基础上，要积极调动企业集团及其成员企业全体员工，而不仅只针对财务人员和领导人员。另外，还要全面分析和评估企业集团及其成员企业潜在的风险和问题，有针对性地构建和完善法律风险预警体系来提高企业集团及其成员企业抵抗风险的总体能力。企业集团及其成员企业法律风险的控制不仅可以避免分子公司违反谨慎经营原则，而且还能减少对客户合法权益的侵害，降低受监管部门处罚的可能性，包括责令停业、停止开办新业务和缴纳罚款的可能性，为企业集团财务稳健经营奠定一定的基础。

三、财务风险控制与税务风险控制的协调

（一）税务风险的控制

由税收行为所产生的风险被称为企业集团及其成员企业的税务风险，主要由两个方面构成：第一，企业集团及其成员企业违反了税收法律的相关规定，本应该缴税却未缴或少缴，因此需要补缴税款甚至缴纳滞纳金和罚款，造成声誉损害等风险。第二，适用于企业集团及其成员企业经营的税法不准确，相关的税收政策没有得到充分有效地利用。为此，企业集团及其成员企业缴纳更多税款甚至承担了不必要的税负。企业集团应正确识别、评估、预防和控制现有的税务风险，以尽可能地防范和避免这些风险。为避免可能的法律制裁、经济损失、声誉损害和未遵循税法造成的不必要的税负，企业集团应在税务风险管理过程中防范以下几个方面的风险：

1. 企业集团应结合自身特点和内部税务风险管理要求，在总部或部门设立税务岗位，建立税务管理岗位责任制，形成有效的职责制衡机制，明确各岗位责任和权限，努力实现企业集团及其成员企业税务管理工作的相互分离、相互监督、相互制约。

2. 重点管理企业集团及其成员企业所得税和流转税风险，降低管

理成本，实现协同效应。企业集团财务管理部门应针对重大税务风险涉及的管理职责和业务流程的各个环节，进行全过程控制，建立税收风险管理体系，管理日常经营活动中的税务风险。

3. 企业集团各级税务管理部门，一方面，应系统、全面、持续地收集适用于该行业的税收法律法规，并做到不断更新，建立税务法规相关的数据信息系统，确保企业集团及其成员企业财务会计信息与法律法规同步变化；另一方面，应及时发现企业集团及其成员企业的业务活动和业务流程中的税务风险，并在业务发生前控制风险。

4. 企业集团税务风险管理部门应当关注重大问题，并对税务风险进行监督和监控，而不是仅在事前分析、识别和预防风险。重大问题主要包括企业集团及其成员企业的战略规划、重要经营决策、重要业务活动等；主要业务决策包括重大并购或重组、重大对外投资、签订重要合同或协议以及经营模式的变化。

（二）财务风险控制与税务风险控制的协调

企业集团及其成员企业的各项财务活动均会涉及相应的会计核算，而会计核算的结果又会导致税务核算，会计核算和税务核算都有一定的法律标准和准则制度，但对于同一经济业务的核算和反映，从税法和会计准则上考虑会有所不同。从税法的角度上看，需要对这种差异进行纳税调整。企业集团及其成员企业在进行纳税调整的过程中，出于“少交税”的原则，会做出与税法相悖的行为，从而引发税务风险。将财务风险控制和税务风险控制二者协调统一，所达成的会计凭证和税务凭证统一是减少企业集团及其成员企业发生不符合税收法律法规行为的强有力措施。会计凭证是根据财政部颁布的各种会计政策和财务制度进行财务会计登记的依据。税务凭证是一种税收凭证，根据国家税务总局制定的税法和税收政策规定完成纳税义务的证明。企业集团及其成员企业发生的相关经济事项通过会计凭证和税务凭证的相互印证、相互联系和相互支持，保证“两证”在数据上始终保持一致，可减少企业集团及其成员企业未纳税、少纳税、多纳税的风险。

四、财务风险控制与合同风险控制的协调

（一）合同风险的控制

由于不可归责于合同双方当事人的事由所带来的非正常损失称为合同风险。企业集团及其成员企业的合同风险控制主要包括合同签订前风险控制、合同执行中风险控制和合同补救事项的风险控制。

1. 在合同签订前，风险防范主要是针对识别、分析和评估风险，并在此基础上提出风险防范管理措施和对策。企业集团需要调查市场信息，了解政策和法规，熟悉自己的基本情况，在决定重大事项或签订重要合同之前摸清对方的“底细”，以便做出正确的决策。

2. 在合同执行中，进行控制的主要依据是具体实施方案和合同协议，通过认真落实风险防控措施和方法，根据具体执行情况对监测的风险变化进行及时管控，从而调整预防和控制风险的策略和方法，以确保实现预防和控制风险的目标。

3. 合同补救事项的风险控制是指，企业集团应认真识别和分析风险成因，总结风险发生的教训，提出对策和整改措施。另外，要根据实际情况和合同管理制度，对相关责任人追究相应的经济责任。

（二）财务风险控制与合同风险控制的协调

财务风险控制与合同风险控制二者的协调可使财务部门对经济合同的签订、执行与结算过程严格监管，提高了财务人员对经济业务性质的了解，以及对合同执行情况的掌握，使经济信息传递准确、及时。另外，二者的协调可达到“三价（合同价、发票价和结算价）统一”的状态，企业集团及其成员企业开展经济活动时，票据和合同要一致，同时票据流、现金流和物流也要保持一致。根据合法的合同或价格协

议上填写的金额和发票上的结算价格必须相等的原则，可以避免一些财务风险的发生。如，合同与企业集团及其成员企业的账务处理应匹配，否则可能发生会计欺诈或者记错账户的风险；合同与企业集团及其成员企业的税务处理应匹配，否则可能发生多缴税或者少缴税的风险；合同与企业集团及其成员企业发出的发票相匹配，否则可能发生开假票或者虚开发票的风险。

五、财务风险控制与其他风险控制体系协调的作用

财务风险控制与其他风险控制体系的协调，可实现企业集团及其成员企业的全面风险控制。在全面风险控制下，企业集团及其成员企业要在管理各个环节和经营过程中以总体经营目标为中心，实施风险管理的基本流程，进而构建全面风险管理体系，为使企业集团及其成员企业风险维持在较低水平提供合理的过程和方法。

（一）降低财务风险发生概率，提高财务风险抵抗能力

企业集团及其成员企业的财务风险覆盖着整个企业集团的各个层面，从筹资到营运方面都存在着风险。但只要企业集团及其成员企业针对战略规划、产品研发、投资、融资、市场运营、财务结算、内部审计、法律事务、人力资源、物资采购等各个环节，建立和完善风险管理的基本流程，实现各项风险控制协调配合，严格执行各种手续、制度、流程、审批程序、检查监督等规定，建立完善的内部控制体系，就可有效地控制企业集团及其成员企业在采购、验收、保管、领用、销售等活动中的风险的发生，防止会计信息资料的正确性和可靠性出现偏差，纠正日常经营失误和弊端。对风险防范意识比较薄弱的公司，实现全面风险控制可保证生产和经管活动顺利进行，有利于加强对企业集团及其成员企业财务风险的控制，防范各种财务风险的产生，提高企业集团及其成员企业财务风险抵抗能力。

（二）完善内部控制建设，提高风险控制水平

企业集团及其成员企业风险管理与内部控制密不可分。内部控制旨在降低企业集团及其成员企业风险，故各种风险控制体系间的统一协调为企业集团及其成员企业构建完善的内部控制体系奠定了基础，是设定公司治理和经营管理的基本制度的重要依据。一套有着良好的内部环境、科学的风险评估方法、得当的控制措施、迅捷便利的信息沟通、有效监督制约的内部控制框架可使财务信息和其他管理信息的质量进一步提高，使企业集团及其成员企业资源和信息管理利用的安全性和有效性得到保障。另外，在企业集团及其成员企业的日常运营中，每项业务都有一定的风险，无论是新业务的推出还是现有业务的改进，单个部门业务的任何变化都将导致相关业务流程的变化。为了保证企业集团及其成员企业能够在瞬息万变的市场竞争中进行有效的管理和运营，其决策者必须及时掌握各种相关信息，根据业务变动不断修改和完善经营方针、政策、制度，以确保决策的正确性。例如，企业集团及其成员企业的资产负债表结构发生变化，其对有关资产负债表的编制和披露等相关风险管理的策略和程序就应随之进行调整。可见，全面风险控制可避免传统的、单一的风险管理模式的狭隘控制问题。所以，实现全面风险管理有利于从整体上提高企业集团及其成员企业的风险控制水平和能力。

（三）保证会计信息质量，为内外部审计工作提供良好基础与依据

审计报告的出具建立在被审企业集团及其成员企业会计信息真实完整的基础之上，企业集团及其成员企业的内外部审计是为了证明其会计信息的真实可靠。若审计师检查发现的错误、揭露的弊端问题较多，说明企业集团及其成员企业在形成会计信息的过程中存在问题，内部控制不足。但是在全面风险控制下，资料的真实完整性为审计工

作提供了良好的前提和基础，健全的内部控制制度为会计信息的准确性提供了保障，增加了审计师出具肯定意见的可能性。可见，全面风险控制可促使全体员工贯彻和执行既定的方针、政策和制度，提高企业集团及其成员企业生产经营管理效率，降低企业集团及其成员企业成本的同时，有效避免资源浪费和作弊的发生，为企业集团及其成员企业经济效益的提升提供了保证。

（四）改善经营状况，提升市场竞争力

企业集团及其成员企业要想在市场中发展壮大，就必须先强化内部竞争力，完善经营管理模式，因此提高产品竞争力已成为企业集团及其成员企业的重中之重。对于基建企业集团及其成员企业来说，建设创新可在一定程度上增强企业集团及其成员企业的竞争力，为其创新研发创造良好的商业环境。同时，有效的内部控制可以提高企业集团及其成员企业的管理效率和利润水平，有利于企业集团及其成员企业的发展壮大。企业集团及其成员企业应结合自身的内部运作条件，清晰地了解所处的财务环境，改善经营管理模式，完善内部管理模式，努力降低风险，最终提升行业竞争力。

（五）保障投资者利益，为企业集团吸引更多投资者

企业集团及其成员企业财务风险在一定程度上会影响其生产经营，通过协调的风险控制机制可以提高其盈利能力和发展能力。企业集团及其成员企业的盈利能力代表了股东的收入水平，企业集团及其成员企业的价值将通过股价得到体现。同时，企业集团及其成员企业如果具有较强的发展能力将受到更多投资者的青睐。企业集团及其成员企业通过股票市场获得资本和投资者的认可，获得投资资金后，能够增加自有资金，为未来的生产经营奠定经济基础。

第六章

中国交建财务风险预警案例之一：机制设计与实施全案

第一节　基本情况及对财务风险预警的影响

一、中国交建概况

中国交建是全球领先的特大型基础设施综合服务商，主要从事交通基础设施的投资建设运营、装备制造、房地产及城市综合开发等，为客户提供投资融资、咨询规划、设计建造、管理运营一揽子解决方案和一体化服务。

中国交建在香港交易所、上海证券交易所上市。2017 年，中国交建居《财富》杂志世界 500 强中的第 103 位。在国务院国资委经营业绩考核中获“12 连 A”。

目前，中国交建是世界最大的港口设计建设公司、世界最大的公路与桥梁设计建设公司、世界最大的疏浚公司、世界最大的集装箱起重机制造公司、世界最大的海上石油钻井平台设计公司；是中国最大的国际工程承包公司、中国最大的设计公司、中国最大的高速公路投资商；拥有中国最大的民用船队。中国交建正在努力打造成为全球知名工程承包商、城市综合开发运营商、特色房地产商、基础设施综合投资商、海洋重工与港口机械装备制造集成商，率先建成世界一流企业集团。

（一）组织结构

中国交建有60多家全资、控股子公司，有作为中国诸多行业先行者的“百年老店”，有与新中国一同成长壮大的国企骨干，有在改革开放大潮中涌现的现代企业，有推动公司结构调整而成立的后起之秀，有并购而来的国内外先进企业。

中国交建按业务结构和子企业职能，将所属企业分为：所属子集团（疏浚、地产）、外径平台企业、基建企业、设计企业、投资运营企业、装备制造企业和金融服务企业等。

（二）业务结构

中国交建主要经营基建建设及设计、疏浚、装备制造等业务，主营业务包括以港口、码头、航道、公路、桥梁、铁路、隧道、市政等业务为主的基建建设和设计业务，以基建疏浚、维护疏浚、环保疏浚和“吹填造地”为主的疏浚业务，以及以港口机械、海工装备为主的装备制造业，其中基建建设是公司主要的收入和利润来源，占比均在70%以上。

（三）业务分布

中国交建产品和服务遍及150多个国家，2017年，在我国（除香港和澳门特区及台湾省）及其他国家和地区的营业收入同比均有所增长。其中，在其他国家和地区收入为1 176.27亿元，同比增长35.26%，且在营业收入中的比重提升至24.54%，海外业务对公司主营业务的贡献度继续提升。

2018 年，中国交建来自于海外地区的新签合同额为 1 590.13 亿元（约 235.32 亿美元），占集团新签合同额的 18%，同比减少 25.98%（主要由于马来西亚东海岸铁路项目导致上年同期基数较高，否则为同比增长 12.04%）。其中，新签合同额在 3 亿美元以上的项目 16 个，总合同额 129.91 亿美元，占集团全部海外新签合同额的 55%。截至 2018 年 12 月 31 日，公司共在 139 个国家和地区开展业务，其中在建对外承包工程项目共计 850 个，总合同额约为 1 093 亿美元。来自于 PPP 投资类项目确认的合同额 1 523.25 亿元（参股项目按照股权比例确认的合同额为 379.51 亿元），占集团新签合同额的 17%，同比减少 18.76%。集团预计可以承接的建安合同金额为 2 397.14 亿元。

（四）主要财务指标

截至 2017 年年末，中国交建所有者权益为 2 059.42 亿元，2018 年年末公司所有者权益增长到 2 396.82 亿元。其中，注册资本为 161.75 亿元，中交集团持有中国交建 63.84% 的股权，H 股股东持有 27.37%，A 股股东持有 8.79%，国务院国资委为集团实际控制人。截至 2018 年年末，集团总资产规模为 8 502.35 亿元，同比增长 6.09%，流动资产在总资产中的占比为 52.87%。

2018 年，中国交建以高质量发展为核心，坚持稳中求进工作总基调，调整产业结构，转变发展方式，经营业绩持续提升，经营质量总体向好。同年年末，集团总资产规模为 8 502.35 亿元，同比增长 6.09%，流动资产在总资产中的占比为 52.87%。2018 年，集团实现营业收入 4 908.72 亿元，上年同期为 4 609.46 亿元（扣除后）[①]，增

---

① 扣除后是指，因报告期内上海振华重工（集团）股份有限公司（以下简称“上海振华重工”）不再纳入合并报表，为如实反映经营情况变化，在分析时，上年同期主要经营数据为扣除上海振华重工已披露数据的同口径对比数。

长6.49%。其中，来自海外地区的各业务收入为953.75亿元（约138.97亿美元），上年同期为1 067.33亿元（扣除后），减少10.64%，约占集团收入的19%。实现毛利662.02亿元，上年同期为635.93亿元（扣除后），增长4.10%。毛利率达13.49%，较上年同期下降0.31个百分点（扣除后）。实现营业利润251.77亿元，上年同期为261.53亿元（扣除后），减少3.73%。营业利润率达5.13%，较上年同期下降0.54个百分点（扣除后）。持续经营净利润为202.94亿元，增长11.90%，为已扣除上海振华重工影响后同口径数据。归属于母公司股东的净利润为196.80亿元，上年同期为205.81亿元，减少4.37%。每股收益为1.15元。归属于母公司股东的扣除非经常性损益的净利润为176.31亿元，上年同期为150.26亿元，增长17.34%。[①]

二、财务风险预警应考虑的影响

中国交建作为一个大型的跨国企业集团，业务遍及世界各地，产品结构多样，组织结构复杂，管理链条较长，资产规模大，在全球范围内拥有和控制着各类重要资源。在其资源分布的世界各地，任何政治、经济、文化、法律、货币、税收、汇率等政策的变化，都会给其生产经营过程带来重要影响，从而形成不确定的生产经营风险，而这些影响也会非常直观地反映到财务管理活动中，形成财务管理风险，企业集团财务风险和其他风险相互作用和影响，可能会使企业集团陷入财务危机。

根据财务风险的因素来源，财务风险可分为内部财务风险和外部财务风险。内部财务风险主要包括战略风险、投融资风险、资金营运风险、税务管理及筹划风险、利润分配风险等。内部财务风险通过公司治理、体系建设和必要的风险控制程序，借助于专业的管理知识和信息化、智能化的管理手段，按照法律法规及规章进行决策和执行，是可以

① 业务分布以及财务数据来源于经注册会计师审计的公开财务报告。

降低和避免的。外部财务风险主要有消费者市场风险、流动性风险、利率风险、汇率风险、信用风险等，这些不确定性需要管理者进行管控。

例如，高比重海外业务引发的经营风险主要表现在：全球政治和经济的不稳定和不确定因素的增多，特别是中国交建重要业务所处的非洲、拉丁美洲、中东地区等建筑业增长较快的新兴市场。这些国家和地区在政治、经济方面存在一定的不稳定因素，如果相关国家和地区的政治经济局势发生不利变化，那么将给公司海外业务经营造成损失。

公司海外业务结算主要涉及美元、欧元、日元等货币，如果人民币汇率发生波动，会对公司利润产生影响。当前国际形势复杂多变，境外投资、项目运营及工程项目实施过程中，不确定性因素进一步增多，特别是政治动荡、中美贸易摩擦的持续升级、资本外流等会形成汇率及税率等风险。

基建业务是中国交建的重要业务，钢材、水泥等原材料成本在建筑施工项目成本中比重较高，再加上大型建筑工程项目一般施工周期较长，原材料价格波动对成本控制影响较大。人力成本的上升，增加了建筑业的劳动力成本。垫资施工是目前众多施工企业承揽项目的先决条件，政府资金债务上升及应收账款回笼速度变慢，债务规模扩大和财务成本上升的风险，对资产结构、债务结构、盈利能力、负债规模等将产生重大影响。

中国交建新业务模式的发展对财务指标产生重大影响，采用 PPP、建设—经营—转让（BOT）以及城市综合开发等新模式的在建及拟建项目未来投资规模仍较大，未来将面临资金支出压力、负债规模的上升以及降低资产流动性等风险。因此，中国交建财务风险预警的重点是控制杠杆率、防止高债务率，密切关注现金流不平衡等风险。

中国交建和众多企业一样，随时可能面临各类财务风险，如何规避和降低自身的财务风险并推进实现战略目标是财务管理的重要内容，中国交建必须积极面对并在实践中持续探索、研究、完善财务风险预警管理体系。

第二节　企业集团财务风险预警方法的选择

财务风险预警方法多种多样，中国交建在方法的选择上重点关注与本行业特征契合的方法的可操作性和实用性，以下将从不同角度分析如何选择财务风险预警方法。

一、从指标数量的角度

依据预警方法所使用预警指标数量的多少，财务风险预警方法可分为单变量和多变量预警方法。其中，单变量预警方法是从众多相关指标中寻找出最佳预警指标，使用单一变量，根据该指标是否超出预警值的状态，对企业财务风险进行预警。但该方法有“只见树木，不见森林”的局限性，特别是对于跨行业经营的中国交建来说，基本上无法从单个指标进行整体财务风险预警。多变量预警方法是通过多个变量的组合，设定相关权重，综合确定财务风险发生的可能性以及影响程度，常用的Z值模型以及流行的各种风险预警软件都采用多指标方法。单变量预警方法虽然简便易行，但是无法满足跨行业，甚至跨境经营的企业集团整体把握风险的要求，多变量预警方法才是中国交建的首选。

二、从所使用资料的角度

依据预警所使用资料的综合程度差异，财务风险预警方法可以分为财务报表资料模型方法、市场资料模型方法和混合模型方法。财务报表资料模型方法是利用财务报表及其附注提供财务数据，依据本行业正常状态下财务数据之间的比率阈值，如资产负债率、存货周转率等，建立预警模型进行风险预警。市场资料模型方法建立在资本市场有效的前提下，也就是资本市场能够反映企业风险状态，以资本市场可获得的证券价格变动，反推出企业内部财务风险状态，以此作为风险预警模型。混合模型方法则是把上述两种方法予以融合，在大数据时代，各类企业内部业务数据已经纳入风险预警范畴，因为财务数据是业务数据的价值体现，所以财务数据和业务数据之间存在内在逻辑关系。企业集团内部财务资料，以及相关的业务数据取得相对容易，加上我国资本市场成熟度还存在发展潜力，笔者倾向于主要采用财务报表资料模型方法，同时纳入部分业务数据，以业财融合的视角，利用现代信息技术完善风险预警体系。

三、从使用数学方法的角度

依据预警方法所使用的数学方法复杂性的不同，可分为建模法和评分法。建模法主要运用多元区别分析、概率回归、灰色关联分析法等计量经济学统计方法，配合以 STA、SPSS 等统计软件，构建风险预警模型。例如，亚历山大·沃尔（Alexander. Wole）的 Z 值模型最初就是回归分析的结果，其发现流动比率等指标与企业破产存在显著相关关系，根据 Z 值区间，判断企业财务失败的可能性。但是该方法需要大量的统计样本，在各企业保守商业秘密氛围逐步强化的历史潮流下，数据的可取得性是需要攻克的难题；另外，建立的模型预测精度相对较高，更适合于理论研究，并且大部分模型在应用于不同行业、不同地区的企业时需要有针对性的参数，否则可靠性就会大打折扣。评分法则把预警指标用线性关系结合起来计算财务风险的程度，其优点是操作方便，可以方便地根据不同行业特征调整相关参数，还能揭示风险成因，有利于进行深入分析。因此，中国交建从实用角度更倾向于评分法。

综上所述，中国交建根据自身经营和管理特点，综合选用了多变量预警方法、财务报表资料模型方法和评分法。

第三节 财务风险预警指标体系及权重设计

财务风险预警指标体系是企业财务风险预警的重要内容，建立科学有效的财务风险预警指标体系的关键在于财务风险预警指标选择是否恰当，也就是所选择的指标与财务风险是否存在显著相关关系。同时，指标权重高低反映了该指标与财务风险的相关程度，是对预警指标分析的深化。根据风险预警决策的需要，我们总结出财务风险预警指标和权重设计的如下原则：

一、企业集团财务风险预警指标体系设计的原则

（一）预测性原则

财务风险预警依据的只能是历史数据，并以此推测未来财务风险，如果财务风险预警体系仅仅关注过去，则对管理层决策没有帮助。设计财务风险预警指标体系的目的是为企业集团决策者提供财务危机预警判断依据，通过财务风险预警指标与经验值的偏离程度，预先发现财务危机征兆，提前采取应对措施。因此，所选财务风险预警指标必须能够有助于预测财务状况变动趋势，从而使财务为业务发展保驾护航。

（二）全面性原则

为保证财务风险预警指标体系具有相对准确性和系统完整性，在初步建立财务风险预警指标体系时，无法确定哪些指标与财务风险相关程度更高，因此需从不同角度尽可能选取各类指标，然后再进行取舍，否则容易遗漏重要指标。360 度绩效考核虽然不是以风险管理为

侧重的，但是业绩也是财务风险管理的结果，也能反映财务风险管理水平，是全面性原则的体现。

（三）可比性原则

选取财务风险预警指标时，应注意财务风险预警指标口径和计算方法能够进行对比分析，同时具有同一企业集团或内部单位在不同时期的纵向可比性，以及与外部同行业其他企业集团、企业集团内部各分子公司之间的横向可比性。如果同一单位在不同历史时期的预警指标值存在较大偏差，或者同行业不同单位之间的预警指标值存在较大偏差，就需要有充分的证据证明这种偏差的合理性，否则就应该予以重点关注。例如，同行业的上市公司 A 存货跌价准备和应收账款坏账准备计提比例较高，而另一个上市公司 B 虽然表面有盈利，但是明显计提准备不足，则可以推测公司 B 发生财务风险的概率较高。

（四）灵敏性原则

财务风险预警的终极目标是化解风险，即通过及时改变这些预警指标，把风险消灭在萌芽状态，从而改善财务状况，也就是说财务风险预警必须坚持灵敏性原则。如果企业集团发现财务风险预警指标异常，可及时采取投融资决策等手段，改变财务系统控制参数和变量，优化企业集团资源结构，使企业集团财务状况异常状态与正常值之间的偏离度降低，从而推动企业集团财务状况重归置信区间，也就是管理学通常所说的“负反馈”原理。

二、财务风险预警指标选择的考虑因素

通过借鉴实证分析筛选出符合实际的财务风险预警指标，是建立高效的财务风险预警方法体系的重要环节。一般而言，财务风险预警指标的选取应与集团财务风险成因密切相关。换言之，指标的选择是

在综合考虑导致企业集团财务失败的各种可能原因的基础上，力求有效地规避企业集团的短期风险、长期风险、突发风险以及经营风险和市场风险。企业集团发生财务危机的主要原因，从现实情况看可以归集为以下几方面：

（一）负债总额过高导致无法偿还到期债务本息

负债一般是有具体期限的法定义务，如果企业集团经营遇到周期性波动，即便无法取得足够现金流，也要偿还本金和利息，其将面临财务重整甚至破产的风险。同为融资方式，负债与权益性融资明显不同，权益性融资虽然成本较高，但是如果某一会计期间效益不好，其不至于面临法定强制支付现金的压力。负债总额过高的风险可以由偿债能力指标判别，长期偿债能力指标主要有资产负债率，短期偿债能力指标有流动比率、速动比率、已获利息倍数等。同时，国务院国资委企业绩效评价标准值中关于偿债能力指标包含四个指标。我国间接融资比例一般较高，中国交建的银行长短期借款数额也十分庞大，借款依存度这个指标也可以作为企业集团偿债能力预警指标。

（二）长期亏损导致资信水平下降

目前，会计准则要求每一会计年度对持续经营风险进行评估。持续经营能力风险的预警可以通过获利能力指标分析来实现，利润及其相对应的现金流能够提升净资产，而亏损则会持续侵蚀净资产，甚至导致资不抵债。净资产收益率和总资产收益率指标是反映企业集团获利能力的综合指标，也是判断企业集团是否可以上市发行股票、增发或配股的最重要的判断指标之一，还是能否获得银行信用的重要条件，如果这两个指标存在风险，资信水平将下降，资金来源就面临困难。

（三）企业集团资产运营效率低下以及资产质量不高

企业集团持有固定资产和原材料的目的不是直接售卖，而是通过人的劳动，利用固定资产等劳动工具作用于原材料等劳动对象，生产出适销对路的产品去销售，取得收入弥补成本并取得利润。如果资产运营水平或者资产质量不高，会对企业集团财务状况产生负面影响，资产运营效率低下风险可由企业集团经营（运营）能力指标进行预警。对于企业集团而言，应收账款和存货是影响集团企业资产运营效率的两大主要资产指标，往往决定着集团企业资产的运营质量，因此可选择应收账款周转率和存货周转率指标作为中国交建运营能力预警指标。

（四）无法根据市场环境相机决策导致业务日益萎缩

市场环境瞬息万变这一点在市场经济中是常态，市场占有情况是企业集团市场地位的体现，市场占有情况方面的风险可采用企业成长能力指标进行预警。营业收入增长率可以直观反映出企业集团的成长能力（一般要扣除非主营业务收支的影响后，营业收入才是企业集团长远发展的内在动力），因此中国交建选择营业收入增长率作为企业成长能力预警的指标。

（五）经营现金流不足导致长期依靠投融资现金流量维持运营

企业集团现金流入流出的变化有时比权责发生制的收入费用对风险预警更具相关性，对判别企业集团是否发生财务危机的指标意义更明显。在现金流量的众多指标中，经营活动现金流量最重要，它是企业集团“造血”能力的最终来源。因此，中国交建把现金流动负债比和经营活动现金流入比重两个指标纳入财务风险预警体系，同时突出经营活动现金流量在财务风险预警机制应对中的作用。

（六）忽视潜在风险和或有负债的影响

为加快企业集团的经营步伐，集团内各单位开展了一些新业务，新业务又需要有相应的授信，致使企业集团内母子公司之间、兄弟单位之间相互担保以及对集团外担保的情况逐渐增多，且总额较大，被担保企业经营不善，会直接导致担保企业的或有负债转变为现实负债，因此选择对外担保占净资产比重这一表外指标作为风险预警指标。

三、中国交建财务风险预警指标的类别及具体指标

基于以上原因，中国交建选择了6大类，一共11个财务指标以及1个非财务指标作为集团的财务风险预警指标。具体如下：

（1）偿债能力指标，具体包括流动比率、速动比率、资产负债率、已获利息倍数和借款依存度。

（2）获利能力指标，是净资产收益率。

（3）经营能力指标，包括应收账款周转率和存货周转率。

（4）成长能力指标，是营业收入增长率。

（5）现金流量指标，包括现金流动负债比和经营活动现金流入比重。

（6）表外指标，是对外担保占净资产的比重。

四、财务风险预警指标权重的确定

在确定了具体指标基础上，还要根据中国交建的实际情况确定指标权重。指标权重直接关系到财务风险预警的结果，是风险预警量化的必要条件。不同行业、不同发展阶段的企业集团财务风险预警指标的侧重点存在差异，不存在通用的权重标准。为了避免随意性，中国交建采用层次分析法（AHP）确定各财务风险预警指标的权重。

（一）层次模型

根据层次分析法原理，中国交建把财务风险预警这一问题分为总目标层A（目标企业集团总财务风险）；准则层也就是本节第3部分的6个方面，即C（C1：偿债能力、C2：获利能力、C3：经营能力、C4：成长能力、C5：现金流量、C6：表外因素）；指标层就是选定的

11 个表内指标和 1 个表外指标，也就是 P（P1：流动比率、P2：速动比率、P3：资产负债率、P4：已获利息倍数、P5：借款依存度、P6：净资产收益率、P7：应收账款周转率、P8：存货周转率、P9：营业收入增长率、P10：现金流动负债比、P11：经营活动现金流入比重、P12：对外担保比重）。

（二）各指标权重系数计算

指标权重系数可采取专家调查法对各预警指标进行判断，专家可以包含集团企业内部、会计师事务所、科研院所等领域财务专家，向其发出调查问卷并收回，经过统计整理，最终计算得出各指标的组合权重，以此为基础确定了 12 项指标在百分制下的权重。

1. 建立判断矩阵。判断矩阵用判断值表示同一层次各个指标的相对重要性。考虑到专家对指标直接评价权重的困难，根据心理学家提出的“人区分信息等级的极限能力为 7 ± 2”的研究结论，我们采用九分位法作为标度，构成判断矩阵。专家只需指出一个指标（如甲指标）相比另一个指标（如乙指标）的重要性即可，重要性采用阿拉伯数字表示，甲指标相比乙指标的重要性如表 6 – 1 所示。

表 6 – 1　　风险判断矩阵

甲指标与乙指标比	极重要	很重要	重要	略重要	相等	略不重要	不重要	很不重要	极不重要
甲指标评价值	9	7	5	3	1	1/3	1/5	1/7	1/9
备注	如上述重要性评价值仍不好判断，取 8、6、4、2、1/2、1/4、1/6、1/8 为上述评价值的中间值								

2. 计算各指标权重系数。根据专家对各指标评分形成判断矩阵，通过求解矩阵，可以计算各指标权重系数，计算步骤如下：

（1）设判断矩阵为 $A = (a_{ij})$，该判断矩阵具有性质：$a_{ij} > 0$，$a_{ij} =$

$\frac{1}{a_{ji}}, a_{ii}=1(i,j=1,2,\cdots,n)$，其中 n 为矩阵的阶数。

（2）计算矩阵每行元素的乘积 M_i，$M_i=a_{i1}\times a_{i2}\times\cdots\times a_{in}$，其中 $i=1, 2, \cdots, n$。

（3）计算 M_i的 n 次方根，即令：$m_i=(M_i)^{1/n}$ $(i=1, 2, \cdots, n)$。

（4）令 $u_i=\frac{m_i}{\sum_{j=1}^{n} m_j}, i=1,2,\cdots,n$，则得到 $u=(u_1,u_1,\cdots,u_n)^T$，即为所求 n 个指标的权重系数值。

（5）计算判断矩阵 $A=(a_{ij})$的一致性比率，当该比率通过检验时，我们才认为第 4 步所求的指标的权重系数值是合理的。

（6）计算判断矩阵 $A=(a_{ij})$的最大特征值λ_{max}：

$$\lambda_{\max}=\frac{1}{n}\sum_{i=1}^{n}\frac{(Au)_i}{u_i} \qquad (6-1)$$

其中，$(Au)_i$表示向量 Au 的第 i 个元素。

（7）最后对判断矩阵 $A=(a_{ij})$进行随机性和一致性检验，检验公式为：

$$CR=\frac{CI}{RI} \qquad (6-2)$$

我们称 CR 为一致性比率，CI 为一致性指标，RI 为平均随机一致性指标。

$CI=\frac{\lambda_{\max}-n}{n-1}$，$RI$ 由大量实验给出，对于低阶判断矩阵，RI 取值于如表 6－2 所示。

表 6－2　　平均随机一致性指标 RI 取值情况

n	1	2	3	4	5	6	7	8	9
RI	0.00	0.00	0.52	0.89	1.12	1.26	1.36	1.41	1.46
n	10	11	12	13	14	15			
RI	1.49	1.52	1.54	1.56	1.58	1.59			

对于高于 15 阶的判断矩阵，可以采用近似方法，令 $CR=\frac{\lambda_{max}-n}{n-1}$，当 $CR<0.1$ 时，即认为判断矩阵具有满意的一致性，说明权重的分配是合理的；否则需要调整判断矩阵，直到取得满意的一致性为止。

第四节　财务风险预警区间设计

一个企业财务风险情况如何，应采用一定的评价标准，通过预警方法分析、指标选择、权重设计，把所有指标综合在一起，计算出综合得分，以此来判断企业的财务风险情况。1928 年，亚历山大·沃尔（Alexander. Wole）在《信用晴雨表研究》和《财务报表比率分析》中正式提出了沿用至今的沃尔评分法。该方法将选定的财务比率指标用线性关系结合起来，分别给定各自的分数比重（这些权重是运用统计学和计量经济学进行回归分析，选择出来具有显性线性关系的指标），然后对实际 Z 值与标准比率进行比较，确定各项指标的得分及总体指标的累计分数，从而对企业破产风险做出评价的方法。这种方法虽然缺乏严格的理论基础，但其可取之处在于，方便了人们运用并建立综合财务指标分析体系进行综合财务评价。虽然沃尔评分法还不是很完善，但中国交建借鉴其思路和方法，再按照实际情况加以改进。

一、财务风险预警指标评价标准的确定

（一）预警指标分型

从财务风险防范角度来看，有些指标越大越好，例如存货周转率越高说明资金周转越快，这类指标也称为极大型指标；有些类指标越低越好，例如资产负债率，越低则说明偿还本息的压力越小，这类指

标也称为极小型指标[①]。具体来说，极大型指标包括：净资产收益率、应收账款周转率、存货周转率、营业收入增长率、已获利息保障倍数、经营活动现金流入比重、现金流动负债比、流动比率、速动比率等；极小型指标具体包括：借款依存度、对外担保比重、资产负债率等。

（二）确定预警指标满意值和不允许值

满意值能够体现对该指标的满意程度，极大型指标高于满意值时，或者极小型指标低于满意值时，意味着发生财务风险的可能性较小或为0。不允许值是指被评价指标中可以接受的最低值（下限值）或最高值（上限值）。

极大型指标评分系数：当实际值≥满意值时，系数为0；当不允许值<实际值<满意值时，系数为（实际值－满意值）÷（不允许值－满意值）；当实际值≤不允许值时，系数为1。

极小型指标评分系数：当实际值≤满意值时，系数为0；当满意值<实际值<不允许值时，系数为（实际值－满意值）÷（不允许值－满意值）；当实际值≥不允许值时，系数为1。

我们根据上述评分规则可以发现，单个指标评分数值区间为［0，1］，数值越大代表财务风险越大。

满意值的确定遵循以下原则：许多指标存在标准值，应尽可能选择该指标的标准值作为满意值。例如，根据一般行业的公认评价标准，流动比率满意值取2比较合适，速动比率满意值取1；若无公认的评价标准值，可以选择同行业的平均水平为满意值（因为考虑到财务预警需要，并不要求达到同行业最高水平）。同行业平均水平可参考国务院国资委企业绩效评价标准值中同行业、同规模企业的平均值，必要时可以进行适当调整。不允许值则要按照国务院国资委企业绩效评

① 指标越大越好还是越小越好，并不是绝对的，收益和风险成正比，此处是从财务风险角度进行分类的，读者不要形成误解。

价标准值中同行业、同规模的较差水平确定。为保证预警指标标准的相对稳定，可以用进行预警年度的近三年的有关绩效评价标准进行综合测算确定，执行一定时间后再根据客观情况变化进行调整。企业所处行业不同会导致有些指标的取值存在差异，中国交建分别考虑到所处的行业、地域、规模、时期的不同而带来的差异进行标准值取舍。例如，对于处于高速成长期的子公司进行评价时，考虑到这一生命周期阶段的资产负债率往往偏高的规律，资产负债率的满意值可以定得偏高一些；对于处于正常经营的成熟期子公司进行财务风险预警时，资产负债率往往确定为一个比较稳定的水平。

（三）自行测定预警指标的评价标准值

考虑到中国交建内部的财务资料比较容易取得，为提高预警指标评价标准的准确性和实用性，中国交建在参考国务院国资委指标的基础上，采用加权平均法自行测算评价标准值。例如，要测算第 t 年的评价标准值，首先计算出中国交建所属子公司近三年（第 t－1 年、t－2 年、t－3 年）的各预警指标实际值，对各年数值给予一定的权重（如 2:3:5 的权重，权重设置规则是年限越近则权重越高），求和后即可得出该指标第 t 年的满意值，然后按照上述原则确定该指标的上限和下限值即可。中交集团的实践证明这是一种确定预警指标评价标准值的行之有效的方法。

二、财务风险预警指标评价综合评分的确定

（一）综合评分计算过程

综合评分是集团财务风险预警方法的最终结果。在计算综合评分过程中要经过如下步骤：

首先，计算财务风险预警指标的实际值，即按照各财务预警指标的计算公式，根据被评价中国交建子公司经过审计的财务报表所提供

的资料，计算各项指标的实际值。

其次，根据计算出的单项评分系数，乘以单项指标的权重，得出单项指标的得分，计算公式为：

单项指标得分 = 单项指标评分系数 × 单项指标权重

最后，根据单项指标得分加权计算，得出财务风险综合评价得分，计算公式为：

$$综合评价得分 = \sum 单项指标评分系数 \times 单项指标权重$$

（二）财务风险的警情分析

为更直观形象地表达被评价企业集团的财务风险情况，根据综合评价得分结果，可以按警情将企业集团的财务风险划分为安全区（绿灯区）、预警区（黄灯区）、危机区（红灯区），并针对所处的不同板块采取不同的对策。经测算，中国交建财务风险划分标准如下：综合得分≤40分，为安全区（绿灯区）；40 分 < 综合得分 < 70 分，为预警区（黄灯区）；综合得分≥70 分，为危机区（红灯区）。具体评分情况如表 6－3 所示。

表 6－3　中国交建财务风险警情分析

单位：分

<table>
<tr><th>指标名称</th><th>权重</th><th>安全区</th><th>预警区</th><th>危机区</th></tr>
<tr><td>一、主要指标</td><td>70</td><td rowspan="14">该项指标得 0</td><td rowspan="14">该项指标得分 =（指标值 − 安全区限值）÷ 危机区限值 − 安全区限值）× 权重，计分只取两位小数</td><td rowspan="14">该项指标得满分</td></tr>
<tr><td>现金流动负债比率</td><td>20</td></tr>
<tr><td>资产负债率</td><td>10</td></tr>
<tr><td>借款依存度</td><td>10</td></tr>
<tr><td>已获利息倍数</td><td>10</td></tr>
<tr><td>经营活动现金流入比重</td><td>10</td></tr>
<tr><td>流动比率</td><td>5</td></tr>
<tr><td>速动比率</td><td>5</td></tr>
<tr><td>二、辅助指标</td><td>30</td></tr>
<tr><td>净资产收益率</td><td>10</td></tr>
<tr><td>应收账款周转率</td><td>5</td></tr>
<tr><td>存货周转率</td><td>5</td></tr>
<tr><td>营业收入增长率</td><td>5</td></tr>
<tr><td>对外担保占净资产的比重</td><td>5</td></tr>
<tr><td>合计</td><td>100</td><td>（0，40］</td><td>（40，70］</td><td>（70，100）</td></tr>
</table>

第五节　财务风险识别与评估

风险识别是指在风险事件发生之前，纵贯中国交建各项管理活动的发展过程、中国交建集团及下属企业管理的各个环节，运用各种方法系统地、连续地发现风险并评估其不确定性的过程。风险评估的任务是认识和了解中国交建存在的各种风险因素及其可能带来的不良后果。每一个企业都要面对各种不同的内部和外部风险，因此必须对这些风险进行评估。风险评估是确定和分析企业实现其目标的过程中的相关风险。企业应建立风险识别机制，对企业经营目标产生重大影响的风险因素进行评估与识别。中国交建自行制定了一套评价标准以对财务风险进行评估与识别。

一、集团板块划分

我们将中国交建集团分成 7 大板块，分别为基建建设、基建设计、疏浚、装备制造、投资、海外和房地产。

二、板块指标区间值设定

对于不同板块的指标制定一套不同的指标区间。例如，2017 年度中国交建风险控制区间如表 6－4 所示（安全区的临界值就是第四节所说的满意值，风险区的临界值就是不允许值）。

三、计算财务风险评估得分

各个板块的单位可以依照表 6－4 按第四节所列步骤，计算出本单位主要指标、辅助指标的风险评估得分，继而汇总得到总体的财务风险评估得分，以此来识别并评估企业集团的财务风险。

表 6－4　　2017 年度中国交建财务风险控制区间

版块	基建建设			基建设计			疏浚		
指标	安全区	预警区	风险区	安全区	预警区	风险区	安全区	预警区	风险区
一、主要指标									
现金流动负债比率	＞3	0—3	≤0.00	＞18	7—18	≤7	＞3	0—3	≤0.00
资产负债率	≤70	70—80	＞80	≤65	65—70	＞70	≤65	65—70	＞70
借款依存度	≤50	50—100	＞100	≤50	50—100	＞100	≤50	50—100	＞100
已获利息倍数	＞3.00	2.00—3.00	≤2.00	＞5.00	2.00—5.00	≤5.00	＞5.00	2.00—5.00	≤5.00
经营活动现金流入比重	＞80	70—80	≤70	＞90	80—90	≤90	＞80	70—80	≤70
流动比率	＞1.30	1.00—1.30	≤1.00	＞1.50	1.30—1.50	≤1.30	＞1.30	1.00—1.30	≤1.00
速动比率	＞1.00	0.80—1.00	≤0.80	＞1.00	0.80—1.00	≤0.80	＞1.00	0.80—1.00	≤0.80
二、辅助指标									
净资产收益率	＞5.00	0—5.00	≤0.00	＞10.00	0.00—10.00	≤0.00	＞5.00	0—5.00	≤0.00
应收账款周转率	＞4.00	2.00—4.00	≤2.00	＞6.00	3.00—6.00	≤3.00	＞4.00	2.00—4.00	≤2.00
存货周转率	＞6.00	3.00—6.00	≤3.00	＞6.00	3.00—6.00	≤3.00	＞6.00	3.00—6.00	≤3.00
营业收入增长率	＞10.00	0.00—10.00	≤0.00	＞10.00	0.00—10.00	≤0.00	＞10.00	0.00—10.00	≤0.00
对外担保占净资产的比重	≤50	50—70	＞70	≤50	50—70	＞70	≤50	50—70	＞70

续表

版块	装备制造			投资			海外		
指标	安全区	预警区	风险区	安全区	预警区	风险区	安全区	预警区	风险区
一、主要指标									
现金流动负债比率	>3	0—3	≤0	>3	0—3	≤0	>3	0—3	≤0
资产负债率	≤65	65—70	>70	≤70	70—80	>80	≤70	70—80	>80
借款依存度	≤50	50—100	>100	≤50	50—100	>100	≤50	50—100	>100
已获利息倍数	>3.00	2.00—3.00	≤3.00	>1.00	0.00—1.00	≤0.00	>3.00	2.00—3.00	≤2.00
经营活动现金流入比重	>80	70—80	≤70	>30	10—30	≤10	>80	70—80	≤70
流动比率	>1.60	1.40—1.60	≤1.40	>1.30	1.00—1.30	≤1.00	>1.30	1.00—1.30	≤1.00
速动比率	>1.00	0.80—1.00	≤0.80	>1.00	0.70—1.00	≤0.70	>1.00	0.80—1.00	≤0.80
二、辅助指标									
净资产收益率	>5.00	0.00—5.00	≤0.00	>5.00	0—5.00	≤0.00	>5.00	0—5.00	≤0.00
应收账款周转率	>4	2.00—4.00	≤2.00	>5.00	2.00—5.00	≤2.00	>5.00	2.00—5.00	≤2.00
存货周转率	>6.00	3.00—6.00	≤3.00	>4.00	2.00—4.00	≤2.00	>6.00	3.00—6.00	≤3.00
营业收入增长率	>10.00	0.00—10.00	≤0.00	>10.00	0.00—10.00	≤0.00	>10.00	0.00—10.00	≤0.00
对外担保占净资产的比重	≤50	50—70	>70	≤50	50—70	>70	≤50	50—70	>70

续表

版块	房地产								
指标	安全区	预警区	风险区						
一、主要指标									
现金流动负债比率	>3	0—3	≤0						
资产负债率	≤70	70—80	>80						
借款依存度	≤50	50—100	>100						
已获利息倍数	>3.00	2.00—3.00	≤2.00						
经营活动现金流入比重	>70	50—70	≤50						
流动比率	>2.00	1.00—2.00	≤2.00						
速动比率	>1.00	0.70—1.00	≤0.70						
二、辅助指标									
净资产收益率	>10.00	0.00—10.00	≤0.00						
应收账款周转率	>12.00	10.00—12.00	≤10.00						
存货周转率	>0.30	0.20—0.30	≤0.20						
营业收入增长率	>10.00	0.00—10.00	≤0.00						
对外担保占净资产的比重	≤50	50—70	>70						

第六节　财务风险预警分析与报告

财务风险是实时变动的，为及时发现中国交建存在的财务风险，必须对财务风险进行定期评估，计算财务风险评估得分。中国交建财务风险评估是本着客观、科学和实事求是的原则开展的。

一、财务风险级别判定

为了及时掌握财务风险情况，中国交建重点在季度报表、半年报表、年度报表编制结束后，分析计算各下属单位财务风险预警指标，并编制财务风险评分表，针对评估的结果，说明各个财务指标的情况，分析存在的问题。

对于同时有3项以上（含）主要指标处于预警区以上的单位，视为存在发生财务危机的可能性，中国交建及时开展财务诊断，做出专题分析，要求相关单位限期消除风险因素。

对于同时有3项以上（含）主要指标处于危机区的单位，视为发生财务危机的可能性较大，中国交建要求相关单位进行专题调研，提出解决问题的措施和办法。对于本期与上期的变动异常（幅度超过10%）的指标，中国交建还要求相关单位进行专项分析及风险识别，同时要求查明原因并提出整改措施。

二、财务风险预警分析报告

财务风险控制指标出现3项以上（含）主要指标处于预警区或危机区情形的，或财务风险评分结果在40分以上的单位，需向风险管理委员会和董事会报送财务风险预警分析报告。财务风险预警分析报告主要包括以下内容：

（1）本单位财务风险所处的级次。

（2）指标当期值与上期变动情况以及发生异常变动（10%以上）的原因。

（3）指标处于预警区或危机区的原因分析。

（4）降低财务风险和改善财务状况拟采取的措施和建议。

第七节　财务风险控制与持续优化机制在项目中的应用

根据以上方法，本节选取中国交建集团层面及其各二级不同业务板块和三级子公司不同年份的财务指标数据进行案例分析。

一、中国交建风险分析（见表6－5）

表6－5　　中国交建20×3—20×4财务风险评估情况

指标	20×3年			20×4年		
	实际值	得分	评估结果	实际值	得分	评估结果
一、主要指标	43.52分			50.02分		
现金流动负债比率	2.29%	4.71分	预警	1.30%	11.31分	预警
资产负债率	79.62%	9.62分	预警	79.03%	9.03分	预警
借款依存度	126.77%	10.00分	危机	128.58%	10.00分	危机
已获利息倍数	3.10	0.00	安全	2.95	0.50分	预警
经营活动现金流入比重	68.62%	10.00分	危机	64.58%	10.00分	危机
流动比率	1.05	4.19分	预警	1.05	4.18分	预警
速动比率	0.71	5.00分	危机	0.69	5.00分	危机

续表

指标	20×3 年			20×4 年		
	实际值	得分	评估结果	实际值	得分	评估结果
二、辅助指标	4.82 分			5.00 分		
净资产收益率	11.71%	0.00	安全	11.58%	0.00	安全
应收账款周转率	5.57 次	0.00	安全	5.71 次	0.00	安全
存货周转率	3.11 次	4.82 分	预警	2.86 次	5.00 分	危机
营业收入增长率	12.24%	0.00	安全	10.28%	0.00	安全
对外担保占净资产的比重	0.01%	0.00	安全	0.40%	0.00	安全
合计		48.34 分	预警		55.02 分	预警

（一）存在的问题

经营活动产生的现金流量净额同比下降较大、带息负债规模增长较快、速动比率偏低和存货周转率偏低。

（二）评估结论

中国交建财务风险评估结果为中度预警，预警程度较上年进一步加重，财务风险进一步上升。应加强经营性现金流量管理，控制长短期借款规模，尤其是短期借款，提高速动资产规模比例，加快与业主办理结算，提高存货周转次数。

二、集团各板块二级公司风险分析

（一）基建建设板块某二级公司风险分析（见表6－6）

表6－6 基建建设版块某二级公司20×6—20×7财务风险评估情况

指标	20×6年			20×7年		
	实际值	得分	评估结果	实际值	得分	评估结果
一、主要指标	20.00分			20.00分		
现金流动负债比率	16.58%	0.00	安全	10.40%	0.00	安全
资产负债率	82.37%	10.00分	危机	83.14%	10.00分	危机
借款依存度	23.04%	0.00	安全	38.91%	0.00	安全
已获利息倍数	6.25	0.00	安全	5.10	0.00	安全
经营活动现金流入比重	96.74%	0.00	安全	92.34%	0.00	安全
流动比率	0.92	5.00分	危机	0.91	5.00分	危机
速动比率	0.67	5.00分	危机	0.64	5.00分	危机
二、辅助指标	1.54分			3.69分		
净资产收益率	13.92%	0.00	安全	10.56%	0.00	安全
应收账款周转率	7.90次	0.00	安全	8.46次	0.00	安全
存货周转率	5.08次	1.54分	预警	4.14次	3.10分	预警
营业收入增长率	10.35%	0.00	安全	8.82%	0.59分	预警
对外担保占净资产的比重	0.00	0.00	安全	0.00	0.00	安全
合计		21.54分	安全		23.69分	安全

1. 存在的问题。基建建设板块的资产负债率偏高、流动比率偏低、速动比率偏低以及部分指标处于危机级别。

2. 评估结论。基建建设板块财务风险指标虽然表面上看存在一些问题，但是根据行业特征，加上中国交建的集团支持优势，评估结果为安全；预警程度较上年有所提高，但总体在可控范围内，应加强债务规模管理。

（二）基建设计板块某二级公司风险分析（见表 6－7）

表 6－7　基建设计版块某二级公司 20×6—20×7 财务风险评估情况

指标	20×6 年			20×7 年		
	实际值	得分	评估结果	实际值	得分	评估结果
一、主要指标	1.69 分			20.43 分		
现金流动负债比率	17.32%	1.23 分	预警	8.54%	17.20 分	预警
资产负债率	53.71%	0.00	安全	57.19%	0.00	安全
借款依存度	20.65%	0.00	安全	32.67%	0.00	安全
已获利息倍数	19.19	0.00	安全	17.71	0.00	安全
经营活动现金流入比重	97.56%	0.00	安全	91.54%	0.00	安全
流动比率	1.48	0.46 分	预警	1.37	3.23 分	预警
速动比率	1.36	0.00	安全	1.24	0.00	安全
二、辅助指标	5.00 分			4.60 分		
净资产收益率	17.10%	0.00	安全	15.69%	0.00	安全
应收账款周转率	2.69 次	5.00 分	危机	3.24 次	4.60 次	预警
存货周转率	10.61 次	0.00	安全	11.92 次	0.00	安全
营业收入增长率	29.05%	0.00	安全	21.73%	0.00	安全
对外担保占净资产的比重	0.00	0.00	安全	0.00	0.00	安全
合计		6.69 分	安全		25.03 分	安全

1. 存在的问题。基建设计板块财务状况无大问题，只是现金流动负债比率较低、流动比率较低和应收账款周转率较低，这是行业的特点决定的，在可控范围以内。

2. 评估结论。基建设计板块财务风险评估结果为安全，预警程度较上年有所提高，但总体在可控范围内。

（三）疏浚板块某二级公司风险分析（见表6－8）

表6－8　疏浚版块某二级公司20×6—20×7财务风险评估情况

指标	20×6年			20×7年		
	实际值	得分	评估结果	实际值	得分	评估结果
一、主要指标	12.55分			17.36分		
现金流动负债比率	10.41%	0.00	安全	4.42%	0.00	安全
资产负债率	64.20%	0.00	安全	64.99%	0.00	安全
借款依存度	26.66%	0.00	安全	31.96%	0.00	安全
已获利息倍数	5.11	0.00	安全	6.20	0.00	安全
经营活动现金流入比重	66.31%	10.00分	危机	68.72%	10.00分	危机
流动比率	1.23	1.19分	预警	1.13	2.91分	预警
速动比率	0.95	1.36分	预警	0.82	4.45分	预警
二、辅助指标	15.00分			9.94分		
净资产收益率	6.11%	0.00	安全	6.66%	0.00	安全
应收账款周转率	1.73次	5.00	危机	2.10次	4.75分	预警
存货周转率	2.55次	5.00分	危机	2.51次	5.00	危机
营业收入增长率	－6.88%	5.00分	危机	9.61%	0.19分	预警
对外担保占净资产的比重	0.00	0.00	安全	0.00	0.00	安全
合计		27.55	安全		27.30	安全

1．存在的问题。疏浚板块财务状况无大问题，风险较大的方面表现在经营活动现金流入比重较低和存货周转率较低。

2．评估结论。疏浚板块财务风险评估结果为安全，预警程度较上年有所降低，总体在可控范围内。应加强现金流量管理，加快与业主办理结算，提高存货周转次数。

（四）装备制造板块某二级公司风险分析（见表 6－9）

表 6－9　装备制造版块某二级公司 20×6—20×7 财务风险评估情况

指标	20×6 年			20×7 年		
	实际值	得分	评估结果	实际值	得分	评估结果
一、主要指标	40.00 分			22.26 分		
现金流动负债比率	－31.07%	20.00 分	危机	2.71%	1.93 分	预警
资产负债率	57.49%	0.00	安全	53.87%	0.00	安全
借款依存度	110.35%	10.00 分	危机	113.60%	10.00 分	危机
已获利息倍数	3.57	0.00	安全	2.90	0.33 分	预警
经营活动现金流入比重	61.84%	10.00 分	危机	61.07%	10.00 分	危机
流动比率	1.74	0.00	安全	1.85	0.00	安全
速动比率	1.74	0.00	安全	1.84	0.00	安全
二、辅助指标	0.14 分			0.11 分		
净资产收益率	7.56%	0.00	安全	8.17%	0.00	安全
应收账款周转率	2.81 次	0.14 分	预警	3.06 次	0.11 分	预警
存货周转率	1214.18 次	0.00	安全	559.16 次	0.00	安全
营业收入增长率	54.31%	0.00	安全	15.64%	0.00	安全
对外担保占净资产的比重	0.00	0.00	安全	0.00	0.00	安全
合计		40.14 分	预警		22.37 分	安全

1. 存在的问题。装备制造板块财务状况无大问题，只是借款依存度较高和经营活动现金流入比重较低。

2. 评估结论。装备制造板块财务风险评估结果为安全，预警程度较上年有所降低，总体在可控范围内。应控制长短期借款规模，加强现金流量管理。

（五）投资板块某二级公司风险分析（见表6－10）

表6－10　投资版块某二级公司20×6—20×7财务风险评估情况

指标	20×6年			20×7年		
	实际值	得分	评估结果	实际值	得分	评估结果
一、主要指标	13.71分			12.06分		
现金流动负债比率	31.93%	0.00	安全	14.24%	0.00	安全
资产负债率	72.72%	2.72分	预警	64.83%	0.00	安全
借款依存度	145.65%	10.00分	危机	90.06%	8.01分	预警
已获利息倍数	3.67	0.00	安全	5.17	0.00	安全
经营活动现金流入比重	59.01%	0.00	安全	46.02%	0.00	安全
流动比率	1.40	0.00	安全	1.26	0.70分	预警
速动比率	0.94	0.99分	预警	0.80	3.35分	预警
二、辅助指标	12.77分			6.32分		
净资产收益率	8.66%	0.00	安全	10.83%	0.00	安全
应收账款周转率	3.34次	2.77分	预警	4.21次	1.32分	预警
存货周转率	0.15次	5.00分	危机	0.25次	5.00分	危机
营业收入增长率	－2.58%	5.00分	危机	26.29%	0.00	安全
对外担保占净资产的比重	0.00	0.00	安全	28.07	0.00	安全
合计		26.48分	安全		18.38分	安全

1. 存在的问题。投资板块财务状况无大问题，只是存货周转率较低，虽然借款依存度和营业收入增长率处于危机程度，但是经过分析都在可控范围之内。

2. 评估结论。投资板块财务风险评估结果为安全，预警程度较上年有所降低，总体在可控范围内。应加快与业主办理结算，提高存货周转次数。

（六）海外板块某二级公司风险分析（见表6-11）

表6-11 海外版块某二级公司20×6—20×7财务风险评估情况

指标	20×6年			20×7年		
	实际值	得分	评估结果	实际值	得分	评估结果
一、主要指标	27.81分			2.89分		
现金流动负债比率	0.28%	18.12分	预警	29.14%	0.00	安全
资产负债率	74.61%	4.61分	预警	72.89%	2.89分	预警
借款依存度	65.33%	3.07分	预警	33.27%	0.00	安全
已获利息倍数	12.60	0.00	安全	12.28	0.00	安全
经营活动现金流入比重	85.01%	0.00	安全	91.77%	0.00	安全
流动比率	1.18	1.92分	预警	1.32	0.00	安全
速动比率	1.00	0.09分	预警	1.15	0.00	安全
二、辅助指标	3.43分			0.00		
净资产收益率	16.96%	0.00	安全	22.21%	0.00	安全
应收账款周转率	5.51次	0.00	安全	8.82次	0.00	安全
存货周转率	3.94次	3.43分	预警	6.77次	0.00	安全
营业收入增长率	11.99%	0.00	安全	41.76%	0.00	安全
对外担保占净资产的比重	0.00	0.00	安全	0.00	0.00	安全
合计		31.24分	安全		2.89分	安全

1. 存在的问题。海外板块的指标都是处于安全和预警范围内的，因而财务状况无问题。

2. 评估结论。海外板块财务风险评估结果为安全，预警程度较上年有所降低，在可控范围内。

（七）房地产板块某二级公司风险分析（见表6－12）

表6－12 房地产版块某二级公司20×6—20×7财务风险评估情况

指标	20×6年			20×7年		
	实际值	得分	评估结果	实际值	得分	评估结果
一、主要指标	28.65分			51.44分		
现金流动负债比率	3.92%	0.00	安全	－10.50%	20.00分	危机
资产负债率	77.04%	7.04分	预警	80.38%	10.00分	危机
借款依存度	79.59%	5.92分	预警	69.06%	3.81分	预警
已获利息倍数	3.83	0.00	安全	3.75	0.00	安全
经营活动现金流入比重	51.83%	9.09分	预警	44.50%	10.00分	危机
流动比率	1.68	1.60分	预警	1.47	2.63分	预警
速动比率	0.68	5.00分	危机	0.57	5.00分	危机
二、辅助指标	6.46分			4.21分		
净资产收益率	4.88%	5.12分	预警	5.79%	4.21分	预警
应收账款周转率	43.7次	0.00	安全	46.45次	0.00	安全
存货周转率	0.28次	0.76分	预警	0.31次	0.00	安全
营业收入增长率	8.85%	0.58分	预警	42.52%	0.00	安全
对外担保占净资产的比重	48.86%	0.00	安全	36.34%	0.00	安全
合计		35.11分	安全		55.65分	预警

1. 存在的问题。房地产板块存在的问题是现金流动负债比率偏低、资产负债率偏高、经营活动现金流入比重偏低和速动比率较低。

2. 评估结论。房地产板块财务风险评估结果为中度预警，预警程度较上年有所上升，财务风险增加。应加强现金流管理，降低债务规模，提高速动资产规模比例。

三、基建板块某二级单位所属 4 个公司风险分析

（一）一公司风险分析（见表 6－13）

表 6－13　　一公司 20×6—20×7 财务风险评估情况

指标	20×6 年			20×7 年		
	实际值	得分	评估结果	实际值	得分	评估结果
一、主要指标	15.42 分			36.5 分		
现金流动负债比率	18.67%	0.00	安全	－4.62%	20.00 分	危机
资产负债率	82.06%	10.00 分	危机	85.83%	10.00 分	危机
借款依存度	0.00	0.00	安全	0.00	0.00	安全
已获利息倍数	1018.94	0.00	安全	2518.13	0.00	安全
经营活动现金流入比重	0.99%	0.00	安全	0.99%	0.00	安全
流动比率	1.02	4.67 分	预警	0.98	5.00 分	危机
速动比率	0.97	0.75 分	预警	0.94	1.50 分	预警
二、辅助指标	2.08 分			3.45 分		
净资产收益率	58.81%	0.00	安全	34.39%	0.00	安全
应收账款周转率	3.17 次	2.08 分	预警	2.62 次	3.45 分	预警
存货周转率	14.31 次	0.00	安全	24.74 次	0.00	安全
营业收入增长率	30.51%	0.00	安全	19.80%	0.00	安全
对外担保占净资产的比重	0.00	0.00	安全	0.00	0.00	安全
合计		17.50 分	安全		39.95 分	安全

1. 存在的问题。一公司财务状况无大问题，值得关注的是现金流动负债比率偏低、现金流量净额为负、资产负债率偏高和流动比率偏低。

2. 评估结论。一公司财务风险评估结果为安全，预警程度较上年有所提高，总体在可控范围内。应加强现金流量管理，控制债务规模，提高流动资产规模比例。

（二）二公司风险分析（见表6－14）

表6－14　　　二公司20×6—20×7财务风险评估情况

指标	20×6年			20×7年		
	实际值	得分	评估结果	实际值	得分	评估结果
一、主要指标	26.33分			20.00分		
现金流动负债比率	17.44%	0.00	安全	5.85%	0.00	安全
资产负债率	91.99%	10.00分	危机	93.16%	10.00分	危机
借款依存度	0.00	0.00	安全	0.00	0.00	安全
已获利息倍数	1.79	10.00分	危机	3.00	0.00	安全
经营活动现金流入比重	0.98%	0.00	安全	0.92%	0.00	安全
流动比率	1.01	4.83分	预警	0.96	5.00分	危机
速动比率	0.94	1.50分	预警	0.80	5.00分	危机
二、辅助指标	10.33分			0.88分		
净资产收益率	4.50%	1.00分	预警	9.63%	0.00	安全
应收账款周转率	2.27次	4.33分	预警	3.65次	0.88分	预警
存货周转率	9.08次	0.00	安全	8.37次	0.00	安全
营业收入增长率	－30.90%	5.00分	危机	38.48%	0.00	安全
对外担保占净资产的比重	0.00	0.00	安全	0.00	0.00	安全
合计		36.66分	安全		20.88分	安全

1．存在的问题。二公司财务状况无大问题，值得关注的是资产负债率偏高、流动比率偏低和速动比率偏低。

2．评估结论。二公司财务风险评估结果为安全，预警程度较上年有所降低，总体在可控范围内。应控制债务规模，提高流动资产和速动资产规模比例。

（三）三公司风险分析（见表6－15）

表6－15　　　三公司20×6—20×7财务风险评估情况

指标	20×6年			20×7年		
	实际值	得分	评估结果	实际值	得分	评估结果
一、主要指标	27.00分			50分		
现金流动负债比率	13.53%	0.00	安全	－8.06%	20.00分	危机
资产负债率	91.74%	10.00分	危机	94.81%	10.00分	危机
借款依存度	0.00	0.00	安全	0.00	0.00	安全
已获利息倍数	－2.18	10.00分	危机	－3.83	10.00分	危机
经营活动现金流入比重	0.94%	0.00	安全	0.91%	0.00	安全
流动比率	0.99	5.00分	危机	0.89	5.00分	危机
速动比率	0.92	2.00分	预警	0.79	5.00分	危机
二、辅助指标	14.15分			14.20分		
净资产收益率	－11.44%	10.00分	危机	－19.80%	10.00分	危机
应收账款周转率	2.34次	4.15分	预警	2.32次	4.20分	预警
存货周转率	7.37次	0.00	安全	11.51次	0.00	安全
营业收入增长率	26.25%	0.00	安全	12.67%	0.00	安全
对外担保占净资产的比重	0.00	0.00	安全	0.00	0.00	安全
合计		41.15分	预警		64.20分	预警

1．存在的问题。三公司经营活动产生的现金流量净额为负，同比下降较大；资产负债率很高；经营效率较差，利润为负；流动比率偏低；速动比率偏低。

2．评估结论。三公司财务风险评估结果为重度预警，预警程度较上年进一步加重，财务风险进一步上升。应加强经营性现金流量管理，使经营性现金流为正，控制债务规模，提高流动资产和速动资产规模比例，控制成本，提高项目效益。

（四）四公司风险分析（见表6－16）

表6－16　　四公司20×6—20×7财务风险评估情况

指标	20×6年			20×7年		
	实际值	得分	评估结果	实际值	得分	评估结果
一、主要指标	18.00分			19.50分		
现金流动负债比率	12.07%	0.00	安全	13.43%	0.00	安全
资产负债率	88.73%	10.00分	危机	89.48%	10.00分	危机
借款依存度	0.00	0.00	安全	0.00	0.00	安全
已获利息倍数	31.12	0.00	安全	49.37	0.00	安全
经营活动现金流入比重	0.98%	0.00	安全	0.99%	0.00	安全
流动比率	0.94	5.00分	危机	0.97	5.00分	危机
速动比率	0.88	3.00分	预警	0.82	4.50分	预警
二、辅助指标	0.00			0.00		
净资产收益率	9.85%	0.00	安全	10.91%	0.00	安全
应收账款周转率	4.82次	0.00	安全	5.33次	0.00	安全
存货周转率	22.74次	0.00	安全	12.91次	0.00	安全
营业收入增长率	26.33%	0.00	安全	11.27%	0.00	安全
对外担保占净资产的比重	0.00	0.00	安全	0.00	0.00	安全
合计		18.00分	安全		19.50分	安全

1. 存在的问题。四公司财务状况基本无问题，只是资产负债率偏高和流动比率偏低。

2. 评估结论。四公司财务风险评估结果为安全，预警程度较上年有所提高，总体在可控范围内。应控制债务规模，提高流动资产比重。

四、财务风险控制

中国交建下属各单位负责人应对所在单位的财务风险控制负责。

各单位应当对自身的财务风险实行动态控制，建立重大事项报告制度。对于同时有 5 项主要指标处于危机区或财务风险评分结果在 70 分以上的单位，应限期整改，改善财务结构，降低借贷规模和负债比例。出现上述情形，在规定时间内又达不到整改要求的，上级单位应采取限制其银行借款、不予审批投资项目、不予提供借款担保等措施以降低财务风险。

五、财务风险预警体系的经验总结和应用思考

（一）经验总结

中国交建的经验表明，成功的财务风险管理机制至少应该包括：积极的风险管理理念、高层领导的重视与支持、高水平的风险管理团队、畅通的沟通渠道和有效的激励约束机制。

1. 积极的风险管理理念。要建立比较全面的风险控制系统大约需要花费 2—3 年甚至更长时间，中国交建的集团层面和各子公司层面应该重点培养风险意识和理念。风险意识是企业进行主动风险管理的关键，“防病重于治病”，风险理念则是进行有效风险管理的航标。为建立积极的风险意识和理念，中国交建及其下属子公司加强宣传，积极开展内部沟通和讨论，着手了解风险管理的最佳做法和案例，形成对各种风险的总体把握，并确定主要风险及其驱动因素，设定风险管理的基本框架，逐步形成积极的风险意识和理念。

2. 高层领导的重视与支持。风险管理会打破旧有习惯，影响不同部门和岗位的利益格局，只有高层领导形成统一意识并给予支持才能发挥作用。风险管理制度与风险预警体系实施的成败很大程度上在于高层领导是否给予高度重视与支持，风险管理涉及方方面面，需要调动各部门全面参与，很多工作必须由高层领导亲自推动。

3. 高水平的风险管理团队。企业集团风险管理是一项操作性很强的实践活动，没有一定的实践经验是无法胜任的，现在诱发企业集团

出现财务风险的业务实际和环境越来越复杂和多变，涉及的知识面越来越宽，需要掌握必要的复合性的知识。因此，风险管理团队成员必须同时具有较高理论水平和丰富实践经验。

4. 畅通的沟通渠道。企业集团财务风险预警体系能够上下一体有效发挥作用，沟通也是一项关键因素。沟通必须是及时和畅通的，能够针对已形成风险快速拟定适当的应对策略，风险相关信息能够不受人为干扰和限制在各层级及各业务部门间进行传递。

5. 有效的激励约束机制。激励约束机制能够促进有利于企业的行为，制约员工不利行为的发生。激励约束机制是否到位直接影响到风险管理制度的运行效果，财务风险控制情况与企业经营者年薪制考核挂钩，作为兑现奖惩的依据之一，将风险管理与绩效管理紧密连接，促进中国交建短期目标与长期目标、局部利益与整体利益、股东利益与员工利益保持一致，形成有效的激励约束机制。对达到危机区且在规定时间内又达不到整改要求的，应对其采取限制银行借款、不予提供借款担保等措施进行约束控制，才能防范个别处于危机区单位的财务风险进一步扩散，最终影响中国交建集团整体的财务风险水平。

（二）应用思考

1. 持续完善和优化财务风险预警指标体系。近些年来，我国建筑市场环境发生了巨大的变化，PPP 项目增加，超大型项目增加给建筑企业集团财务管控巨大带来挑战，国务院国资委、财政部等部门对建筑企业“两金”压降、降杠杆减负债、PPP 财务管控以及投资并购等方面都提出了明确的要求。各企业集团可结合自身实际，调整优化财务风险预警指标，并适当增加一些表外指标来评价企业集团投资给财务风险带来影响等。以使本案例中的财务风险预警体系更为适应不断变化发展的建筑企业集团的内外部环境。

2. 对财务风险预警情况进行持续跟踪和改进。日常管理中，借助于风险指标的评价情况，要及时发现风险动态，对出现的问题，要进行实时动态调控。对于宏观经济情况、税收政策变化、利率变动、行业财务状况变化等情况，要积极加以研究，及时获取信息，可提前采取相应的应对措施。通过及时开展风险预测分析对企业集团的核心指标进行监测，在选择指定指标的同时，对其他财务指标，甚至对一些非财务指标也要进行相应监测，如安全、质量等，这些非财务指标的反应常常滞后于财务指标，对其进行临监测可以增加风险的预判性。对财务风险预警模型和财务指标体系进行持续完善，同时对可能引起企业集团财务状况恶化的长期财务决策进行监控。企业集团财务状况恶化不是某个时点的突发事件，一般是一个渐进的过程，有些财务决策可能暂时没有带来不利影响，却可能是未来财务状况恶化的根源。因此，这种长期持续跟踪监控就显得非常重要。

3. 关注信息质量对财务风险准确性的影响。企业集团财务成果受诸如政策法规、信息不对称、企业集团的治理环境、内控水平、企业集团文化、绩效考评等众多因素的影响，各种人为因素也会在一定程度上影响风险评结果的准确性，企业集团在利用财务风险模型建立的财务指标体系进行风险评判后，除财务指标外，还需关注一些相关非财务指标，以对得出的财务风险进行修正和完善，或者使评判更加完整、合理。

4. 财务信息系统对企业财务风险应用的重要性。现代社会随着大数据、云计算、物联网、人工智能的广泛应用，信息处理量越来越大，信息传递速度越来越快，如果对相应的信息没有足够的反应速度，就会失去很多机会，也会做出不准确的决策。未来要提高中国交建财务信息系统数据处理的时效性和准确性，应提高集团视角的财务信息系统应用的水平和质量，实时计算出财务风险情况，做出及时和准确决策，从而避免和减少财务风险的发生。

第七章

中国交建财务风险预警案例之二：债务风险控制专题

企业集团及其成员企业合理利用财务杠杆可以获得快速发展，但是财务风险也会相应提高。近年来，我国很多企业和企业集团杠杆率高企，债务规模增长过快，债务负担不断加重。为贯彻落实党中央、国务院关于推进供给侧结构性改革、重点做好“三去一降一补”工作的决策部署，促进建立和完善现代企业制度，增强经济中长期发展韧性，国务院于 2016 年 10 月发布《关于积极稳妥降低企业杠杆率的意见》（国发〔2016〕54 号，以下简称“意见”）。《意见》的出台为中国交建债务风险管理确定了风向标。

第一节　中国交建债务风险控制的依据和总体思路

一、《意见》明确了降杠杆的总体思路

坚持积极财政政策和稳健货币政策，以市场化、法治化方式，通过标本兼治、综合施策积极稳妥降低企业杠杆率，助推供给侧结构性改革、国有企业改革深化、经济转型升级和优化布局，为经济长期持续健康发展夯实基础。《意见》指出，完善现代企业制度强化自我约束需要做好以下3个方面的工作：

首先，要建立和完善现代企业制度。建立健全现代企业制度、完善公司治理结构，对企业集团及成员企业负债行为建立权责明确、制衡有效的决策执行监督机制，加强企业集团及成员企业自身财务杠杆约束，合理安排债务融资规模，有效控制杠杆率，形成合理资产负债结构。

其次，要明确企业集团及成员企业降杠杆的主体责任。企业集团及成员企业是降杠杆的第一责任主体。企业集团及成员企业应强化各级管理层资产负债管理责任，合理设计激励约束制度，处理好长期发展和短期业绩的关系，树立审慎经营观念，防止激进经营致过度负债。落实股东责任，按照出资义务依法缴足出资额，根据股权先于债权吸收损失原则承担必要的降杠杆成本。

最后，要强化国有企业集团及成员企业降杠杆的考核机制。各级国有资产管理部门应切实履行职责，积极推动国有企业集团及成员企业降杠杆工作，将降杠杆纳入国有资产管理部门对国有企业集团及成

员企业的业绩考核体系。统筹运用政绩考核、人事任免、创新型试点政策倾斜等机制，调动地方各级人民政府和国有企业集团及成员企业降杠杆的积极性。

二、《意见》明确了降杠杆工作的原则

遵循市场化、法治化、有序开展、统筹协调的原则，充分发挥市场在资源配置中的决定性作用和更好发挥政府作用；依法依规开展降杠杆工作，政府与各市场主体都要严格依法行事，防范道德风险，政府不承担损失的兜底责任；充分考虑不同类型行业和企业集团及成员企业的杠杆特征，分类施策；与企业集团及成员企业改组改制、降低实体经济成本、化解过剩产能和促进企业集团及成员企业转型升级等工作有机结合。

三、《意见》明确了降杠杆的具体途径

通过推进企业集团及成员企业兼并重组、完善现代企业制度强化自我约束、盘活企业集团及成员企业存量资产、优化债务结构、有序开展市场化银行债权转股权、依法依规实施企业破产、积极发展股权融资等 7 个途径，平稳有序地降低企业集团及成员企业杠杆率。这些途径既有制度性建设的长效机制，也有短期可见效的实招、硬招，对高杠杆风险既有防范也有化解，体现了立足当前、着眼长远的考虑。

四、《意见》明确了降杠杆的政策环境与配套措施

《意见》提出从落实和完善降杠杆财税支持政策、加强市场主体信用约束、强化金融机构授信管理、健全投资者适当性管理制度、减轻企业社会负担、做好企业重组中的职工分流安置工作、落实产业升级配套政策、严密监测和有效防范风险、规范履行相关程序以及更好发挥政府作用等方面营造降杠杆的良好环境。此外，政府还要履行好

国有企业出资人职责。

五、中国交建落实《意见》加强债务风险控制的总体思路

根据《意见》的防控要求，结合国务院国资委发布的《关于进一步加强中央企业债务风险管控工作的通知》（国资评价〔2013〕52号），中国交建的债务风险控制总体思路如下。

通过明确债务风险控制目标和措施，对债务风险进行严格管控，遏制公司资产负债率持续上升态势，使公司整体债务风险处于可控状态。同时，债务风险管控措施的施行不应影响公司整体发展战略，即应支撑“五商中交”发展战略，支持公司可持续发展。

中国交建债务风险管控的总体目标是建立合理的资产负债结构，以资产负债率为综合管控目标，通过债务融资手段与股权融资手段的平衡应用，使公司资产负债率不超过80%，在同行业中保持较为稳健的水平。

第二节　中国交建债务风险控制组织机构

一、成立债务风险管控工作小组

为适应债务风险管控新形势需要，中国交建成立债务风险管控工作小组，进一步强化债务风险管控工作组织领导。中国交建于2013年7月11日颁发《关于成立中国交建债务风险管控工作小组等债务风险管控组织机构的通知》（中交股财发〔2013〕399号），成立了债务风险管控工作小组。债务风险管控工作小组成立后，虽然内部人员有一定变化，但是都能定期对工作小组成员职责分工等进行调整。

中国交建各级单位根据债务风险管控的实际需要，成立了相应的组织机构，债务风险管控工作小组组长由各单位董事长（总经理）担任，财务负责人及分管经营、生产、投资的副总经理担任副组长，债务风险管控涉及的相关部门负责人为小组成员。

二、成立债务风险管控工作办公室

中国交建债务风险管控工作办公室具体负责对涉及债务风险的具体事项进行监督落实，涉及影响资产负债率的投资等事项，须先行报经债务风险控制工作办公室审批同意后方能提交总裁办公会、董事会审议。一般来说，债务风险管控工作办公室设在财务资金部，由财务总监兼任债务风险控制办公室主任，财务资金部总经理兼任副主任，小组成员包括财务资金部相关处室负责人及其他工作人员。

中国交建要求各成员单位应根据债务风险管控的实际需要，成立相应的债务风险管控工作办公室，具体负责本单位的债务风险管控责任的具体落实。

第三节　中国交建债务风险的分级控制

按照国务院国资委有关依据债务风险程度分类监管的要求，中国交建对各二级单位实施三级管控，即分为重点关注企业、重点监控企业、特别监管企业三类进行管控，每年年初债务风险管控工作办公室对各二级单位进行风险评估，提出三类风险管控名单。

一、特别监管企业

中国交建将财务风险评估为危机的单位以及已经出现经营亏损的

单位纳入特别监管企业名单。纳入风险管控名单的企业须提交整改措施方案，并按季度提交整改进展报告。该类企业一般不得从事投资、并购业务，如果确实需要从事投资、并购业务必须将相关方案报经债务风险管控工作办公室审核批准后，方能按正常投资、并购审批程序申报。

二、重点监控企业

中国交建将连续三年经营活动现金流量总和小于0的企业或连续三年中有两年年度现金净流量为负数的单位，资产负债率大于90%的施工、外经企业，资产负债率大于85%的工业企业、投资企业、房地产企业以及资产负债率大于80%的其他企业，作为风险重点监控企业。该类企业主要负责人和总会计师应在每年年初向债务风险管控工作办公室专题汇报本企业在资金使用、投资、预算控制、融资结构优化、减少资金占用等方面推动债务风险管控工作的措施与效果。

三、重点关注企业

中国交建将资产负债率超过65%的设计下属企业，资产负债率超过70%工业企业，资产负债率超过80%的施工、疏浚、外经企业，资产负债率超过75%的其他企业，纳入重点关注企业名单。债务风险管控工作办公室定期对相关企业信息进行通报和分析。

第四节　中国交建债务风险目标值控制

一、建立资产负债率控制目标体系

在中国交建各下属单位总体资产负债率不超过80%的要求下，实施各类企业资产负债率目标控制：施工企业、外经企业不超过85%；设计企业不超过65%；工业企业、房地产企业、投资企业及其他企业不超过70%。

二、建立经营相关债务风险指标目标控制体系

中国交建进一步加强经营相关债务风险指标控制，要求应收账款、其他应收款、存货、长期应收款指标整体增长水平不得超过营业收入的增长幅度，对超标现象必须制订相关方案并提出具体措施报债务风险管控工作办公室审核。中国交建各下属单位应进一步强化应收账款、其他应收款、存货、长期应收款管理，认真组织实施并定期跟踪分析实施效果，年度终了时应将相关管控措施执行情况报债务风险管控工作办公室。

三、建立投资相关指标目标控制体系

债务风险管控工作办公室按照中国交建资产负债率控制要求发布年度总体投资控制目标，控制目标包括：一是既定投资总额下的当年带息负债控制总目标。此总目标的确定可按照资产负债率控制目标测算带息负债控制总目标，同时反向测算总的新增投资额度上限，由各单位及投资部门酌情掌握。二是股权融资最低比率，即在投资规模超过第一部分目标的情况下，项目单位必须制订明确的股权融资方案，报经债务风险管控工作办公室审核批准后，方能按照正常的投资审批程序上报审批。

第五节　中国交建债务风险监测管理

中国交建责成债务风险管控工作办公室建立债务风险监测体系，

科学合理设置监测指标体系和控制标准，合理确定监测范围，加大对高负债下属单位的风险管控力度。债务风险管控工作办公室定期评价各单位的债务风险管控效果并向集团管理层、有关部门、各单位通报。对于债务风险控制不力、资产负债率持续上升、财务状况恶化的下属单位，债务风险管控工作办公室将约谈单位主要负责人；对于发生财务危机、造成重大损失的下属单位，债务风险管控工作办公室将开展责任调查和追究工作，并根据具体情况报集团管理层建议给予相关惩处。

一、树立债务风险理念

中国交建各相关部门、单位应完善投资、融资、资产管理、成本费用、生产经营与绩效考核等相关管理制度，增加有关债务风险控制内容，落实规模、效益与债务风险综合平衡理念，将债务风险管控与其他各项管理工作有机结合。中国交建预算考核部门将债务风险管控纳入企业负责人经营业绩考核范围，将资产负债率作为考核指标的同时，对纳入风险监控名单的企业的考核目标值不高于上一年度末实际值，同时适当上调经济增加值适用的资金成本率；投资部门对投资审批程序进行适当修订，与债务风险管控工作办公室协调配合。中国交建战略发展部门对对外并购业务进行严格控制，原则上不得实施造成资产负债率上升的并购项目。重点监控企业和特别监管企业原则上不得实施新的并购，特殊情况必须报债务风险管控工作办公室进行财务能力审查。中国交建、人力资源部门对纳入风险监控名单的企业的职工工资增长实行严格控制。

二、严控对外并购，提高投资质量

中国交建严格控制对外并购，所有对外并购都须按照国务院国资委及企业集团相关规定一事一批，坚决贯彻“不符合主业投资方向的坚决不搞，超出自身投资能力的坚决不搞，投资回报率太低的坚决不搞”的要求。中国交建各级公司清理低效资产及投资，对不能为企业集团及成员企业带来经济效益或效益低下的资产及投资，原则上应进行转让或处置，同时加强资产、投资处置的过程监控管理，确保资产、投资效益最大化。

三、建立债务信息系统，加强债务过程监控

中国交建建立债务管理信息系统，通过信息化手段实现对债务的全过程、全方位管理，通过精细化的债务管控，固化业务流程，防范内控风险，实现财务与业务各相关系统的集成应用，从而形成债务管理的内控体系。

四、强化全面预算管控，保证债务风险管控目标落实

中国交建将债务风险管控目标分解细化为投资项目、现金流量、资产购置、债务规模、应收款项和存货等关键指标，并纳入企业集团及成员企业全面预算管理体系，将经营预算和投融资预算紧密结合。加强对相关预算指标完成情况的过程监督，定期跟踪分析，实时纠偏。特别是对项目投资、资产购置、债务规模总额实行预算“硬约束”，中国交建通过强化预算管控，确保年度债务风险管控目标任务完成。

第六节　中国交建下属二级单位债务风险管控实例

一、中国交建第二航务工程局有限公司债务风险控制

中国交建第二航务工程局有限公司（以下简称“中交二航局”）

在认真学习了国务院国资委相关规定要求基础上，充分认识到债务风险管控的重要性和紧迫性。为进一步加强债务风险管控工作，结合公司实际情况，提出加强本单位债务风险管控的思路和措施。

（一）债务风险管控思路

中交二航局与中国交建债务风险控制思路保持一致，落实规模、效益与债务风险综合平衡理念，将债务风险管控与其他各项管理工作有机结合，并将其作为中交二航局各级领导层、各部门的重要工作任务。完善债务风险管理体系，细化管控措施，实行分级管理，做到分工明确、职责清晰、各司其职、各负其责。管控思路可以总结为："总体控制、统一管理、预算统筹、项目落实。"

总体控制是指抓住"资产负债率"指标这个"牛鼻子"，通过该指标总体控制中交二航局负债规模。中交二航局每年年初根据中国交建资产负债率预算考核控制指标进行资产负债预算，测算出中交二航局及其下属单位有息负债与无息负债的具体水平，综合考虑规模、效益与债务风险，合理确定当年传统业务与投资业务项目规模。

统一管理是指中交二航局统一管理传统融资与项目投资融资，各级子公司融资需求均由中交二航局统一审批安排。中交二航局通过贷款占营业收入比重、贷款增长比例和营业收入增长比例等指标，对本企业及下属各单位生产经营性贷款进行总额控制。根据每年年初确定的投资业务规模，对项目投资贷款进行总体控制。

预算统筹是指中交二航局下属各单位根据其自身生产经营的具体情况，通过资金滚动预算、资金计划、资金预测等控制手段，对其资金收支统筹安排，提高资金的计划性，提升资金使用效益及效率。

项目落实是指各生产项目部门根据生产进度计划、资源配置情况以及中交二航局各项规章制度编制项目资金收支预算，及时进行计量、结算、收款，回笼资金，充分论证分包供应商支付条款的设计是否合理，严格按照资金计划及相关条款支付资金。

（二）债务风险管控措施

1. 充分认识债务风险管控的重要性和紧迫性。根据中国交建统一安排，建立债务风险监测与预警机制，科学开展债务风险监测分析，保证中交二航局及其下属单位持续、稳健经营。

2. 债务风险管控纳入绩效考核。中交二航局将债务风险管控纳入下属分公司和子公司负责人经营业绩考核范围。通过对资产负债率、贷款占营业收入比重等债务风险类指标设定合理的控制警戒线等措施，严格控制债务规模过快增长。设定应收账款周转率、到期款项回收占营业收入比例、完工未结算款项占营业收入比例、应付账款占营业收入比例等指标，加快资金回笼，优化债务结构，切实防范债务风险。

3. 采用预算手段加强债务风险管控。中交二航局加强投资项目、现金流量、应收款项和存货等关键指标的预算控制。通过强化预算管控，确保全年经营目标任务完成，严控资金难以落实的投资，加快资金周转，提升现金保障能力。

4. 债务风险分类标准和管控。中交二航局确定债务风险管控分类标准，落实债务风险管控措施，实施债务风险分类分级管控，明确违约风险、结构风险、效益风险、社会风险控制目标，落实各项风险控制措施，优化财务管理状态。

5. 合理确定债务比率，控制债务规模。中交二航局根据资金需求计划，在集团资产负债率考核指标85%的基础上，将整体负债水平控制在集团基建公路板块行业标准值80%与严控值90%之间，合理控制债务规模。

6. 优化债务结构以降低财务风险。中交二航局在总体债务规模可控基础上，保持有息负债与无息负债之间的合理水平，长期负债与短期负债的合理搭配。

一是保持合理的应付账款水平。①中交二航局设计了应付账款占营业收入比例指标，经过测算，将目标值定位在中国交建基建板块平均水平基础上，确保拥有合理的无息负债。②中交二航局采取了一系列保障措施确保指标值在合理区间。保障措施包括：推进设备物资集中采购、引进资金实力较强的供应商拉长资金支付周期、协助供应商办理保险融资等。③中交二航局制定分包及供应商支付结算办法，对资金支付比例、周期等进行详细规定，并严格执行。中交二航局出台《中交二航局经营现金流考核办法》，在加强经营性现金流量管理的同时，要求实行合理支付，提出应付账款占营业收入比重为35%的管控目标。

二是严格控制企业有息负债。中交二航局通过资金集中，提高内部拆借水平，降低生产经营性贷款需求。同时，对建设—移交（BT）投资项目采取分期滚动建设方式，加快回购款回收，减少贷款需求，降低资金回购风险。

三是适当增加长期负债水平。具体表现为，项目融资采用长期借款；在考虑效益基础上，通过发行私募债等方式寻找长期借款用于生产经营；规范分包供应商质保金相关规定，提高质保金金额。

7. 增强偿债能力，确保债务偿还。一是加快在建项目计量及完工项目结算，形成合法债权，减少完工未结算资金占用。将完工项目结算落实到各单位，由专人负责。中交二航局完工项目结算比例要求达到60%以上；在建项目计量情况纳入项目领导班子年度绩效考核；已完工未结算金额占营业收入的比例须小于20%。

二是加大在建项目应收账款回收及完工项目应收账款清收力度，确保现金及时回笼。将完工项目清收落实到各单位，由专人负责，完工项目清收比例要达到64%以上；在建项目回收情况纳入项目领导班子年度绩效考核；在建项目应收账款回收应不低于合同约定的比例。

8. 强化成本费用控制。确保成本费用占营业收入比例不超过上一年度水平，期间费用增幅不超过营业收入增长幅度。紧紧抓住对外分包、大宗物资材料采购、设备租赁等成本控制的关键环节，加强合同评审与结算的过程管理，降低成本增加效益；将职工薪酬、管理费用、财务费用纳入预算管理，对各单位下达预算控制指标，做到职工薪酬增长比例不超过利润增长比例，管理费用与间接费用中的接待费用原则上要降低5%，在规模增长的同时，办公费与差旅费不得高于上一年度水平，并实行严格的过程监控。

9. 进一步落实经营项目投标评审制度。从源头上筛选投标项目，保证项目质量。对不能给中交二航局带来效益或现金流入的项目坚决不投标，对支付比例偏低或缴纳保证金项目要经过严格评审后决定是否投标。

10. 加强投资项目前期的筛选与审核论证。中交二航局严格执行“五不做”投资原则，即不符合投资方向、融资不落实、回购资金担保不落实、指标不达要求、超过自身能力的项目坚决不做。

11. 高度关注BT项目资金回购。中交二航局制订《中交二航局BT项目回购管理办法》，对项目业主履约能力定期进行评估，关注风险，适时采取措施。

总之，债务有序管理关系中交二航局的长远健康发展。中交二航局将集中精力，自上而下统筹规划，自下而上逐项落实，通过预算考核、过程控制，确保债务的有序可控管理，促进中交二航局长远健康发展。

二、中交集团第二公路工程局债务风险控制

中交集团第二公路工程局（以下简称“中交二公局”）对债务风险进行了认真的分析评估，充分认识到债务风险管理的重要性与紧迫性，有关债务风险管控思路和具体经验措施如下：

（一）债务风险管控思路

1. 加强组织领导，将债务风险管控作为全面风险管理的重中之重。中交二公局成立了全面风险领导小组，下发了《关于印发局风险管理领导机构及局机关各部门风险管理职责等文件的通知》，对风险小组的职能、各处室职责分工、风险信息统计等都做了全面和明确的指示。

中交二公局制订了全面风险管理工作计划，将债务风险管理纳入全面风险管理范畴，并把债务风险作为全面风险管理的重中之重。中交二公局未来还应进一步加强组织领导，完善债务风险管理体系及各职责部门分工，细化管理措施，强化管控手段，持续采取“事前防范、事中控制、事后完善”管理思路，齐抓共管，将债务风险管控落到实处，从领导做起，从思想认识上进一步加强债务风险管理。

2. 理性决策，严控投资规模，市场开拓方面“稳”字当先。通过科学投资、理性决策机制，中交二公局投资业务快速健康发展。通过成立专门的投资管理机构、健全投资制度、明确投资方向、理顺业务流程和规范投资行为，中交二公局增强了抗风险能力。在投资决策过程中，中交二公局按照初步评估、专业评估、局总经理办公会审议、局董事会决议和中国交建集团审批“五步法”严把投资决策关口，科学地选择、评估项目，对投资项目进行好中选优，贯彻实施“五不做”原则。

3. 优化融资结构，扩大直接融资比例，压缩间接融资规模，防范单一融资渠道带来的债务风险。由于公路建设市场面临资金严重短缺，企业融资成本大幅增加。中交二公局贷款金额居高不下，由此引起的债务风险势必会增大，针对目前现状，中交二公局扩大融资渠道、调整资本结构已迫在眉睫。中交二公局将继续开展融资租赁、应收款项保理、申请发行私募债券等方式，进一步扩大直接融资比例，压缩间接融资规模，降低单一融资渠道的债务风险。

4. 强化成本费用控制，确保成本费用利润率提升。中交二公局本着“低成本”和“精细化管理”的思路，狠抓在建项目经营管理工作，加强成本费用控制和变更索赔工作，提高项目盈利水平。在控制成本费用支出方面，中交二公局严格控制对外捐赠规模，可控费用压缩至少 10% 。

5. 减少资金占用，强化资金管控，提高资金使用效率，严控新增存货和应收账款规模。

（1）中交二公局继续加大资金集中管理力度，充分利用资金系统对账户进行管理，争取集中各个项目闲置资金，提高资金使用效率。

（2）中交二公局继续加强存货管理，减少资金占用。一是在能满足生产需求的前提下，尽量减少可盘存货，降低存货资金占用。二是对已完工未结算占用的大量资金继续加强项目监管、计量结算，从而减少资金压力和成本。

（3）应收账款管理严抓不怠。应收账款管理，尤其是已到期应收款项催收管理仍是工作重点，中交二公局将继续落实年度催收工作，制定清欠措施，提高催收效率。

中交二公局通过以上措施确保“存货”和“应收账款”的总和不超过主营业务收入的 40% ，将财务风险降至最低。

6. 加强债务风险管控体系建设，确保经济健康发展。中交二公局建立债务风险管控预警体系，制定债务风险管控分类标准和管控措施，实施债务风险分类管控，进一步加大对中交二公局下属各单位债务风险管控力度。

7. 强化考核机制，发挥激励与约束作用。中交二公局优化激励管理办法，将债务风险控制和业绩考核、薪酬管理等有效结合，对企业责任人进行有效激励。同时，建立长效考核机制，不仅在一个考核期内进行考核，还应该在一个项目完成后对项目进行真实客观地评估。

（二）债务风险管控具体措施

1. 加强风险管控意识。中交二公局成立全面风险管理领导小组，健全完善全面风险体系，通过对年度风险管理工作计划的落实，促进中交二公局及下属单位提升管理水平，防范生产经营管理风险。以上管理措施得到中交二公局董事会和经营管理层的认可，并对其下属各部门及各单位的风险管控工作提出了加强全面风险识别和管理工作的要求。这对于改善管理、堵塞漏洞、防范风险、提高经营质量和抗风险能力、建立和完善局内控制度等都起到了强有力的警示和促进作用。

2. 重大投资决策全程控制。中交二公局严控投资规模，对新增投资项目谨慎决策、量力而行。

（1）在事前决策阶段的具体措施。

①从普通员工到企业决策者，必须树立风险防范意识，重视风险控制，为风险决策奠定良好的基础。

②投资决策过程必须遵守程序标准，各级管理者严格遵守公司章程、公司治理规则和有关决策制度。

③ 高度重视决策信息收集，项目可行性论证必须内容完整，管理者的依据科学、可靠，对风险有充分分析及提出防范措施，保证决策质量与决策效率。

（2）在事中控制阶段的具体措施。

①中交二公局建立可靠的监督机制，对决策全过程进行监控，排除情况不明、仓促立项，方法不对、估算有误，考虑不周、缺项漏项，弄虚作假、不负责任，审查不细、把关不严等风险因素。

②中交二公局投资项目实行审计制度，督促各单位（部门）严格执行有关规章制度和风险管理政策。

③在决策过程中，针对决策对象差异，合理分配决策权，中交二公局严格控制超限额和越权情况。

④投资决策实施表决制度，在决策过程中，中交二公局允许提出不同意见和保留不同意见，重大投资项目必须获得参加表决人数三分之二以上人员同意方可通过。

⑤年度投资计划须报上级审核。

（3）在事后考核处置阶段的具体措施。

①投资项目实施单位和主管部门应及时研究国家政策、法规和市场情况，对实施的投资项目进行过程监控分析，对可能引发的风险因素或已发生的决策风险提出具体处置建议并及时报告，以便决策层及时修正，提出合理的风险解决对策。

②对发现的违纪违规问题做出依法纠正处理，对因重大投资失误造成资产流失的责任人，中交二公局追究其经济责任、行政责任甚至法律责任。

3. 融资方式需多元化。

（1）在过去的几年，中交二公局采取应收账款买断、融资租入固定资产等方式有效扩大了融资渠道。积极与银行机构（如中国进出口银行、交通银行股份有限公司、昆仑银行股份有限公司）等金融机构加强合作，不仅扩大了融资渠道，降低了融资成本，而且改善了融资结构。

（2）通过对多种融资途径的分析、调研以及与主承销商（中国光大银行股份有限公司）多次沟通，向总公司申请在银行间债券市场发行总额不超15亿元的“非公开定向债务融资工具”。此次融资有助于中交二公局更合理地调整中长期资金融通，科学配比用款需求，有效防控财务风险和融资风险。中交二公局还将进一步对“委托债权投资”等产品进行调研，力争进一步扩大企业融资渠道。

4. 加强成本管控水平。中交二公局应继续加强对项目合同成本和机关费用的管理，进一步降低成本费用支出。

（1）加强项目标前评审，提高中标项目的质量。中交二公局不低价抢标，不投亏损标，积极抢占效益相对较高的项目，多投可以提高现有资源利用率的项目。针对海外项目，参建公司与海外事业部必须签订标前协议。

（2）中交二公局重视项目前期策划，及时下达标后预算，强化分包队伍管理，推行远程结算，提高成本受控率。

（3）中交二公局充分利用物资机械软件管理系统，对物资设备实行集中管理、统一调配。具体措施包括：加大设备的利用率，避免设备的重复购买，降低重复投入；大力推行材料和设备集中招标采购和管理，进一步降低采购成本；加强现场物资和设备管理，最大程度减少浪费与物资流失，提高设备利用率，从而降低物资设备使用成本。

（4）中交二公局优化工艺，保证质量和安全，降低质量成本和安全成本。通过加强管理创新和技术创新，规范和优化施工工艺，挖潜创效。加强质量和安全管理，减少各种因质量和安全问题造成的成本增加。

（5）中交二公局及下属各单位均要本着“低成本”和“精细化管理”的思想，控制机关管理费用支出，特别是业务招待费、差旅交通费的支出，每年年初下达预算数额，严格实施过程管控。

5. 降低负债整体规模以避免债务风险。

（1）资金管控方面。

①继续加大资金集中管理力度。中交二公局应充分利用资金管理系统对账户进行管理，加大制度执行力度和考核力度，力争各项目闲置资金集中，集中管理有一个大的提升。

②严格控制贷款规模，对中交二公局及其下属各单位贷款规模的无序扩张设定监控指标，控制贷款审批，对于控制指标不达标的单位坚决不给予贷款审批。

③继续加强经营性现金流管理，中交二公局加快项目已完工未结算计量进度及变更索赔工作，加强对业主工程款应收账款、到期质保

金等应收款项的催收力度，以减轻全局资金压力和融资的困难；注重培养和宣传资金管理思想，将考核机制融入日常管理中，彻底改善中交二公局经营性现金流。

（2）加强存货管理，减少资金占用。中交二公局要求各下属单位树立“以产定购”的思想，在满足生产需要的前提下，尽量减少可盘存货库存，以降低存货的资金占用。对已完工未结算的项目要求各单位加强监管，中交二公局督促项目按月梳理，分析成因，责任落实到人，尽量与业主沟通，加强计量结算的管理工作。对未结算的工程款、变更索赔等款项，尽快与业主结款或将资金压力分解到各个分包商，减少企业资金压力和成本。

（3）继续加强应收款项催收管理工作。中交二公局将应收款项管理重点有意识地前移，以防范控制、规范化管理为主。对即将到期的应收账款，在到期日之前积极与业主沟通，对业主延期付款的风险进行提前了解、控制；对已经逾期的应收账款，应定期或不定期进行梳理与报告，通过定人、定责、定方案、抓落实等措施，有针对性地落实各类催收工作。

中交二公局对3项保证金进行月度统计，应收款项进行季度考核，并就应收款项催收管理工作编制“财务动态”；重点关注已到期未收回款项、已完工未结算款项的情况，对长期挂账项目进行统计及原因分析，进一步制订切实可行的催收计划和催收方案，将催收责任落实到人；定期考核评价，根据回收进度和情况，及时调整催收计划，确保每一笔到期应收款有人催收，并能按期收回。

（三）加强债务风险管控的措施

1. 强化预算管控，构建债务预算管理体系，防范财务风险。近年来，由于国内外经济形势和市场环境日益复杂，基础设施行业资金严重短缺，市场规模也日渐萎缩。大部分业主融资能力下降，不可避免地造成企业资金回笼较慢，举债经营，企业债务风险也随之上升。构建企业债务预算管理体系，将有助于防范财务风险。

2. 加强 BT、垫资等投资项目的风险管控。投融资活动是企业经营活动的重要部分，目前，中交二公局的预算管理风险只涉及现金流、预算管理、成本费用、存货风险、工程项目管理等方面，投融资活动游离于预算风险管控之外，缺乏严格科学的管理控制，对其风险很难整体准确把握。如果将债务投资纳入预算管理，就可以在源头控制企业债务投资总额和方向、资金使用，进而在预算执行过程中进行跟踪和调整。最后，对投资结果进行考核，提高预算执行力，从而达到提高债务投资项目分配效率和运营效率，降低财务风险的目的。

三、中交第四航务工程局有限公司债务风险控制

中交第四航务工程局有限公司（以下简称“中交四航局”）结合自身实际情况，成立了以董事长为组长，总经理和总会计师为副组长，财务、投资、市场部、工程管理部及采购部等部门领导为成员的债务风险管控领导小组，切实加强对公司债务风险的评估、管理，着力优化资本结构，有效防范经营和财务风险。一直以来，中交四航局始终坚持低负债运营、债务规模与生产经营规模相匹配的理念，以生产经营的需要为导向，量力而行，适度扩大债务规模。债务规模较为适度、资本结构合理，资产负债率基本保持在 80% 以内。

（一）加强债务风险管理主要采取的措施

严格控制借款规模，合理选择还款期限。中交四航局以偿债能力为“硬约束”、以生产经营的需要为导向，综合考虑市场前景、资金成本等因素，量力而行，严格管理和控制借款规模，合理选择合约性质和安排还款时点。合约性质方面，短期借款主要用于解决资金临时周转需求，而长期借款主要用于投资项目及基本建设；还款时点的安

排方面，主要是为了避免集中还款造成资金紧张，规避无法按时偿还借款的风险。目前，中交四航局借款规模呈现出的特点为：规模适度、可控；结构、性质构成比较合理；还款的时点安排恰当；资金成本也较为经济节约。

（二）严格控制资本性支出，量力而行开展投资业务

资本性支出越大，挤占的流动资金也越大，而在流动资金有限的情况下甚至需要依靠大量的借款解决资本性支出需求。因此，资本性支出对债务结构的影响比较大，加强债务风险管理首先要加强对资本性支出的管理，中交四航局严格控制非生产性的资本性支出，结合项目的实际情况适度支持生产性的资本支出。同时，加强投资业务的可行性评估，量力而行开展盈利前景较佳的投资业务，不盲目、不攀比。

（三）加强催收工程款的组织领导工作

工程款的回笼速度和效果，关系到企业的持续经营状况，如果应收账款规模过大，工程款回流渠道不通畅，势必会影响到生产经营的资金需求。中交四航局着力于建立催收工程款的长效机制，以催收和结算为主线、合同为依据，由下至上分工合作，突出重点、克服难点，催收工作实际效果非常明显。

（四）盘活存量资金，提高资金集中度和资金的使用效率

中交四航局每到月底或者年底，资金存量普遍比较高，但在日常的施工生产过程中均反映为资金短缺，主要问题在于过度分散的资金无法形成规模效应，导致使用效率低下。因此，加强资金的集中管理、提高资金的使用效率显得尤为重要。在实际中工作中，中交四航局要求各项目部除了因业主资金监管之外，其余资金均须进行集中管理。

（五）严格禁止“短借长用”

中交四航局对于投资项目，一般不允许过多借入短期借款，所借款项应与建设期或者运营期的时限相匹配；为解决流动资金短缺而借入的款项，不得流向长期项目的建设。

（六）严格控制成本费用支出

成本费用支出控制的主要内容包括对分包费用、材料采购、设备租赁和日常的办公费、差旅费及业务招待费等的管理。如果控制成本费用效果明显，一方面能够提升盈利能力，另一方面可以减少现金流出。中交四航局通过积极推进项目的精细化管理和加强全面预算管理，严格控制成本费用的支出和抑制成本费用过快增长，收效比较明显，盈利能力不断增强，盈余现金保障倍数不断提高。

负债经营始终是一把“双刃剑”，关键在于要根据企业的实际需要和综合考虑市场前景、资金成本等因素做出相应决策，充分利用财务杠杆效益，优化资本结构，从而提高企业筹资效应。中交四航局对于股份公司设定的资本化比率突破严控值就不得增加新的长期借款的监管要求，进行具体情况具体分析，对于建设期或运营期较长的项目，借入长期款项的优势明显高于借入短期款项，如果采取“一刀切”的办法，势必会增加融资成本和还款的风险。对债务风险可控、资本结构合理的单位，则可以适度放宽监管要求。

四、中国港湾工程有限责任公司债务风险控制

一直以来，中国港湾工程有限责任公司（以下简称“中国港湾”）对风险的管理始终秉承规模、效益与风险综合平衡的理念，遵循“全面管理，预防为主”的原则，通过发挥中国港湾各个层面人员的主观能动性，定期对可能发生的各类风险进行评估并落实相关责任部门，

对风险严格管控，从而有计划地减少或避免风险发生的概率或者影响，增强中国港湾对风险的预测与应变能力。对于投资、融资、成本费用、职工薪酬、对外捐赠、应收账款、存货等重大事项的管理，中国港湾一直以持续健康发展作为基础理念，落实工作责任，细化管控措施，科学合理地管控各类债务风险。

（一）投资、融资业务债务风险的管控

由于投融资类型的施工项目具有规模大、投资大、持续周期长的特点，站在中国港湾角度，任何一个环节出现问题，整个项目甚至整个公司都可能会陷入难以自拔的财务困境。因此，中国港湾自从涉足投融资行业领域以来，一直对投融资项目持谨慎态度：

1. 做好项目的甄选并不断加强管理。选择一个好的项目，就等于成功了一半。中国港湾在项目投标前，对项目的成本进行严格估算，保证项目收入能够覆盖项目成本，从根本上杜绝因亏损而导致的资金缺口。

2. 设立标准和规范，从制度上对项目的投融资严格把关。中国港湾在对待投融资项目进行融资时，通过制定一些原则性的标准和规范，在项目融资过程中，从根本上把控项目融资风险。

3. 制定审批制度并严格执行。中国港湾要求，只要涉及投融资的项目，必须经由中国港湾总部各部门审核会签，再由中国港湾总部领导批准。超过一定金额的融资，必须经由总经理办公会讨论，乃至董事会批准。通过对项目审批从严把关，降低投资风险。

4. 做好前期工作，完善事前调查，深入挖掘项目可能产生的风险。从投融资项目的事前审批到项目谈判这一系列的过程中，中国港湾还会进行各种审核、评估和尽职调查，包括聘请独立第三方顾问介入，通过多角度、多方位对项目风险进行评估，力争将风险降到最低。

5. 加强成本控制，严格项目管理。中国港湾在投融资项目的实施

过程中严把质量关，建造令业主满意的工程，重视存货的批复和应收账款的催收，保证项目的现金流不出现问题，避免不必要的融资。

（二）成本费用的管控

中国港湾自成立时起，就根据中国交建的要求对境内、境外所有单位实行全面预算管理，并根据《中国交通建设股份有限公司全面预算管理制度》制定了《中国港湾工程有限责任公司全面预算管理实施细则》，通过规范从制度上加强管理。中国港湾设置预算管理委员会作为领导机构，并由相应的职能部门作为预算工作的审核和监督部门，保障预算工作的有序开展。

1. 对于项目成本预算，中国港湾承揽的所有项目均纳入预算体系，严格按照职能部门审批的中标后预算进行核算，确保项目预算管理覆盖率达到100%。

2. 对于管理费用预算，由财务部牵头，通过各级部门审核，并经过中国港湾预算委员会审核，中国港湾办公会、董事会批准后，下达各部门执行。在执行过程中，财务部按月对总部的费用预算执行情况、按季度对境外管理费用预算执行情况进行分析，对超支进度较大的部门和单位进行监控，力争费用预算控制在年度预算范围内；对在建的重点项目进行分析，尤其是对出现亏损以及可能存在潜在亏损的项目开展专题分析，真实反映项目存在的问题，为领导下一步决策提供支持。

（三）职工薪酬的管控

中国港湾在人工成本管控过程中，坚决贯彻《中国交通建设股份有限公司工资总额管理办法》以及国家有关收入分配的政策法规，严格落实中国交建下达的年度工资总额计划，始终把工作重点放在“切实理顺效率与公平的关系，不断完善工效挂钩分配机制”上，不断健全和完善工资总额和人工成本管控体系和机制，充分发挥收入分配机制的激励和导向作用。为全面实现人工成本的科学合理管控，中国港湾主要从以下几方面管控工资总额和人工成本：

1. 统一思想，高度重视，充分认识人工成本管控工作的重要意义，坚决做好人工成本管控的各项工作。人工成本是企业经营活动中的一项重要成本，支出是否合理，不仅影响企业效益，更直接关系到企业的持续发展。中国港湾在快速发展的同时，始终非常重视人工成本的管理和控制，要求境内外各单位高度重视、充分认识企业人工成本管控工作的重要意义，切实加强领导。在提升经济效益的同时，严格执行中国交建收入分配的政策规定，从人工成本控制入手认真分析查找管控中存在的问题和不足，进行开源节流、降本增效，促进员工工资增长与经济效益增长保持合理关系，使人工成本管控更加符合自身业务发展特点，推动公司整体业务持续健康发展。

2. 中国港湾强力推行人才发展战略，不断优化薪酬管理体系，加强人工成本全方位管控。中国港湾始终倡导和推行以人本管理为核心的人才发展战略，不断夯实基础，健全和完善以目标管理和绩效考核为核心的薪酬管控体系，切实改善人工成本的投入结构，增强企业的创新能力和核心竞争力。

3. 中国港湾建立科学规范的工资总量调控机制，动态调控人工成本总量。中国港湾为增强企业的市场竞争力，保证职工工资收入随企业经济效益的增长而适度增长，在人工成本管理工作中，坚持工资总额计划安排与人工成本和效益承受能力相匹配的原则，通过动态调控工资总额，有效控制人工成本，形成有效的工资总量调控机制。

4. 中国港湾结合人工成本审批和预算管理、年度业绩考核和审计，开展定期的内部收入分配督导和检查，加强薪酬和人工成本监管力度，推动公司人工成本管理水平不断提升，完善公司人工成本与效益联动机制。

（四）对外捐赠业务的管控

捐赠业务是企业回馈社会的一种方式，对外捐赠也是宣传自身企业文化的一种途径。多年来，中国港湾一直秉承自愿无偿、量力而行、诚实守信的基本原则，通过福利院、基金会、商会等多种途径向社会奉献着一份力量，赢得了多方好评。在对外捐赠的管理方面，中国港湾严格执行《中交股份对外捐赠管理办法》及《中国港湾对外捐赠与赞助管理实施细则》中的相关规定，对捐赠和赞助行为严格实行预算与限额双重管理。

每年 10 月底，中国港湾总部下属的各部门、驻外机构和直管项目部将本部门、本单位下一年度的对外捐赠和赞助申请报告报送中国港湾总部，捐赠、赞助的业务由专属管理部门管理，在对下一年度的对外捐赠和赞助预算项目、支出方案及支出规模等预算安排做出详细说明的同时，对上一年度捐赠和赞助的实施情况及预算执行情况进行总结。相关管理部门根据公司相关规章制度将汇总的对外捐赠和赞助预算提交审批，审批结果于每年 12 月 31 日前对各驻外机构和直管项目部公布。

对因重大自然灾害等紧急情况需要超出年度预算申请范围的对外捐赠或赞助事项，不论金额大小，中国港湾总部具体实施部门和驻外机构均及时、逐笔行文报公司管理部门，并按总部签报审批流程履行审批手续。

（五）应收账款的管控

作为企业生存的根本，中国港湾历来重视应收账款的风险管理。

1. 加强对发包单位的甄别，选择合适的业主。为了从源头控制坏账的发生，中国港湾在选择现汇项目，特别是私人业主现汇项目时，将业主的财务实力状况作为项目可行性评价的一项重要指标，主动放弃资金实力弱、信誉不佳的业主的项目。

2. 建立明细台账。针对全球金融危机发生以来一些地区工程项目应收账款拖欠现象严重的问题，中国港湾在管理中将应收账款分为“正常应收工程款”与“超期应收工程款”分别进行不同管理。对超期应收账款重点催收，积极研究对策，防范坏账风险。

3. 定期展开应收账款分析，加强对应收账款的催收。中国港湾按季度定期对应收账款管理情况进行全面系统地分析，并撰写分析报告，积极寻找对策。在做好应收账款的分析和面对国际金融形势以及所在地金融形势风险的同时，关注业主的财务资金状况变化，提示驻外机构及时向业主办理催收。对于通过国内政策性贷款的项目，积极与政策性银行等机构沟通，争取早日放款。

4. 积极利用应收账款买断等形式回收资金。中国港湾积极推进与银行之间的保理业务，为融资筹资开辟新的市场空间和应收账款的回笼寻找新的途径，也积极与银行和业主沟通，探寻用质保金，保函替代质保金，尽早释放项目质保金。

（六）存货的管控

作为建筑企业，中国港湾的存货绝大多数是由于项目工程量未及时得到业主的认可、工程施工科目多于工程结算科目所致。因此，中国港湾对存货的管理有别于其他行业。目前，针对存货的管理措施主要包括以下 4 个方面：

1. 加强对发包单位的甄别，选择有实力的业主。为了从源头控制存货积压的情况发生，防止部分业主在资金短缺的情况下故意不批复存货，中国港湾必须选择有实力的业主。中国港湾在选择现汇项目，特别是私人业主的现汇项目时，应将业主的财务实力状况作为项目可行性评价的一项重要指标，主动放弃资金实力弱、信誉不佳业主的项目。

2. 加强与业主沟通，解决双方争议，加快存货批复。中国港湾通过与业主积极沟通，及时提交工程量单供咨询工程师和业主审批，在审批过程中始终保持与咨询工程师和业主的沟通联系，解决审批过程中可能存在的争议问题，缩短存货审批的过程。

3. 建立存货检查制度。中国港湾在管理中要求将存货分为“正常存货”和“非正常存货”，分别进行管理，对于超期未批复、有争议、亏损的存货进行重点追踪，积极研究可行的对策，防范风险。

4. 定期开展存货分析，积极寻找对策。中国港湾按季度定期对存货管理情况进行系统分析，并撰写分析报告，积极寻找对策。分析报告分地区对存货的存量、增量情况进行分析，并对中国港湾下属各分支机构的应收账款质量进行评价，提供应收账款的运行信息，揭示风险，为应收账款管理提供决策依据。

作为主营交通建筑领域的综合对外经济贸易企业，中国港湾所处的经营环境复杂，面临的风险严峻。勤俭持家、严控风险一直是公司的一项重点工作。在今后的工作中，中国港湾将在中国交建的领导和支持下，坚定不移地加强债务风险管控力度，严控投资规模、优化资本结构、严控成本费用，提高资产使用效率，保证公司持续健康发展。

第八章

中交集团财务风险预警案例之三：PPP项目财务风险预警专题

项目投资是企业集团及其成员企业在经营中的重大决策，对企业集团起着战略性作用。知识经济的兴起、信息技术的发展和经济全球化的深化，以及“一带一路”建设过程中的机遇和挑战，都是财务风险管控面临的环境不确定性。投资项目的风险就是指，由于以上不确定性的存在导致项目实施后偏离预期结果损失的可能性。如何识别、评价并最终控制风险是目前企业经营中迫切需要解决的问题。一般来说，投资项目在前期决策阶段已进行了周密详尽的可行性研究，但是项目前期决策阶段很难完全准确预计到项目实施过程中存在的诸多不确定性因素及其对项目投资收益的影响。当前，由于粗放式管理导致投资效果不理想，甚至亏损的负面案例比比皆是。

第一节　城市综合开发类项目财务风险预警

城市综合开发类项目属资金密集型项目，投资金额大、投资回收期长。开发过程中涉及环节多，政府部门审批流程烦琐、相关法律法规复杂。为全面控制风险，实现预期投资收益，项目建设单位必须采取切实有效的风险管控措施。

一、项目基本概况

2012 年，中国交建中标某市新区综合开发项目投资建设，项目总投资额高达 380 亿元，主要工程内容包括海堤、防洪、填筑、围堰、吹填造地及地基处理、市政道路及配套管网和桥梁等工程。建设运营期 14 年，该项目于 2013 年 1 月开工。

为能够及时根据外部宏观经济环境、市场、项目实施环境和现状的变化，科学有序地动态调整各项投融资计划与实施进度，保障项目预期收益的顺利实现，项目公司于 2013 年开展“投资项目投资管控模型系统”开发及研究工作。2015 年 7 月，系统顺利通过集团专家组验收工作。2015 年 8 月，系统在公司全面推广并上线运行，系统目前已具备标杆设立、计划管理、全周期模拟运算、谈判模拟等功能。

二、项目风险管控的理论依据与要求

（一）风险信息收集

投资项目本身是一个复杂系统，影响它的风险因素很多。风险信息是从系统出发，横向涉及项目的各个方面，纵向涉及项目建设的发展过程，在众多的影响因素中找出因素，分析它们引起投入产出变化的严重程度。项目的主要风险包括以下几大类：

1. 政策风险：城市综合开发项目投资大、运营周期长，政策风险往往成为投资面临的最大风险。

2. 经济风险：是指由于国际和国内经济形势变化，如中美贸易摩擦带来的利率、税种税率、汇率变动，以及发生通货膨胀引起投资增加、生产成本上升、财务费用提高、收入相对贬值的风险。

3. 市场风险：是指项目运营期内由于市场需求下降、价格变动等因素使销售收入减少的风险。

4. 财务风险：包括融资风险、投资风险、经营风险、资金回收风险、税务风险等。财务风险有别于经济风险，主要是由于税收税率、利率变动，通货膨胀等因素影响，直接导致的项目财务状况、损益情况和现金流量风险。

5. 融资风险：土地一级开发项目具有资金投入大、投入时间集中的特点，资金筹措难度极高；一旦资金不能及时、足额筹措到位，项目开发会受到严重影响。

6. 自然风险：是指由于地质、气象、地震等原因直接破坏项目或导致项目无法建设、运营的风险。

7. 项目管理风险：是指在项目建设、运营过程中产生的管理风险。主要包括：进度控制风险、成本控制风险、质量管理风险、合同管理风险、安全管理风险、组织管理风险、项目建设风险。

（二）风险评估

按照财政部、中国证监会、审计署、中国银监会和中国保监会联合发布的《企业内部控制基本规范》（财会［2008］7号）、以及财会〔2010〕11号文件附件《企业内部控制应用指引》《企业内部控制评价指引》和《企业内部控制审计指引》的基本精神和方法，项目公司根据总部风险管理要求，从各自专业角度对公司层面风险进行评估，对各项风险从风险影响程度和风险发生频率两个角度进行评估。

1. 风险程度标准如表 8－1 所示，风险程度标准如表 8－2 所示。

表 8－1　　风险程度标准对照　　单位：分

风险程度		得分
近乎没有	影响程度十分轻微	1
轻微	对企业在争取完成其策略性计划和目标时，造成轻微影响［0 至 1%（不含 1%）税前利润］	2
中等	对企业在争取完成其策略性计划和目标的过程中，在一定程度上造成阻碍［1%—5%（不含 5%）税前利润］	3
重大	对企业在争取完成其策略性计划和目标时，造成重大影响（5%—10% 税前利润）	4
灾难	令企业失去继续运作的能力（或占税前利润大于 20%）	5

表 8－2　　风险频率标准对照

风险程度		得分
极低	未来 5 年几乎不会发生	1
低	未来 3—5 年可能发生 1 次	2
可能	未来 1—2 年可能发生 1 次	3
极可能	在未来 12 个月，这项风险极可能出现 1 次	4
几乎肯定	在未来 12 个月内，这项风险几乎可以肯定会出现至少 1 次	5

2. 项目风险综合评估。如下图 8－1 所示，发现的项目风险可能落入右上角的深色区域，也可能落入中间的白色区域，还可能落入左下角的浅灰色区域，应当对落入不同区域的风险采取不同的应对措施。

①深色区：不可接受风险，没有充分的缓解措施计划；或者缓解措施实施不能及时降低风险。

②白色区：易变化的风险，由于外部因素而发生变化，并导致其产生的影响迅速扩大；现行的控制措施或将要采取的措施是适当的，但是需要经常检查、评估。

③浅灰色区：可接受的风险，风险处于可接受的水平之内；有足

够的控制措施。

程度						
	5	5	10	15	20	25
	4	4	8	12	16	20
	3	3	6	9	12	15
	2	2	4	6	8	10
	1	1	2	3	4	5
		1	2	3	4	5
						可能性

图 8－1 项目风险矩阵①

（三）风险管理策略

1. 项目风险管理策略一般原理。项目风险管理要求企业进行风险评估并制定风险管理策略，提出和实施风险应对措施；依据风险评估结果，结合自身条件、外部环境和发展战略，根据自身风险承受能力，选择风险承担、风险规避、风险控制、风险分担等适合的风险管理策略，如表 8－3 和图 8－2 所示。

表 8－3 风险策略对照

风险应对策略	策略要求
风险承担	对于风险承受度之内的风险，在权衡成本效益之后，为了取得与风险对应的收益，不准备采取控制措施降低风险或者减轻损失的策略
风险规避	对于超出风险承受度的风险，如果一旦发生将对企业造成毁灭性打击，通过放弃或者停止与该风险相关的业务活动，避免和减轻损失的策略
风险控制	在权衡成本效益之后，采取适当的控制措施降低风险或者减轻损失，例如加强职工技能培训等手段，将风险控制在可承受范围之内的策略
风险分担	准备借助外部的力量，采取合作投资、业务分包、购买保险等方式和其他适当的控制措施，将风险控制在可承受范围内的策略。根据风险管理策略，针对各类风险特点，确定风险应对措施

① 图中方格内的数字，是发生频率和影响程度的乘积，例如右上角的 25（5 乘以 5 等于 25），意味着落入该区域的风险发生概率最高，影响程度也最大。

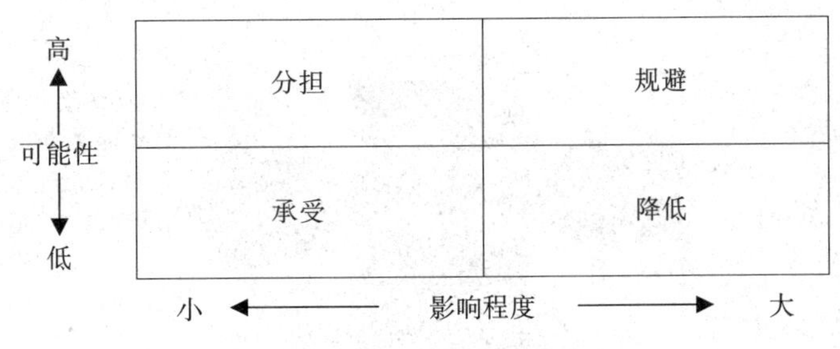

图 8－2　风险应对及风险矩阵

2. 城市综合开发项目风险策略具体应用。对于风险可能性高，风险影响程度大的风险点进行风险规避，如投资管理中采用合作开发、转让、联合“拿地”等方式进行风险规避。

对于风险可能性低但影响程度大的风险点实施风险降低措施，如项目启动、开盘、交付风险，通过风险检查、会议、制度流程等进行风险降低。

对于风险可能性高，风险影响度小的风险点进行风险分担，如工程管理，应强化对监理、总包及施工单位管理，通过强化供应商管理进行风险分担。

对于风险可能性低，影响程度小的风险点进行风险管理，如新成立公司的团队建设，应不断强化团队人员融合，强化企业文化建设及人员专业水平能力。

三、模型管控系统与项目风险管控

（一）模型系统的构建与架构

在模型系统结合城市综合开发业务投资投入与产出的具体内容和特点，项目公司深入分析和研究影响投资绩效的核心环节和主要因素，提取筛选模型构建必需的指标体系和核心参数的基础上，项目公司根据项目实际执行的投入与产出关系，建立项目投资管控模型，模拟项目全生命周期的投资活动。模型系统分为输入端、中间运算以及输出端三大板块，如图 8－3 所示。

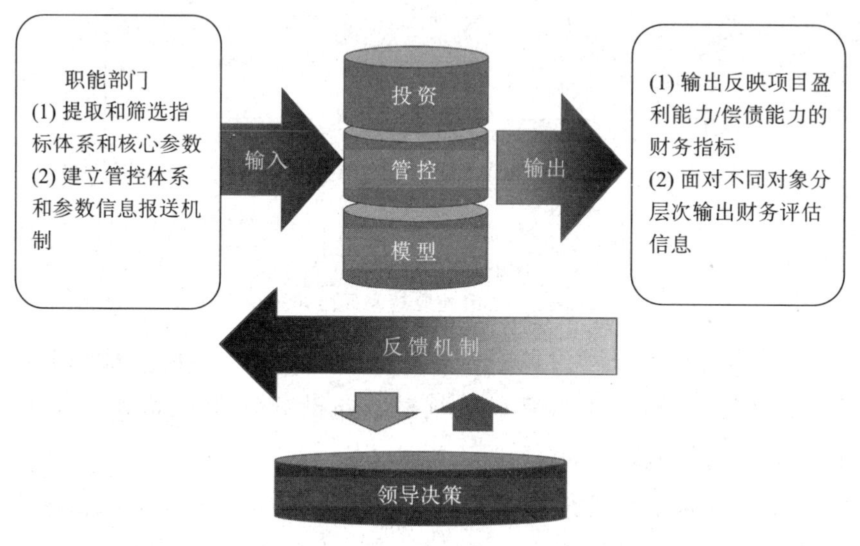

图 8－3　模型系统架构

1. 项目投资管控模型的输入端设计。项目公司通过梳理影响项目的投入与产出的具体内容和特点，提取筛选模型构建必需的指标体系和核心参数。在此基础上，结合项目公司现有组织架构，建立管控体系和信息输入机制。

项目公司的模型输入端是模型系统的基础数据层，主要包括指标参数和结合公司管控体系建立的动态报表。其中，指标参数主要是合同框架协议约定的参数以及贷款利率、通货膨胀率等计算过程中需要输入的参数。

2. 项目投资管控模型的中间运算。中间的逻辑计算层以提取和筛选出来的指标体系和核心参数为基础，项目公司根据项目实际运行的投入与产出关系，建立综合开发项目投资管控财务模型，模拟项目全生命周期内的投资活动，进行全周期的模拟计算。

3. 项目投资管控模型的输出端设计。项目公司结合项目特点和管控模式，建立直观的模型输出平台和项目信息监视平台，动态显示投资项目的投资收益情况，直观判断项目运行存在的问题，为项目后续实施和风险管控提供决策支撑。

4. 项目投资管控模型的交互反馈机制。项目公司通过建立项目投资管控模型输出端的指标参数预警机制，反馈控制与调整输入端，并实现投资模型和项目公司管理过程的有效衔接和融合。

（二）模型输入端对于风险识别与评估的应用

1. 模型输入端体系构成。

（1）六大管控体系的具体内容。模型输入端贯彻执行公司的管控体系，按照项目特点和现有组织架构，项目公司在项目运营前期，设立了六大管控体系，分别是政策研究和高端运作体系、市场研究体系、土地开发及出让管理体系、资金运作管理体系、工程实施管理体系、文化品牌建设体系。六大管控体系具体内容如表 8-4 所示。

表 8-4　　六大管控体系具体内容构成情况

管控体系	具体内容
政策研究和高端运作体系	①新区发展政策研究； ②与地方、中央、中国香港和澳门特区研究机构合作开展政策研究； ③开展高端运作，争取对项目开发有利的新政策
市场研究体系	①土地、房地产市场分析； ②项目潜在的开发商、投资者及运营商研究； ③国内外同类开发案例研究； ④项目市场定位、策划
土地开发与出让管理体系	①土地开发时序及营销策略； ②土地出让计划及实施； ③土地出让资金管理
资金运作管理体系	①融资； ②担保； ③资金回流

续表

管控体系	具体内容
工程实施管理体系	①投资分析； ②投资计划； ③造价、投资价差分析； ④工程项目管理
文化品牌建设体系	①组织建设，关心员工； ②品牌宣传

（2）六大管控体系的管控模式。六大管控体系主要从投入和产出的角度，对项目主要的决策行为和实施过程进行管控，以确保预期投资收益的顺利实现。六大管控体系的建立，确立了项目的整体管控模式，即以投资收益和风险管控为核心，从投入和产出的角度，建立投资收益和风险管控的动态监控体系，如图8－4所示。

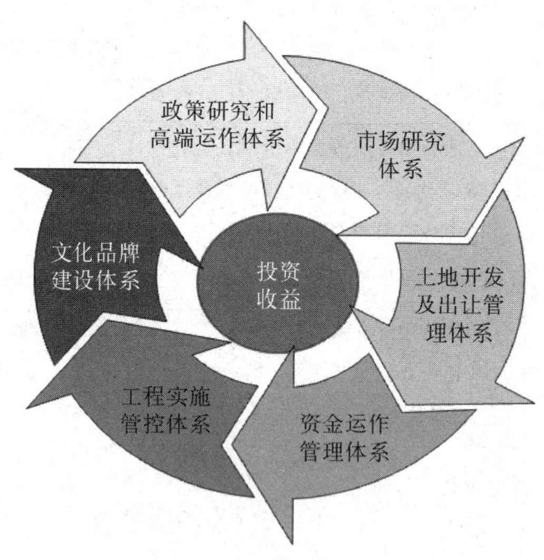

图8－4　以投资收益为核心的管控模式

（3）六大管控体系的职责分工。根据六大管控体系的具体内容，结合项目公司职能部门职责分工，可知六大管控体系主要对应综合办公室、开发运营部、工程管理部、造价合约部和财务资金部。各部门职责对应如表8－5所示。

表8－5　管控体系职责分工

<table>
<tr><th>部门</th><th>管控体系</th></tr>
<tr><td>综合办公室</td><td>文化品牌建设体系</td></tr>
<tr><td>开发运营部</td><td>政策研究和高端运作体系
市场研究体系
土地开发及出让管理体系</td></tr>
<tr><td>工程管理部</td><td rowspan="2">工程实施管理体系</td></tr>
<tr><td>造价合约部</td></tr>
<tr><td>财务资金部</td><td>资金运作管理体系</td></tr>
</table>

六大管控体系涵盖影响项目投入与产出的全部要素，模型系统输入端以六大体系作为输入端，可实现从源头把控项目全面风险识别与评估。

2. 模型输入端体系对政策与经济风险的识别与管理。宏观经济政策研究体系主要负责宏观和区域经济研究、新区发展规划与政策研究。需要提取的参数有：全国、项目所在省市的国民经济指标、价格指数指标、消费指标、金融指标等，具体指标参数如表8－6所示。

表8－6　宏观经济政策研究体系指标参数

<table>
<tr><th>指标</th><th colspan="2">具体内容</th></tr>
<tr><td>国民经济指标</td><td>GDP及同比增长
人均GDP及同比增长
城镇化率
工业增加值及同比增长
进出口总额及同比增长</td><td>固定资产投资总额及同比增长
用电量
货运量
企业景气指数
企业家信心指数</td></tr>
</table>

续表

指标	具体内容	
价格指数指标	消费者价格指数（CPI） 生产价格指数（PPI）	采购经理指数（PMI）
消费指标	居民储蓄存款	城镇居民人均可支配收入
金融指标	广义货币供应量（M2）及同比增长 社会融资总规模 人民币贷款占社会融资规模比重	贷款余额 新增贷款总额 新增贷款总额同比增长

根据从宏观经济政策研究体系提取的指标参数，按照地区和指标类别，建立信息统计机制。对应每个指标，给出指标数据检索源，即建立数据查寻链接。输入表格形式如表 8－7 所示。

在对宏观经济指标建立统计机制的同时，为尽可能将宏观经济体系的内容融合到投资管控模型中，建立新区发展规划与政策的资料检索库。宏观经济政策研究体系基于宏观经济数据，研究分析影响项目宏观经济形势、项目合法合规性的重大政策及法律法规。

3. 模型输入端体系对市场风险的识别与管理。市场研究体系主要负责土地、房地产行业及市场分析，项目潜在开发商、投资者及运营商信息汇总。需要提取的参数为全国、项目所在省市的房地产开发指标、房地产销售指标、房地产价格指标、房地产市场融资指标、全国土地行业运行指标以及市场价格、全国土地行情参考信息、所在地区土地出让信息。具体市场研究体系指标参数如表 8－8 所示。

表 8－7　全国宏观和中观指标

全国宏观和中观指标		数据查录链接	2013 年				2014 年		
			第一季度	第二季度	第三季度	第四季度	第一季度	第二季度	第三季度
国民经济指标	GDP	http：//www. stats. gov. cn/tjfx/jdfx							
	GDP 同比增长	—							
	人均 GDP	http：//www. stats. gov. cn							
	人均 GDP 增长	—							
	城镇化率	http：//www. stats. gov. cn							
	工业增加值	http：//www. stats. gov. cn/tjfx/jdfx							
	工业增加值同比增长	—							
	进出口总额	http：//www. stats. gov. cn/tjfx/jdfx							
	进出口总额同比增长	—							
	固定资产投资总额	http：//www. stats. gov. cn/tjfx/jdfx							
	固定资产投资总额同比增长	—							
	用电量	http：//www. nea. gov. cn/home/nyxs/nytj. htm							
	货运量	http：//www. moc. gov. cn/zhuzhan/tongjigongbao/							
	企业景气指数	http：//www. stats. gov. cn/tjfx/							
	企业家信心指数	http：//www. stats. gov. cn/tjfx/							

续表

全国宏观和中观指标		数据查录链接	2013 年				2014 年		
			第一季度	第二季度	第三季度	第四季度	第一季度	第二季度	第三季度
价格指数指标	CPI	http：//data. stats. gov. cn							
	PPI	http：//data. stats. gov. cn							
	PMI	http：//data. stats. gov. cn							
消费指标	居民储蓄存款								
	城镇居民人均可支配收入								
金融指标	M2	http：//data. stats. gov. cn							
	M2 同比增长	—							
	社会融资总规模	http：//data. stats. gov. cn							
	社会融资总规模同比增长	—							
	人民币贷款占社会融资规模比重	http：//data. stats. gov. cn							
	贷款余额	http：//data. stats. gov. cn							
	新增贷款总额	http：//data. stats. gov. cn							
	新增贷款总额同比增长	—							

表 8－8　　　　　　　　市场研究体系指标参数

指标		具体内容
房地产行业指标	房地产开发指标	①房地产开发投资占固定资产投资比重； ②住宅、办公楼、商业营业用房的房屋施工面积； ③住宅、办公楼、商业营业用房的房屋新开工面积； ④住宅、办公楼、商业营业用房的房屋竣工面积
	房地产销售指标	①住宅、办公楼、商业营业用房的商品房销售面积； ②住宅、办公楼、商业营业用房的商品房销售额； ③住宅、办公楼、商业营业用房的商品房待售面积
	房地产价格指标	①70 个大中城市新建住宅价格指数； ②70 个大中城市新建商品住宅价格指数
	融资指标	房地产企业到位资金情况，包括国内贷款、利用外资、自筹资金、其他资金
土地行情指标	行业运行指标	土地购置面积及同比增长
	市场价格	土地成交价款
	土地行情参考信息	①全国土地行情参考信息； ②珠海地区土地行情参考信息； ③可比城市土地出让
	珠海地区土地出让统计	①地块名称、成交时间、地块位置及功能用途； ②面积及容积率； ③出让年限； ④楼面地价及总地价； ⑤出让方及受让方

土地出让收入作为整个项目的还款来源，是保障投资收益的核心。区域土地市场价格是影响项目投资收益的敏感因素。该体系通过导入区域土地市场交易数据（包括成交价格、地块业态、容积率），形成一级土地数据库，计算区域不同业态楼面地价，对区域土地市场进行分析研判，为土地出让价格的预测提供重要数据支撑，具体如图 8－5 所示。

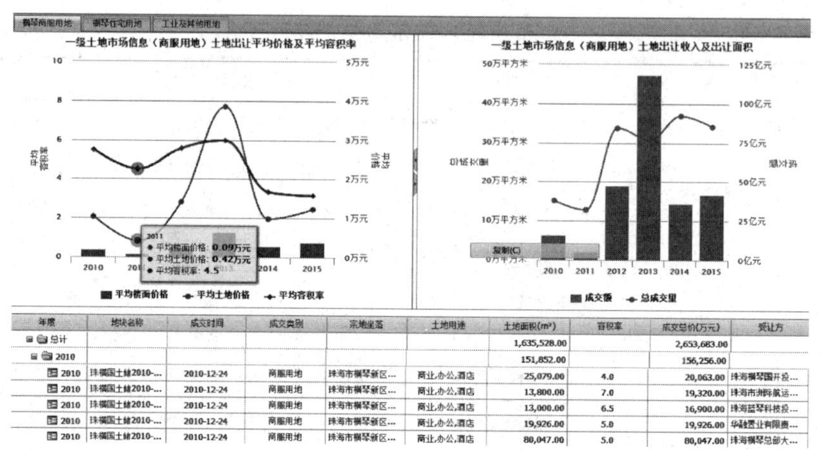

图 8-5 宏观经济政策研究体系

4. 模型输入端体系对资金风险的识别与管理。资金运作体系主要管控项目融资情况、自由资金投放以及还本付息等实时数据。需要提取的参数为融资、本金偿还、利息偿还、资本化费用分摊。其中，虽然在实际的商业活动中存在多种融资工具可供企业使用，但从融资工具本质属性看，可分为债务融资和股权融资。本金和利息偿还需要提取根据融资情况对应提取本金偿还和利息偿还的参数，主要包括本金和利息偿还计划与实际偿还额度。具体指标如表 8-9 所示。

表 8-9 资金运作管理体系指标参数

指标	具体内容
债务融资	融资名称、形式、金额、付息率、起息日期、期限
本金和利息偿还	本金和利息偿还计划 实际偿还额度
股权融资	融资名称、金额、股权比例
资本化费用分摊	分摊静态投资、分摊利息

根据资金运作管理提取的指标参数，系统分别建立“自有资本金分年度规模”“股权融资分年度股比统计”“借贷融资分季度规模”“本金偿还分季度规模”“利息分季度规模”统计表，并建立“摊销分

季度规模”统计表，具体如图 8－6 所示。

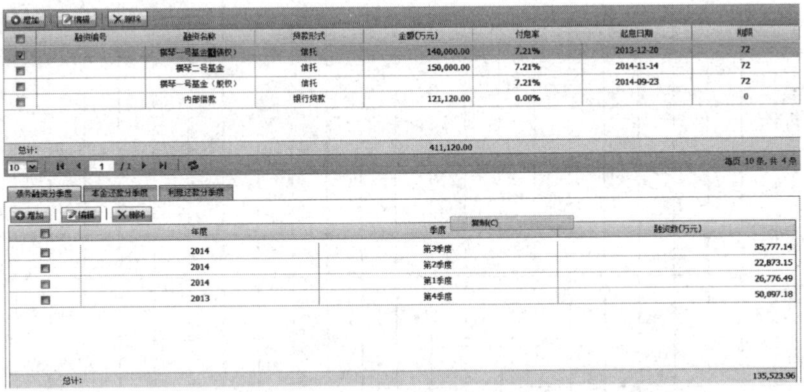

增加　编辑　删除

	融资编号	融资名称	贷款形式	金额(万元)	付息率	起息日期	期限
☑		横琴一号基金（债权）	信托	140,000.00	7.21%	2013-12-20	72
☐		横琴二号基金	信托	150,000.00	7.21%	2014-11-14	72
☐		横琴一号基金（股权）	信托		7.21%	2014-09-23	72
☐		内部借款	银行贷款	121,120.00	0.00%		0
总计：				411,120.00			

10　1　/1　每页 10 条，共 4 条

债务融资分季度　本金还款分季度　利息还款分季度

增加　编辑　删除　复制(C)

	年度	季度	融资数(万元)
☐	2014	第3季度	35,777.14
☐	2014	第2季度	22,873.15
☐	2014	第1季度	26,776.49
☐	2013	第4季度	50,097.18
总计：			135,523.96

图 8－6　资金管理体系截图

（1）自有资本金分年度规模。分项目统计自有资本金额度，项目编号、项目名称引用自分季度项目信息，如表 8－10 所示。

表 8－10　　自有资本金分年度规模

逻辑序号	项目编号	项目名称	年份						
			2013	2014	2015	2016	2017	2018	2019
	汇总								

（2）股权融资分年度股比统计。建立股权融资分年度股比统计表，填列新加入股权方名称，统计实缴资本和股权比例，具体如表 8－11 所示。

表 8－11　股权融资分年度股比统计

逻辑序号	股权方	类别	2013 年度	2014 年度	2015 年度	2016 年度	2017 年度	2018 年度	2019 年度	2020 年度	2021 年度
GF0001		实缴资本									
		股权比例									
GF0002		实缴资本									
		股权比例									
GF0003		实缴资本									
		股权比例									
GF0004		实缴资本									
		股权比例									
GF0005		实缴资本									
		股权比例									
GF0006		实缴资本									
		股权比例									
GF0007		实缴资本									
		股权比例									
GF0008		实缴资本									
		股权比例									
GF0009		实缴资本									
		股权比例									
GF0010		实缴资本									
		股权比例									
GF0011		实缴资本									
		股权比例									
GF0012		实缴资本									
		股权比例									

财务部门以月度为单位对资金运作体系进行更新，包括贷款的金额、利率、期限、还息情况的更新，以及对项目的资金到位情况、还本付息情况进行监控，因此可以看出资金运作体系对控制项目的融资风险、资金风险有重要作用。

5. 模型输入端体系对项目管理风险的识别与管理。工程实施管控体系主要负责管控项目工程实施进度与计划、施工价差分析以及质量安全。系统按照计划下达、计划分解、计划执行、计划调整、计划总结的清晰管理思路，将城市建设投资公司下达的年度经营目标分解至各部门，责任到人，系统对各部门月度计划以及各类费用完成情况进行统计，再进行归集。如图 8－7 所示，系统可以监控年度投资额、建安产值、管理费用以及财务费用的实时发生情况，监控项目的投资进度，降低投资风险。工程实施管控体系可以控制工程进度，进行造价、投资价差分析，监控工程质量。

图 8－7 工程实施管理体系

6. 模型输入端体系对投资风险的识别与管理。土地开发与出让管理体系负责土地开发时序及营销策略、土地出让计划及实施、土地出让资金管理。需要提取的参数为土地出让收益和土地出让计划等。其中，土地出让收益包括三部分：一是政府资金回流（成本）；二是土地出让获得的基本收益；三是依据土地出让价格获得的浮动收益。具体指标如表 8－12 所示。

表 8－12　　　　土地开发与出让管理体系指标参数

指标	具体内容
土地出让	①成交额； ②成交面积； ③成交单价
投资收益	①资金回流（本岛和人工岛）； ②基本收益； ③浮动收益（政府所得、中国交建所得）
土地出让上缴税费	土地出让相关税费

系统根据项目土地实时出让情况，管控项目的成本回流以及实现的投资收益。当实现的投资收益与原计划发生偏差时，系统可做出提示。目前项目尚未开始出现土地出让，故该体系尚未启用。

（三）模型中间运算与投资风险

1. 财务模型理论基础。2006 年，国家发展改革委和建设部联合发布的《建设项目经济评价方法与参数（第三版）》提出了一套比较完整的经济评价方法与参数体系。本次模型建立将以此为基础，同时参考企业会计准则，适当调整部分指标计算形式，使计算逻辑更符合实际。

2. 基本内容。依据《建设项目经济评价方法与参数（第三版）》的内容，投资管控模型的基本内容包括财务效益与费用估算、资金来源与融资方案、项目投资分析。各部分具体内容包括：

（1）财务效益与费用估算。财务效益主要包括营业收入及其他补贴收入；财务费用主要包括投资、成本费用和税金等。对于本项目来说，财务效益主要包括施工利润、土地出让基本收益、二次分成以及资金回流；财务费用主要是管理费用以及投资（含利息）资本化后的分摊。

（2）资金来源与融资方案。资金来源和融资方案主要分析建设资金来源渠道及筹措方式，并在明确项目融资主体的基础上，对融资方案的资金结构、融资成本和融资风险进行分析。本项目融资主体是项目公司，模型根据项目公司实际运行中的资金运作情况作为项目还本付息计算的基础。

（3）项目投资分析。项目投资分析通过对投入和产出的判断，分析项目投资内部收益率和财务净现值以及项目投资回收期。动态监控项目核心指标，有助于监控项目投资收益风险。

（四）模型输出端与风险应对

通过抓取六大体系的实时数据，系统后台进行模拟运算，形成全生命周期现金流，输出各项投资收益核心指标，包括内部收益率、投资回报期、净现值等，比对投资进度等。

1. 模拟全周期数据。系统可以模拟全周期的资本金以及全项目现金流，从而预测项目现金流由负转正的时间，对项目融资以及资本金安排提前做出筹划，做好风险控制。与此同时，系统可将项目实际现金流与工程可行性研究（以下简称“工可研”）进行实时对标，避免项目实际现金流与投评时发生重大偏差，具体如图 8－8 所示。

2. 项目投资核心指标动态监控。系统可展示项目动态核心指标，包括当期内部收益率、财务净现值以及投资回收期，并与工程可行性研究指标（以下简称“工可指标”）与集团指标进行对标，当期指标

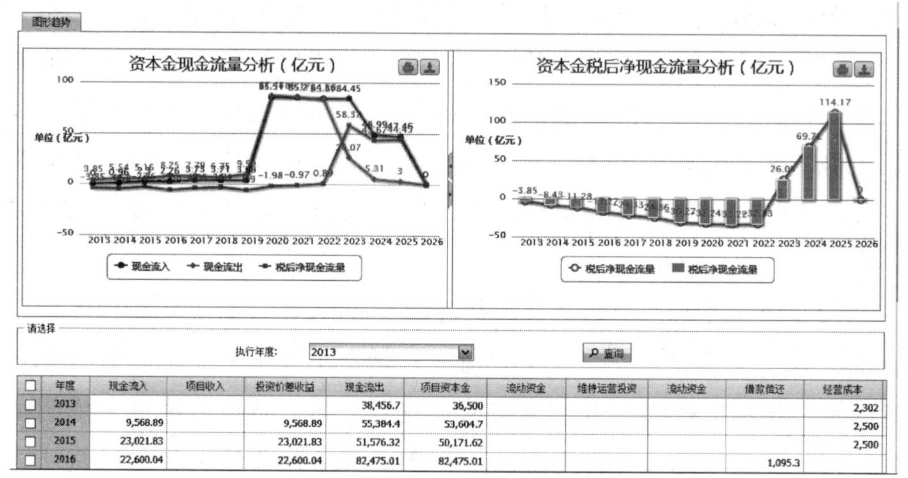

年度	现金流入	项目收入	投资价差收益	现金流出	项目资本金	流动资金	维持运营投资	流动资金	借款偿还	经营成本
2013				38,456.7	36,500					2,302
2014	9,568.89		9,568.89	55,384.4	53,604.7					2,500
2015	23,021.83		23,021.83	51,576.32	50,171.62					2,500
2016	22,600.04		22,600.04	82,475.01	82,475.01				1,095.3	

图 8－8　现金流模拟情况（截图）

与工可指标发生重大偏离时，系统会进行预警和提醒，要求相应的系统维护部门做出风险应对，具体如图 8－9 所示。

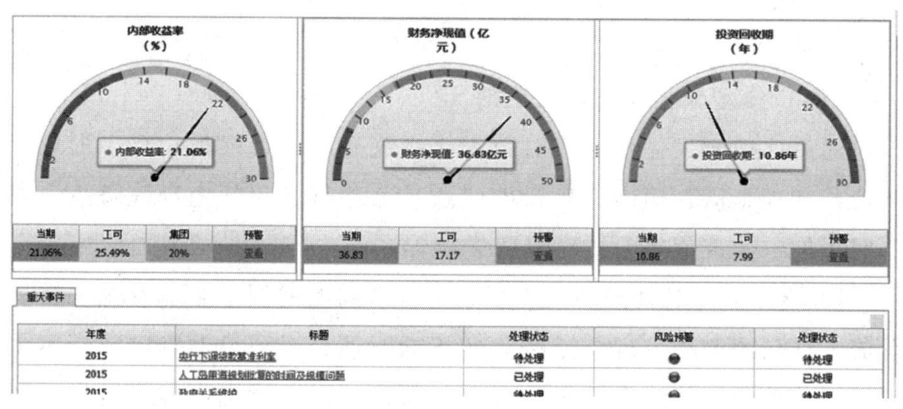

图 8－9　核心收益指标管理驾驶舱情况

3. 全周期投资计划比对比。系统可根据项目投资进度动态调整投资计划，并与工可研进行比，对分析，如图所示，蓝色曲线代表项目实际投资计划，红色曲线代表原工可研投资计划，曲线偏差显示项目投资计划与立项时发生变化，系统数据储备完整，通过点击下拉菜单可以查看造成偏差原因，为投资决策提供参考和支持。

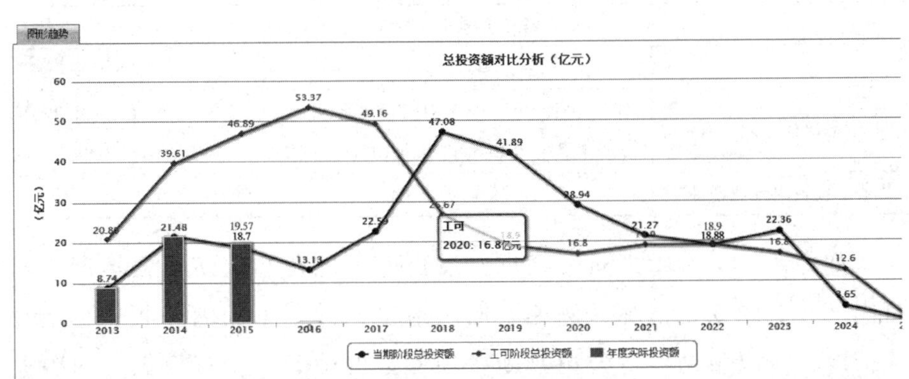

指标项	当期阶段	工可阶段	中国交建指标下达值
总投资	3,078,556.20	3,800,000.00	3,800,000.00
总投资本岛	1,111,809.22	1,500,000.00	1,500,000.00
总投资人工岛	1,966,746.98	2,300,000.00	2,300,000.00

图 8－10　投资计划比对情况

4. 敏感性分析。城市综合开发项目周期长、受内外部因素变化影响较大。为更好的帮助投资决策，分析各种参数与边界条件对于项目投资收益的影响，系统分别建立了浮动投资收益、投资价差收益、每年土地出让数量的敏感性分析结果如表 8－13 所示，并以此为数据基础，建立各自的图形展示界面。

表 8－13　　敏感性分析结果输出情况

浮动投资效益					
	悲观	略悲观	中性	略乐观	乐观
浮动投资收益变化率	－20%	－10%	0	10%	20%
项目投资内部收益率					
投资价差收益					
	悲观	略悲观	中性	略乐观	乐观
投资价差收益率变化	12%	14%	15%	17%	18%
项目投资内部收益率					

续表

每年土地出让数量					
	悲观	略悲观	中性	略乐观	乐观
土地出让年限变化	10 年出让 (1200 亩/年)	9 年出让 (1333 亩/年)	8 年出让 (1500 亩/年)	7 年出让 (1714 亩/年)	10 年出让 (2000 亩/年)
项目投资内部收益率					

如图 8－11 所示，通过分析，系统可运算在参数变化的情况下项目内部收益的变化情况，例如不同土地出让计划下的内部收益率的变化情况，可以帮助项目公司判断各项参数的敏感性，有效做好风险防控措施。

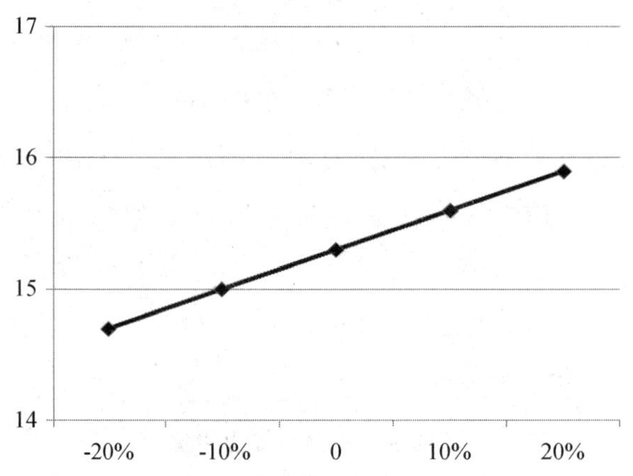

图 8－11　敏感性分析结果图形输出示例（浮动投资收益）

5. 中期项目评估。由于系统数据量较为庞大，为方便决策层更为快捷获取项目核心情况，2015 年年底新增中期项目评估板块。系统管理员对系统月度运行数据进行分析汇总，形成项目运营简报，包括投资进度、全生命周期核心指标、重大风险提示以及综合评估结果，具体如图 8－12 所示。

项目运营简报(2015年12月)

年份：2015　月份：12月

公司年度目标分析(万)

费用名称	年度目标	截止当前计划	实际发生值累计	完成百分比
完成投资额	210,000.00	210,000.00	213,709.11	101.77%
建安产值	185,000.00	185,000.00	186,094.69	100.59%
前期费用	7,516,15	7,516,15	8,087.27	107.6%
管理费用	2,379.95	2,379.95	1,533.08	64.42%
财务费用	15,103.90	15,103.90	17,994.07	119.14%

全生命周期核心财务指标

	当期	可研	变动
内部收益率	20.82%	25.05%	83.11%
投资回报期	11.26	7.99	140.92%
财务净现值	24.97	64.26	38.85%

主要变动原因：1.人工岛用海批复延迟及规模缩小
2.人工岛单位建设成本上升

重大风险提示及应对

风险名称	产生原因	影响结果	风险应对
	1)用海获批时间可能延后。根据补充协议约定,如果人工岛用海规划未能在2016年12月31日之前获得批复,则中交在本岛(含人工岛前期投资)的投资将按类似BT的方式进行投资建设和管理。人工岛	1）如人工岛区域用海规划未能在2016年12月31日获批，则原有投	1.落实本岛建设成本提前返还工作在基于原合同框架基础上,我司与政府及大横琴方面协商本岛建设成本部分提前支付相关事宜,人工岛采用滚动开发模式，'成熟一块,实施一个',土地收益分成按原投资建设合同执行.2015年8月经过我司造价部门.财务部与大横琴公司.横琴管委会多轮沟通,我司已将《关于横琴综合开发项目本岛已完

图 8－12　中期报告情况

（五）系统在风险管控实践中的应用

1. 风险预警的应用。系统可有效降低投资风险，实现监督及预警功能。2015 年 8 月，投资模型管控系统在公司全面推广并上线运行。通过运用投资模型管控系统对项目的投资收益各项指标进行动态监控，公司在参数及边界条件发生变化的情况下及时调整测算方案，编制完成项目全生命周期实施计划与投资测算分析报告，为投资决策提供参考依据。

2. 计划管理的应用。系统可实现模型数据运算与项目全面计划管理、绩效考核有效结合。全生命周期投资测算与项目计划管理相互作用，相辅相成。作为模型系统数据源之一的计划管理系统，年初根据上级公司下达的工作目标，将计划分解至各个部门，通过计划分解将经营压力进行有效传递。通过计划系统数据的更新，实时反映初步设计、施工图、三算管理和招标采购等计划完成时间、实际完成时间，以及工程实施的各项已发生费用以及项目的最新进度。对项目的进度、成本、资源等进行跟踪，掌握各项工作的现状，记录实际的进度情况，对标年度工作计划，及时发出预警。

模型系统工程建安数据从计划系统导入，确保同一数据不重复录入。完成运算后，形成新的全周期投资计划再反馈至计划管理系统，从而及时调成项目的工程进度与投资计划。

此外，计划管理系统中记录了公司各员工每个月的工作内容以及完成的进度，公司绩效考核分为半年度和年度，在进行绩效考核过程中参考计划系统中月度计划的填报内容，对员工的平时工作进行考核。

3. 资金管理的应用。模型系统为项目资金管理提供支持。模型管控系统全周期现金流模拟为财务部门编制全周期资金平衡方案提供基础数据；财务部门可根据全周期资本金现金流峰值以及投资计划情况提前筹划融资工作，制订融资方案，确保自有资金及银行贷款按时到位。

（六）结论与建议

1. 风险的量化。当前模型系统以投资收益为导向的输入端体系可初步实现项目风险排查与风险识别，可作为风险评估的信息来源与基础，在现有系统的基础上可考虑新增风险评估模块，评估体系执行《中交城投风险管理手册》，根据风险评估办法新增，详见前文论述［本小节第（二）部分］。

2. 风险应对机制。当前模型系统可动态计算投资收益指标，通过与原始投评数据对标进行风险提示和预警，后续系统的开发可在此基础上深入完善风险应对机制，系统可根据风险评估模块的结果以及风险提示对风险进行评级，触发相应的管理机制（见表 8－14）。

表 8－14　　风险管理机制对照情况

风险程度	应对措施
低风险	持续监控
中风险	提交风险提示单，报总部风险管控部审核，风险管理领导小组备案
高风险	编制风险应对方案，成立风险管理工作小组，并立即报总部风险管控部

注：表中内容参考《中交城投风险管理手册》。

3. 局限性与推广应用。

（1）城市综合开发项目的投资管控模型开发是一项创新性工作，目前国内尚无成熟案例可供参考，更没有经验可以借鉴，进而增加了模型开发的难度；一次性实现模型完整功能存在较大困难，建议模型构建分期逐步实现。

（2）六大管控体系中，宏观经济政策研究体系、市场研究体系需要从外部信息源采集大量的宏观、市场等基础数据。虽然模型给出了信息源链接，但实际使用中可能需要投入较多的时间、人力及物力去采集录入数据。如，采用 Wind 资讯、搜房网以及其他成熟的数据库，需要一定的维护成本。

（3）投资管控模型主要是对项目实施过程的模拟和更新，与项目公司实际财务资金流动有一定的差别，项目投资数据和实际财务资金流动可能出现时间错配，模型对此无法处理，且无法根据项目模式改变而自动调整，在使用中有一定的局限性。

第二节　高速公路基础设施 PPP 投资项目财务风险预警

随着国家借助基础设施投资拉动内需的政策导向，国内掀起基础设施领域建设高潮。受制于地方政府资本性投入降低，一些高速公路以 PPP 模式进行市场化运作。同时，基于高速公路投资规模较大，建设、运营周期较长等特点，外部环境和内部管理均会存在较大不确定性，影响投资主体的预期收益。

一、PPP 投资项目风险分析

风险管理为系统、连续的动态管理过程，就是在一个风险存在的环境中采取措施把风险降到最低的过程。风险管理的关键一环就是进行风险识别，找出风险之所以存在和引起风险的主要因素，并对其后果做定性的分析。结合中国交建 PPP 投资项目实际，可能存在的风险主要包括政治环境风险、自然环境风险、金融风险、生产风险、运营风险和不可抗力风险等。

（一）政治环境风险

就投资项目而言，政治法律环境主要指国家方针政策的变化对投资主体经营活动可能带来的影响。投资主体基于现有的政策环境进行项目评估和经济效益评价，具有一定的局限性。若当地政府政策发生较大调整，投资主体的预期收益会因工期延长、投资成本增加而大打折扣。如，中交贵瓮项目与新规划的贵遵复线重合线路（17 公里）划归地方政府修建，而贵遵复线重合线路的建设较中交贵瓮项目滞后，直接影响中交贵瓮项目的预期收益。如，已建成通车的贵都高速公路与先前的贵新高速公路形成“二义性”区域，通行费拆分方式按照最低收费额、最短路径拆分，直接影响通行费拆分收入。

（二）自然环境风险

自然环境风险一般指气象及气候变化、自然灾害、工程地质条件等不确定性因素，是每个高速公路建设项目都无法避免的。项目建设、运营期间，高速公路在推动区域经济发展的同时也会破坏生态环境，主要表现为植被破坏、水土流失、自然资源影响、风景名胜区影响和水源保护地影响。

中国交建 PPP 投资项目途经地多森林植被丰富和风景名胜区，再加上山区高速公路建设存在桥隧比例高，高边坡开挖和隧道弃渣的处理容易对当地生态环境造成不利影响，如水体污染、改变自然水流形态。

（三）金融风险

对于投资人而言，金融风险主要指项目建设期间，因项目审批、金融机构组团、资金到位情况、利率及通货膨胀带来的不确定性。假如投资方通过浮动利率进行融资，那么在利率上升的前提下，项目的生产运营成本则势必会增加；假如采用的是固定利率进行融资，那么市场利率下调会造成机会成本增加。PPP 投资项目融资过程中，随着央行下调准备金率，各大金融机构对交通基础设施投资规模进行行业限额，项目评审难度加大，限制条件较多。如，国家开发银行审批中交贵瓮项目提出阶段性担保新模式，即约定双方先行签订股东担保合同，待项目现金流回正等条件具备时再转为收费权质押；中国银行审批贵黔项目提出承贷 50% 并要求利率同期上浮。

（四）生产风险

生产风险主要指项目建设能否按期完工甚至提前完工、完工后能否达到预期运营状态及投资成本是否受控等方面的风险。本节主要从工程进度控制、质量安全控制两个方面并结合成本受控情况分析生产风险。

1. 工程进度控制。进度控制重点应保证工作内容、工作程序持续、衔接，确保各项资源优化配置计划能够付诸实施。影响工程进度主要有三个方面的因素：一是设计周期不合理导致设计深度不够，出现边设计边施工边调整的情形；二是征地拆迁难度较大，尤其是城乡接合部阻工现象严重，再加上地方征拆出现“土”标准，致使“窝工”现象严重，成本增加较多；三是部分施工参建单位管理不到位，没有充分认识到施工环境的特殊性，再加上项目策划不够、资源配置比较盲目、施工协作队伍能力差或不稳定。

2. 质量安全控制。工程质量决定能否顺利达到预期运营标准，直接决定后期盈利水平。目前的工程质量安全风险主要体现为：地勘精度不够，勘察报告不详致使发生桩基沉陷和隧道塌方事件，存在较大的质量和安全隐患；项目现场施工管理存在技术交底不全面，为赶工期忽视工序控制和部分施工技术人员缺乏现场管理经验等问题；监理单位有主观认识错误或有思想包袱（投资主体、总承包单位、施工单位均为集团内部单位），监理工作存在不作为、缺位情形。

成本超支风险主要受征地拆迁政策和标准、融资到位情况和成本、原材料价格大幅上涨等因素影响。

（五）运营风险

这里说的运营风险，仅仅存在于高速公路 BOT 投资项目的试运营和正式运营环节。高速公路建成通车运行后，对项目运营及维护时因为技术、劳动力、市场等诸多影响因素而引发的风险，具体表现为以下几个方面：环境风险，主要是指一些恶劣的气候变化等因素，如雨雪天气降低车流量。管理风险，项目公司的运营管理水平直接关系到项目的正常安全运营、抢险救灾及运营效益。项目的运营管理，特别是日常检查、养护、病害处置和安全等方面的管理存在一定的风险。市场风险，具体包括交通流量、收费标准及竞争性道路等，三点相互制约。

（六）不可抗力风险

不可抗力风险包括一些自然灾害等具有不可抗拒的意外事故所产生的风险，包括台风、地震、火山爆发等。

二、PPP 投资项目风险防范

（一）政治风险防范

针对政治风险，一方面是相关政策和法律法规上存在的风险，这一点和政府行为息息相关，项目公司无法全面应对该风险，政府应当在此方面承担大部分责任，可以通过法律手段提前防范，也可以让政府放弃豁免权，使参与方在项目运作过程中都是平等的主体，也就是给予投资者一个承诺和保证。另一方面是强制收购风险方面，因为政府没收、征收或者进行国有化而导致项目被提前收回的，可以采取投保的方式降低风险，对整体项目产权布局进行整体优化，让政府方面提供有力的担保，确保不会发生强制收购的情况，如果强制收购势在必行，那么也会给予公道的市场价格进行补偿。

（二）自然环境风险防范

项目建设初期，应对沿线地质作详细勘察，选线布置应尽可能绕开风景名胜区、地质条件较差地带。项目建设期间，作为施工方应科学、规范、文明施工，降低对生态环境的污染、破坏；同时，要积极开展环境影响评估、环境管理规划、引进新环保技术等多项举措。

（三）金融风险防范

一般情况下，BOT 投资项目股本资金投入占 25% 左右，债务性资本投入占 75%，债务资金成本比股本资金成本低，提高负债率意味着项目显性总资金成本低，这也是 BOT 投资项目降低总融资成本的原因所在。一是要全面了解项目特点，制订切实可行的融资方案；积极对接合作关系良好的金融机构，尽可能选择一家金融机构独家贷款或由其牵头，组建“银团”；妥善安排资金放贷计划，缩短资金滞留项目时间，提高资金使用效率。二是要加强资金监管，提高资金使用效率。项目公司应制定一套办法，控制资金流向，防止资金被挤占、挪用，并经得起审计、监察各部门的检查。

（四）生产风险防范

勘察设计工作是进度控制的关键环节，直接影响项目投资进展和工程质量安全。一方面，项目建设公司应该从初步设计至项目施工阶段，在保证质量、安全前提下积极推进设计优化工作，使设计结构更加合理，做到既方便施工又可以降低投资额度。另一方面，考虑在贵州省投资项目多地质复杂，地质灾害较多，应要求设计单位派驻现场设计代表跟踪服务，现场解决问题，并对地勘精度不足、勘察报告不详的情况进行现场补充勘察。

征地、拆迁工作一般受地方政策影响较大，又涉及较多人民群众利益，任务艰巨。要想做到征拆施工两不误，投资主体应积极协商地方政府，并在特许权经营协议中明确土地报件使用手续、征地拆迁委托给地方政府部门，最好按照政府部门标准实行费用包干。征地、拆迁过程中，由建设单位提供土地交付、设施拆迁计划，并根据实际进度拨付补偿款，给予足额工作经费和节点目标奖励。

考虑投资主体与施工单位均为集团内部单位，如何充分发挥监理职能至关重要。项目公司应积极协调、沟通监理单位，让其放下思想包袱，加强现场管理，同时加强对监理单位的履约检查和考核、惩罚力度。

规避成本超支风险重点在于充分利用合同条款，加强预算控制、规范审批流程和履约检查力度。如，特许权协议中明确相关征拆标准，明确相关税费优惠政策（具体化）；利用批量购货方式，提前锁定原材料价格。

（五）运营风险防范

运营风险大多数由项目公司进行承担，可以通过风险分散的方式降低。一是加强道路的养护及维修工作，定期对道路进行检查和清洁保养，保证路面状况良好和通行无阻。遇有雨雪等不好天气时，应及时设置警示标志、疏导，防止出现交通拥堵。二是可以选择资金条件比较好、经验丰富的运营团队，建立和完善绩效激励制度，以提升运营管理服务水平。三是要在特许权协议中明确交通量、收费标准达不到项目可研报告或双方约定的数量时，由当地政府财政按照约定收益与实际收益的差额给予补贴。

（六）不可抗力风险防范

针对不可抗力风险，因为不可抗力因素是无法提前预测和避免的，所以只能单一的采取投保的方式，将风险转移到保险公司，如果其中存在不可投保的风险则可以和政府签订协议共同承担，把风险分担到各个参与方，但由于不可抗力风险是不能准确确定成本的，无法根据科学、合理的方法计算，因此给 BOT 投资项目谈判造成困难，发起人和债权人在谈判中容易产生分歧。具体防范方法是，如果遭遇不可抗力风险，则允许运作方延长合同的期限，从而补偿投资过程中还未产生回报的部分，这种补助并非保证，更是一种承诺。

三、PPP 投资项目的风险预警指标

高速公路基础设施 PPP 投资项目的财务评价是结合投资项目所在地区的现行财税法规和市场价格，通过分析工程技术研究、车流量预测和财务报表，在项目财务效益与费用估算的基础上，计算财务风险预警相关指标，应用对应的适当评价方法做出的财务风险评价。高速公路基础设施 PPP 投资项目的财务风险预警指标主要包括两大类：一类用于投资方案的分析和评价，如现金流量分析表；另一类是筹资方案的分析和评价，如总成本费用表、利润分配表和资产负债表。根据高速公路投资项目的特点，财务风险预警应分别从盈利能力、偿债能力、营运能力和环境状况这四个方面进行选择。

（一）盈利能力指标

对于高速公路投资项目而言，与其他投资项目类似，投资者最关

心的就是项目的盈利能力，并且是与风险程度匹配的盈利。中国交建对于盈利能力评价的主要指标包括：项目投资财务内部收益率（*FIRB*）和财务净现值（*FNPV*）、项目资本金财务内部收益率、投资回收期（*Pt*）、总投资收益率（*ROI*）、项目资本金净利润率（*ROE*）等。

其中，财务内部收益率是反映投资项目获利能力的重要指标，是指使项目计算期内净现金流量的净现值等于零时的折现率。如果用 *FIRR* 代表高速公路投资方案的财务内部收益率，则它必须满足下列公式：

$$\sum_{t=0}^{N}(CI - CO)_t(1 + FIRR)^{-1} - I = 0 \qquad (8-1)$$

其中，*CI* 为现金流入量；*CO* 为现金流出量；*N* 为高速公路建设、经营期限。

按照财务管理原理，*FIRR* 大于基准收益率时，则该高速项目在财务角度上可行。如果没有确定的基准收益率，则 *FIRR* 应该高于银行的同期贷款利率。目前，我国高速公路项目的财务收入主要来源于有车辆通行费，因此可以根据预计的交通量、收费标准、高速公路总长度等参数，估算年度车辆通行费收入总额。高速公路的财务收入会形成分年度的现金流入量，这是资金的流入部分；与资金流入相对应的现金流出量是各类财务成本费用，高速公路项目的财务成本包括建造高速公路时的投资成本、后期养护成本、高速公路收费成本与日常管理成本等。此外，收费经营高速公路需按照国家法规缴纳增值税及附加和所得税。增值税及附加和所得税也属于现金流出量的重要组成部分。高速公路的现金净流入量反映了现金流入量超出现金流出量的余额。

高速公路项目财务净现值指按一定的折现率（一般采用基准折现率）计算的项目计算期内净现金流量的现值之和。

项目投资回收期指高速公路项目的净收益回收项目投资所需要的

时间，由于高速公路投资期较长，一般以年为单位计量就能满足要求。项目投资回收期应从项目建设开始算起，一般情况下，投资回收期越短，则表明项目投资回收越快，受到各种干扰因素影响的概率越低，项目的抗风险能力越强。高速公路项目因为初始投资额较大，所以其投资回收期一般较长。投资回收期的计算公式如下：

$$Pt = T - 1 + \frac{\left|\sum_{t=1}^{T-1}(CI - CO)_t\right|}{(CI - CO)_t} \tag{8-2}$$

其中，T 为高速公路项目各年累计净现值首次为正值的年数。

总投资收益率又称资产收益率，表示总投资的盈利水平，指项目达到设计能力后正常年份的年息税前利润或运营期内年平均息税前利润与项目总投资的比率。一般而言，如果高速公路项目的总投资收益率高于同行业相关的投资盈利水平，就认为该项目盈利能力较好，就是风险可以承受的投资方案。总投资收益率是从长远确定投资项目有无发展能力的重要指标，如果项目总投资收益率较低，则投资成本就难以得到足额补偿，那未来必然可能把潜在财务风险转化为实际风险。

从相对指标分析角度来看，项目资本金净利润率指高速公路项目达到设计生产能力之后正常年份的净利润或运营期内年平均利润与高速公路项目资本金的比率，表示项目资本金的盈利水平，也是投资者做出投资决策时参照的一个重要指标。其计算公式为：

$$ROE = \frac{NP}{EC} \times 100\% \tag{8-3}$$

其中，NP 为高速公路项目运营期内年平均净利润；EC 为高速公路项目投资的项目资本金。

（二）偿债能力指标

高速公路项目一般贷款额巨大，负债资金甚至会占到项目总投资额的60%以上，所以一定要分析项目本身的偿债能力。偿债能力又分为长期偿债能力和短期偿债能力。其中，项目的长期偿债能力与盈利能力、资金结构关系密切，主要关注的指标包括资产负债率（*LOAR*）、利息备付率（*ICR*）、所有者权益比率等。短期偿债能力指标主要包括流动比率、速动比率等。

其中，资产负债率是各年年末负债总额同资产总额的比率，反映的是在项目的全部资金中有多大的比例是通过借债筹资的，其计算公式为：

$$LOAR = \frac{TL}{TA} \times 100\% \tag{8-4}$$

其中，*T* 为年末高速公路项目负债总额；*TA* 为年末高速公路项目资金总额。

资产负债率能反映资产对负债的保障程度。如果这一比率很高，说明投资者投入的资本在全部资金中所占比重很小，而借入资金所占比重很大，项目的风险主要由债权人来负担。因此，这个比率越高，说明长期偿债能力越差，反之，这个比率越低，说明偿债能力越好。但是也并不是说这个比率越低越好，因为投资者的资本金越少，则每一份资本的收益就越高，从盈利的角度出发，权益的所有者希望其用较少的资本控制整个项目。资产负债率没有绝对的标准，对于不同行业资产负债率为 0.2%—0.8%。因为高速公路项目投资大，而且资本金一般不到位，所以其资产负债率比一般企业略大。

利息备付率从付息资金来源的充裕性角度反映项目偿付债务利息的保障程度和支付能力，是在借款偿还期内某年的息税前利润与应付利息的比值，其计算公式为：

$$ICR = \frac{EBIT}{PI} \tag{8-5}$$

其中，*EBIT* 为高速公路项目借款偿还期内某年的息税前利润；*PI* 为高速公路项目计入总成本费用的应付利息。

流动比率是企业各个时刻偿付流动负债能力的指标，它等于流动资产总额和流动负债总额的比率。一般来说流动比率的合适区间为 1.2—2，也就是说企业要有 1.2 倍到两倍的流动资产来保护 1 倍的流动负债，之所以有这个要求，是因为企业流动资产总额中包括存货，这些存货资产要在短期内转换为可以直接偿付短期负债的现金具有一定的困难，所以流动资产总额必须要大于流动负债总额。但对于高速公路企业来说，其存货不多，所以高速公路项目的流动负债比率可以比一般企业略小一些。

速动比率是企业各个时刻用可以变现的货币资金偿付流动负债的能力的指标，它等于流动资产总额和存货的差值与流动负债总额的比率。

分析高速公路项目的偿债能力除了要分析以上的几个指标之外，还要分析以下内容：第一，高速公路项目建成投入使用后，是否有足够的交通量来保证用收取的车辆通行费收入可以补偿收费公路的养护开支、收费人员的经费开支以及其他有关支出，是否可以如期足额地还本付息。第二，用高速公路车辆通行费所支付的贷款和利息是否合理。第三，收费人员是否超编，收费人员经费是否超出预算，是否存在因人员经费过高而影响按期还本付息等问题。

（三）营运能力指标

企业的营运情况直接影响其偿债和盈利能力，因此需要分析企业在一定时期内的营运能力。营运能力指标主要包括资产周转率、存货周转率、固定资产周转率、流动资产周转率等。

资产周转率是销售收入和总资产的比值，是一个企业经营活动的直接表现。存货周转率是由销货成本和存货平均占用额进行对比确定的指标。因为高速公路企业存货较少，所以这一指标对高速公路营运能力影响较小。固定资产周转率是企业的销售收入与固定资产净值总额进行对比确定的一个比率。流动资产周转率是根据销售收入和流动资产平均占用额进行对比确定的一个比率。

（四）环境状况指标

关于环境状况方面可能并没有直接或间接的指标，更多的是指环境状况变化的某些方面或某些政策等，给企业或项目的财务状况或发展前景造成的重大影响。环境状况指标包括宏观经济发展状况，国家产业政策调整，预期通货膨胀率，利率、税率和汇率的波动，竞争对手和市场价格竞争，相关法律法规，投资地区的政治因素和文化因素等。高速公路项目因其特有的特点，譬如初始投资额巨大、贷款资金占项目总资金比例较大、投资回收期限较长，所以受国家产业政策调整、预期通货膨胀率、利率影响较大。

第九章

大数据对企业集团财务风险预警体系的影响

第一节　财务共享服务对于集团公司的财务风险预警体系的影响

一、财务共享服务中心的简述

（一）财务共享服务中心的概念

根据国际财务共享服务管理协会（IFSS）的定义，财务共享是以信息技术为依托，运用流程化的手段处理财务与业务，从而达到优化组织结构、降低运营成本、优化业务流程、提升作业流程效率等目的，并从市场的内部与外部等不同角度为客户提供专业的生产服务的管理模式。

作为一种创新性的财务流程的工作方法，财务共享服务主要是通过建立财务共享服务中心为集团公司提供标准化、规范化的财务工作，从而实现集团内人员共享、信息共享、运营共享和管理共享等四大共享。“人员共享”是指集团内各级组织机构共享财务共享服务中心的财务人员，由财务共享服务中心的财务人员统一处理流程化的重复性财务工作；“信息共享”是指集团内单位与员工可以在授权范围内共享财务共享服务中心中的财务数据；“运营共享”是指借助财务工作的集中，财务共享服务中心可以实现财务运营的统一，资金管理的集中，从而实现降低融资成本、提高投资收益；“管理共享”即由财务共享服务中心统一管理各项财务工作，使会计信息更加规范化、标准化，为集团提供更加准确的会计信息。

（二）财务共享服务的发展历程

财务共享服务出现于20世纪80年代，至今已经走过了三十多年的历程，经历了从财务集中化到第一代共享，再到第二代、第三代共享的逐渐演变过程。

财务集中阶段：根据获取不同种类的信息资源，做好分类归集与整理。管理层按照经营管理的需求将收集的信息资源集中至某一业务部门或是某一特定组织，从而使信息资源的效用达到最大化。

第一代共享阶段：重视共享中心的选址、工作量的最优化以及人员测算等，强调规模经济和消除冗余所带来成本的节约。

第二代共享阶段：作为管理的一种手段，共享服务对服务传递这一模式给予充分的关注，并对共享第一代模式中存在的缺陷进行改进，从而达到持续降低企业成本的目的。

第三代共享阶段：第三代共享服务是在互联网新技术发展的环境下产生的。例如，财务共享服务中心通过云计算而产生的财务数据的集合，可以将分散在各个系统内的数据进行整合，这样就会将财务共享服务中心变为财务信息的聚集地和数据中心，使分散的用户可以随时获取财务信息，实现财务信息的共享，从而财务共享服务中心在数据信息上的优势及管理控制方面将覆盖到企业集团的每一个角落。

（三）集团财务共享服务创建的意义

随着企业集团的发展，财务共享服务中心越来越受到企业集团的青睐，查其原因，这是因为建立财务共享服务中心可以更好地实现企业集团下列战略目标：

1. 集团的发展战略得到有效支持。由于经济不断向全球化发展，企业集团也随着经济的发展而向全球化扩张，在世界各地纷纷建立自己的分（子）公司。也正是随着企业集团的不断发展，创建的分（子）公司也都建立了相应的财务机构，由于财务机构分散在世界各地，企业集团的财务管理也就变成了分散的状态，在这样的管理模式下，不仅使管理的效率低下，还会增加大量的成本，同时也影响了企业集团发展战略的有效进行。但是财务共享服务中心有效地解决了这一难题，它将分散在各地的财务机构中的财务工作相同的部分提取出来，集中由财务共享服务中心完成，在节省了成本的同时，也提高了财务核算的效率。

2. 财务集中管理的能力加强。伴随着集团企业不断地在世界各地建立分（子）公司，会产生众多相对独立的个体，由于管理上不能集中，地域相差较远，造成不同的分（子）公司的相同业务的财务核算方法不尽相同，在各分（子）公司进行财务和经营情况汇报时，需要经过报表的逐级汇总，过程漫长而复杂，同样还会造成集团的管理者很难掌握和监控各分（子）公司的财务状况和经营成果，在这样的条件下，整个集团企业的运营效率降低，资源也很难进行合理的配置。但是如果建立了财务共享服务中心，情况则大为不同，服务中心将制定统一的财务核算流程和标准，可以及时了解各分（子）公司的财务数据，也能够为对各分（子）公司的管理和监控提供必要的支持。

3. 提高财务的服务质量和效率。由于财务共享服务中心的建立，集团企业可以对之前相对分散的业务进行整合，并制定统一的标准和模式，在这样高度标准化的条件下，工作效率将大大提高，同时还可以节约大量的成本。各个信息系统不断地建立和完善也为财务共享服务中心的工作顺利进行提供了保证。财务共享服务中心的管理可以通过制定各类考核指标来不断地提高财务共享服务的质量。

二、财务风险预警概述

（一）财务风险预警的定义

企业财务风险预警是指为了防止企业经营业务偏离正常轨道而建立的财务风险的事前报警和实时管理的控制技术。在企业预警理论架构之上，通过对企业财务信息及相关经营信息进行分析研究，并利用财务与业务数据及相应的数据化管理手段，预先告知企业所面临的财务风险，同时探究企业发生财务风险的原因，挖掘企业经营管理体系隐藏的潜在问题，以便提早制定好应对措施。

（二）财务预警系统的定义

财务预警系统就是以企业的财务信息及相关经营信息及收集的外部信息为依据，采用各种量化分析方法，将企业所面临的经营风险和财务风险情况预先告知企业经营者、投资者等利益相关者，并分析企业发生经营风险与财务风险的原因，找出企业财务运营体系隐藏的问题，并督促企业管理者及时制定好防范措施，从而避免企业陷入财务困境，甚至破产的窘境，并为管理者决策和控制提供支持的控制手段和分析系统。

财务危机预警体系，是根据企业自身的业务特点和管理经营的需要，量身定做的一套可以采集、测试、调节和控制等，拥有多种功能的风险管理系统，这种系统可以及时发现财务风险，并对可能发生的财务危机进行预警。目前，在我国的各种企业，特别是大型的企业集团，建立企业财务危机预警体系是首要任务。

（三）财务风险预警系统的功能

企业财务风险预警系统可以将企业财务活动中存在的隐患或风险提前告知经营者、投资者等利益相关者，从而为企业经营者、投资者等改善经营管理、解决问题、减少经济损失提供更为有效的支持与依据。其功能主要表现在以下 4 方面：

1. 监测与预报财务危机。任何财务风险的发生都会有预先征兆，都是在经历了从量变到质变、不断恶化的质变过程后，才引发财务危机，导致企业最终陷入财务困境。财务风险预警就是通过对企业经营管理活动的重要环节或财务运行的重要活动领域进行追踪监测，并对监测的财务及相关经营信息进行数据处理，同时将信息存储归档，便于以后进行横向和纵向的对比分析。在以后的经营管理活动中，当出现可能引发企业财务危机的预兆时，则可借助先行设定的预警指标检测出财务危机并发出警讯指示，提醒决策者早做准备或采取对策以减少经济损失。

2. 识别与诊断财务危机。当监测信息显示关于企业某方面财务危机征兆时，决策者可借助有效的财务风险预警系统建立的敏感性指标测试，进行及时有效的识别与诊断，知其然更知其所以然，寻找出可能导致企业财务状况进一步恶化的原因，帮助管理层制定有针对性的应对措施，及时修正企业财务活动中存在的偏差，弥补财务管理中存在的过失，防止财务风险进一步扩大化，从而避免严重的财务危机真正发生。

3. 避免与防御财务危机。真正有效的财务风险预警系统功能不限于监测、识别与诊断，更能对现有危机和潜在风险起防御效用。对于财务活动中已发生的危机，进行详细登记，精密地分析，协助管理者采取有效措施，并将各个环节信息存档备案，建立敏感指标数据库，实现自我的升级迭代。通过信息积累、技术迭代，能为以后类似情况的发生提供前车之鉴和管理建议，不断完善企业财务管理及经营管理中存在的问题，增强企业的抗风险能力，更多地消除潜在隐患。

4. 能够提升企业的价值。企业的价值实际就是企业利用好其自身资源，防止出现重大不确定性带来的风险与危机，从而创造出的最大财富。财务危机预警体系能够帮助企业预防危机，实现这种价值的不断增值。

三、财务共享服务发展趋势对财务预警系统的影响

（一）互联网技术 IT 的发展将提高财务预警系统的工作效果

目前，企业建立财务危机预警系统的主要出发点是建立财务指标模型，然而现实中每次经济危机发生时的预警悖论，使财务指标在危机预警方面的局限性逐渐暴露出来。一般情况下，财务预警系统是从企业财务报表获取的财务指标，由于获取指标时间上的滞后导致了预警指标的失真性，直接影响了企业财务危机预警模型的有效程度。虽然有些企业在模型中引入了非财务指标，但由于数据获取的难度，选取的非财务指标的途径较少，获取的数据往往相对片面。但随着 IT 系统不断完善，财务共享服务中心的功能将进一步扩展，财务流程的持续优化与企业的业务流程联系紧密，在会计核算作业、资金结算作业以及财务信息处理中，财务共享服务中心使企业的业务流程和系统管理更加集中化和便捷化，使企业可以有效地提高业务信息的收集能力。同时，财务部门可以通过对管理企业的业务和财务方面的信息监测，收集相关的业务数据，更新财务预警系统的指标数据，从而增加财务预警系统的及时性和高效性。随着 IT 系统的完善和更新，数据的采集

将会更加全面，使财务预警体系获取非财务数据的难度大大降低，数据的提取将会更加全面，通过对搜集到的财务信息以及非财务信息进行归纳、计算、分析，有利于企业管理者从这些经过处理的数据中发现隐含的经济发展趋势和企业潜在的危机与契机，使财务预警系统真正发挥作用。

（二）人工智能的发展将提高财务预警系统的效率

近些年有一项新兴的计算机技术兴起，就是人工智能（AI），它是建立在大数据的基础上，通过进行模拟和拓展人类的智慧而做出的科学判断。人工智能利用大量的重复性的数据，其中含有以往所收集的数据，对其记忆并且进行推理出来的一种计算机技术。

财务共享会计工作的自动化是人工智能带给财务共享服务中心最重要的技术支持。财务共享服务中心具备“标准化程度高、业务量规模大”的特征，因此如果作业规则能够进行充分的梳理、分解并标准化，形成固定的业务流程，收集业务部门的数据，将财务工作中需要人工作业的工作升级为系统自动完成。同时，利用人工智能系统的记忆和识别功能，当出现之前类似的财务预警系统危机指标时，将自动识别并提取相关数据，及时向管理者进行财务预警的提示，这将大大简化提取和分析指标的过程，压缩预警提示的时间，从而提高财务预警系统的效率。

四、企业构建财务预警系统的趋势

目前，虽然企业内与财务相关的内部控制较多，但是在财务风险控制方面却没有形成一个有效的体系，导致财务的控制能力较为薄弱，主要表现在对资金的管理、预算的管理与内部审计效力等诸多方面。对于集团公司来讲，所面对的财务风险更加严峻。因此，在集团公司层面组建一个能够整合财务风险控制的系统体系，以此来规避集团内部各级企业的财务风险，有效地防范财务危机的发生，达到财务管理工作顺利进行的目的，成为企业管理的首要任务。

在财务风险控制体系的基础上，企业进一步提升风险防控等级，建立一套集日常风险监测、定期综合预警、及时纠偏干预等于一体的财务预警系统，及时识别风险、评估风险和应对风险，将财务风险，甚至企业危机扼杀在萌芽状态，促进企业持续健康快速发展，从而使企业集团在激烈的竞争中立于不败之地。

第二节　云计算、大数据与人工智能对财务风险预警体系的影响

一、云计算、大数据、人工智能概念

所谓的大数据，是指利用信息化手段通过各种方法和途径收集数据，并进行有效的数据处理，以此获取高质量的信息，为决策提供依据。大数据并不是使用随机取数方式对数据进行处理的传统方法，而是利用全部数据，再使用计算机技术对所有数据进行分析加工。大数据具有数据量大、数据处理量高效以及形式多样化的特点。大数据在对数据信息进行加工分析时采用的是多元化的形式，因此能够及时完成数据处理，极大地提高了数据处理的时效，不仅可以节约业务资源，还能提高数据处理的准确性。在大数据的帮助下，财务管理也变得更加有效，可以使财务资源得到更优的配置，准确地判断企业暗藏的财务风险，因此大数据在财务管理方面具有非常广泛的应用，是企业进行财务管理的必要手段。

在现实的应用过程中，大数据可以从复杂的数据中提取出有价值

的数据。由于数据的种类繁多、来源广泛、形式多样，因此增加了数据处理的难度。借助大数据技术，能够全面提升数据搜集与处理的精准性，使数据质量更加可靠，进而实现数据整体的高效性。

云计算数据具备容量大、效率高、成本低、便捷性强等优势，是一种新兴的财务信息处理模式，大数据与云计算两者之间是相互依存、相互促进的，大数据技术需要云计算手段的支持，云计算是大数据技术存在的基础。

云计算为大数据的发展提供了技术的基础，同时云计算和大数据的发展，也为人工智能的产生和发展奠定了基础。云计算与大数据也是人工智能实现实质性突破的核心所在。人工智能的高效运行，需要以大数据为基础，在大数据的支持下，人工智能才能完成智能的判断。与此同时，云计算会对大数据进行数据处理，并将数据处理的结果保存到网络中，为人工智能进行学习提供必要的资料。人工智能可以进行较深层级的学习，不断进步，因此人工智能在实用价值和应用领域中都有更广阔的发展。大数据和云计算是人工智能进行学习的前提，是人工智能得以发展的基础。云计算的高速发展和大数据信息的持续增多，也给人工智能发展带来了更多的机遇与挑战。

二、对集团公司财务风险预警体系的影响和冲击

随着互联网+时代的到来，云计算、大数据和人工智能等新技术得以快速发展并逐渐成熟，越来越多的“财务共享”新科技手段陆续出现在大众眼前。云计算以极其强大的吸引力入驻网络市场，并赢得大众广泛赞同与认可。在这一大背影下，财务云逐渐被众多大型集团企业的首席财务官（CFO）所认可。

财务云最先是由著名“云计算”解决方案的供应商中兴通讯公司提出并推广的。财务云是将集团公司财务共享管理模式与云计算、大数据、互联网+等先进科技有效融合，构建起集中的财务云中心，并

支持异地多终端接入模式，从而推进集团公司战略财务、共享财务、业务财务的融合与发展，最终实现业务与财务协同发展。

人工智能相对于传统财务软件是其质的飞跃。传统财务软件仅替代了手工记账，将手工操作平移到科技平台，财务账表仍然是由财务流程编制的，但云平台、大数据则使其发生了质变，推进了业财深度融合，现代化账表是通过人工智能将业务信息自动生成财务信息，最后生成了财务账表。随着人工智能科技的日趋成熟，应用领域必将逐步扩大，从而实现人工智能科技目标：利用智能机器人自动完成需要财务员工处理的机械性、重复性的传统财务核算与分析工作。与传统财务数据处理模式不同，财务机器人在财务数据收集、加工等方面，均优于财务人员。财务机器人仅需借助员工录入的基础业务与财务数据，便可利用智能化系统，自动完成大量财务数据的收集、计算、分析与储存，并能依据相应财务分析结果，融合业务信息，自动设计出合理的未来财务规划。传统财务模式需要企业财务人员对各个步骤进行分工操作、协同完成，不仅完工效率低，而且数据误差高。如今财务机器人的优势日益获得认可，未来将被更多大中型企业集团应用到各个领域。

随着大数据和云计算技术的发展，云会计时代必将到来。云计算已经走进了许多企业内部，为企业节省了许多运算成本，而且提高了决策的效率。在大数据背景下，云会计技术可以实现对资源进行合理计算和配置，成为企业遵循资源合理配置的基础，同时也体现了企业自身发展机制的需求和趋势。目前，财务决策是企业最为重视的问题之一，关系到企业的生存和发展，由此可见，解决财务决策问题迫在眉睫。但是，由于企业人员有限，且职责固定，没有专门的操作人员对财务决策进行分析和管理，因此很容易出现问题，对此引入大数据背景下的云会计是十分有必要的。企业在使用大数据和云计算技术时，需要调整自身的意识，开拓创新，因为云会计技术是一项新技术，需要在企业的创新精神下才能发挥出最大效益，所以企业要建立健全财务管理制度，不断规范企业内部的财务管理操作流程，并且搭建起财务预警理论体系，防范潜在的财务危机问题，为企业的生存和发展保驾护航。

会计信息化，包括云计算、大数据、商业智能、人工智能等新科技，将给财务决策和财务控制带来诸多变革，同时也会带来许多新的风险与挑战。

1. 财务管理风险。在现代企业中，会计信息化的发展与共同资源共享平台的建设密不可分。传统会计信息是按需定制，而现代信息化需要带有数据共享功能的会计信息化管理软件，而且对适应性、扩展性及灵活性的要求非常高，在开发、运行技术上也要求更高的条件。若企业自主开发建设适合自身个性化需求的会计信息化系统，需要进行大量的准备工作，如对企业的个性化需求进行大量的数据调研、综合分析，需要对外部技术环境进行详细的调研，因此信息化平台建设的资金需求和技术要求比较高，而且研发周期较长，风险较大。目前许多现代化企业的管理层思想仍然比较陈旧，认为会计信息系统只是一种简单的记账工具，会计软件选择与配置标准比较低，没有认识到会计信息系统建设的重要性与紧迫性，无法适应企业发展的要求。对于一些资金需求较多、研发难度较大、开发周期较长等风险较大的信息化项目，更是不舍得投资，从而导致企业的运转效率落后于信息化时代的步伐，且日趋低下。落后的会计信息系统不仅不能提高企业的工作效率，反而阻碍了企业的发展，带来额外的负担。如果企业不重视软件的开发与管理工作，容易导致会计信息系统频繁出现漏洞，直接降低了会计信息化系统的安全性与有效性。

2. 财务安全风险。在大数据环境下，会计信息化可以使电子信息管理更快捷方便，但目前许多资源共享平台依然采取以人工操作为主的方式，而且很多操作都直接影响企业财务管理，例如因为工作人员操作失误，造成财务信息失真，影响决策，从而可能形成很大的财产损失。另外，信息系统中的各项安全机制还不够健全，可能会出现未经授权而恶意改动系统数据的风险，这将为企业的信息安全带来隐患。

3. 财务风险预警能力挑战。在大数据时代，企业可以运用获取的海量数据信息对发展形势进行预判，从而判断出企业的外部战略环境，这就要求企业提高财务人员能力以应对风险和变化。大数据时代丰富的数据信息，为企业财务管理工作提供充足的数据支持，也强化了企业财务管理数据处理能力，提高了数据的准确性，同时也要求企业财务部门必须能够充分利用大数据分析出的结果，提出合理应对企业风险的管理措施。但是目前为止，企业财务部门尚未能充分利用大数据新技术进行风险管理，即现有的财务风险评估与控制体系不是以海量数据和大数据技术为基础建立的，原因是多方面的。首先，企业财务人员缺乏风险管理意识与能力，难以在动态的海量信息中识别出潜在风险，并向管理层发出预警信号。其次，企业现在部门多且设置结构复杂、职能条块分割，造成信息来源渠道较为多元化，信息质量没有基本保证，企业的信息质量波动较大，特别是基础财务信息的准确性没有保证，直接影响了企业财务人员的风险预判结果。于是，现有大数据技术与数据分析方式未能为财务管理人员预判风险提供强有力支持，使财务风险分析结果的可信度降低，说服力大打折扣。正是由于财务风险预判能力不足，影响了大数据技术对于财务风险预警的价值，阻碍了财务风险预警的应用价值。

4. 要求财务风险预警人员有更高的综合素质能力。企业建立健全财务风险预警机制是十分必要的。在大数据时代下，企业经营发展以及很多财务事宜处理均越来越多依托于大数据技术，日常财务管理活动更是会产生规模巨大的财务数据。因此，现阶段很多企业仍依托传统财务管理工具与人员开展传统财务风险预警工作的弊端明显，效果欠佳。所以，大数据时代下，企业加强财务风险预警能力需要培养专业人才，充分运用大数据技术开展具体的财务风险预警工作。

为此，企业内财务风险预警人员需要进行大数据技术的专业培训，以提高他们的综合素质，形成适应新形势要求的、专业化的财务风险预警工作团队，有利于企业及时发现并解决存在的问题和潜在风险，提升企业财务风险预警能力。

5. 创新了财务风险预警模型。当前对集团财务风险预警进行研究时，学者们主要研究方向为预警指标体系、预警模型的构建等。随着企业对财务预警精度要求的不断提升，财务预警模型不仅考虑了传统的财务指标，也已经开始包括非财务指标；从早期的单变量分析的简单模型到后来的多元线性模型、Logistic 回归模型、F 分数模型等复杂模型，财务风险预警体系越来越科学合理。

然而，统计模型需要严格的假设，并且对样本数据各方面要求也比较高。为了有效解决统计模型中存在的问题，逐渐兴起的人工智能被引进预警模型中。相关研究表示，与传统的统计模型相比，贝叶斯网络（Baysnet）、随机森林（RF）、人工神经网络（ANN）等人工智能技术与方法不需要对变量作先验假设，而且变量间是否存在共线性对数据处理和模型结果影响不大。随着人工智能方法的不断发展与完善，立足于人工智能技术与方法的预警模型有望为财务风险预警研究提供一条行之有效的新路径。

随着计算机和互联网技术发展，信息的爆炸式增长从量变引发质变，即信息总量的变化导致了信息形态的变化。如今，各研究领域中都有了大数据和人工智能应用的影子。在 2011 年 5 月的云计算邂逅大数据大会上，世界知名的信息存储设备公司 EMC 公司正式提及大数据概念。随后，一些重要的研究机构，例如 IBM 公司和麦肯锡公司等也提出了一些与大数据相关的研究成果，于是大数据在计算机以及互联网行业迅速成为热点与焦点。随后云计算技术的出现，使数据的产生、传播、处理能力大幅提高，而成本却大为减少，促使数据技术应用飞速增长。信息的非均质性是企业在市场中运行的一般属性，尤其在国内市场制度还不完善、信息透明度不够高等环境下，造成当前财务预警模型效果无法满足市场需求。作为一种在网络上无主观意识产生的群体智慧，大数据具有难以修改和全面真实反映的特征，这将使大数据信息在预警模型中的影响颇受关注。大数据技术的出现，使多维度的非财务数据获取与处理成为可能，为将非财务指标纳入财务预警模型提供了新的契机。以大数据技术为基础支撑，将网民视为企业传感器，对企业相关海量信息进行深度挖掘，可以发现广大网民在线信号波动与企业财务风险之间的联系，进而引入到大数据指标，有助于创建新的财务风险预警模型。

第三节 云计算、大数据与人工智能对审计的影响

一、云计算、大数据与人工智能为内部审计工作带来的机遇

（一）对内部审计目标的影响

内部审计在传统上往往只能做到事后审计，审计的职能也仅仅局限在发现错误上，再加上审计技术的局限性，许多较为隐蔽的问题难以在初期阶段被发现，导致发现问题的时候已经为时过晚。

如今，随着大数据时代的到来，内部审计的目标也随之发展而被重新定位。2013 年修订的《中国内部审计准则》中重新明确了内部审计定位，由查错纠弊向风险防范和价值增加的方向进行转变，强调了风险评估和风险管理的重要作用。

内部审计人员在云计算的帮助下，将审计部门和被审计部门联系

在一起，冲破了信息的“孤岛”，从而使得审计工作可以贯穿整个事件的前期、中期、后期，再加上云计算超强的计算能力，让全量审计和深度数据挖掘变得相对轻松，审计能力大大提高，审计职能大大拓展，审计也变得不再只是事后纠错，而是更注重防范风险、改善治理，可以真正为企业创造价值。

大数据的数据分析，强调在搜集资料和寻找信息时所得到的审计证据，面对发现的问题可以从本质性的方面进行探索与研究。

同时，分析数据对于企业发展的整体有着重要影响，它可以通过高效的大数据技术，去筛选有用信息和无效信息，从而能更高效地找到企业内部控制中的异常和不足，使得内部审计确认和咨询的功能得到更有效和更有针对性的发挥，从而提高内部审计的价值。

（二）对内部审计组织形式的影响

为了掌握被审计单位的真实情况，传统的内部审计主要采用的审计方式是进行就地审计，即由上级的审计部门派遣审计人员到被审计的单位开展现场审计。

在大数据和云审计平台出现以后，现场审计的模式已经不再是主要的审计模式，远程审计开始逐步登上舞台，它的主要工作方式是对其呈报的电子化和数据化的资料进行整理和分析，使用网络工具进行沟通和交流，并且进行适当的现场考察，远程形成审计报告，大大提升了内部审计效率，节约了审计成本，同时也提高了内部审计的质量。

与此同时，审计人员之间可以利用互联网进行审计工作底稿和审计结果的远程适时交换。这就为需要在不同地点和与不同层级的审计人员共同协作完成同一审计工作任务提供了可能，使审计工作的开展突破先前的地域限制和组织方式，为组织内部的各审计部门之间进行联合审计提供了条件。

（三）对审计手段的影响

在传统的内部审计工作中，需要审计人员使用审计软件来对企业的财务凭证、账本、报表等进行分析，而在对这些资料进行审核时，通常是比较独立的，在审计过程中，容易忽视或对具有关联性的数据不能产生警觉，这样得出的审计结果难以对企业的真实现状进行全面、细致的考量。

然而，在互联网条件下，内部审计的环境发生变化，促使审计手段和审计方法也随之做出相应的转变（大量业务凭证发生变化）。

在信息化环境下，通过以企业资源计划（ERP）为基础的经营管理平台、以制造执行系统（MES）为基础的生产营运平台和以信息化为基础的设施及运维平台三大信息化平台，使生产、经营和管理全面实现信息化，审计人员面对的工作环境是信息和网络，这与传统的纸质资料和简单的财务软件等传统的审计环境相比，有了很大的不同。

这些新软件的推广和应用主要优势体现在大数据的应用，可以对数据进行深入的分析和挖掘，而这种强大的数据分析能力的应用无疑极大地改进了内部审计方式的数据化和信息化，使其变得更为高效和准确。这主要体现在以下几个方面：

1. 实时审计的推进。在外部审计工作中，由于对商业机密等多方面因素的考虑，往往很难做到实时审计。然而，内部审计是没有这些顾虑的，在技术问题得以解决以后，可以使用计算机技术和云技术等对内部审计的工作进行整合，有效地把实时审计、信息系统审计、互联网审计和非现场审计结合在一起，从而实现内审人员对内部审计的数据情况进行随时对接，使传统内部审计定期监控的缺陷和不足得到了弥补，实现了内部审计工作的连续性，在处理通过审计发现的问题时，利用专业的工具，连续采集数据，并对其进行及时的分析，使发现的问题可以有效地得到解决，不仅提高了内部审计的质量，还保证了内部审计工作的时效。

2. 由个别抽样转变为全面抽样。在当前内部审计的工作中，从审计成本的角度出发，许多公司通常会采用个别抽样法。如果是在大数据环境下，业务数据的信息化可以让我们利用信息技术对业务数据进行全面检查，从而有效地避免个别抽样下的片面性，而且还不会使审计成本大幅增加，让审计工作更为高效有力。

（四）对内部审计程序的影响

传统的内部审计的程序是观察、检查、询问、函证、计算、执行和分析。在信息时代下，传统的审计程序早已不能满足审计的需求，通过使用大数据不仅可以使传统的审计过程变得简单，还可以根据不同的审计内容进行建模，以便从大量的数据中快速得到需要的数据并进行分析，更加高效地发现问题。

（五）对内部审计作用的影响

外部审计的独立性较强，但公司在进行内部审计时，往往会受限于公司内外部各方面的影响，很难实现透明化，使其在公司管理中发挥重要作用。

然而，在大数据时代下，外界可以发现越来越多的信息，公司为了得到各方面的信任，让内部审计这一监督职能变得更透明化，并且成为确立公司声誉的重要途径。

另外，内部审计与外部审计对财务报表的正确合法性的把握程度有所不同，内部审计对公司制度的完善、经营效率的提高有着更高的要求。可以通过技术手段对公司的数据进行深入的挖掘和分析，不但可以根据分析的结果提出恰当的审计意见，还可以从多个方面综合考虑帮助公司查找出管理上的漏洞，降低运营风险，且能为公司决策提供信息支持，使内部审计的工作得到更好发挥。

（六）对内部审计结果的影响

由于传统内部审计工作的局限性，使得数据的收集不够全面，在进行数据分析时也会消耗大量的人力和时间，提出的建议没有较大的可信度。

然而，随着大数据技术的广泛运用，可以使用更多的分析理论、工具和方法，从而提高数据分析的质量。同时，云平台可以为创新型数据处理的工具提供有效的支持，可以轻松地实现对多层次的、丰富的数据进行筛选、精炼和分析。利用搭建云平台和大数据技术，可以逐步搭建企业级的可持续性风险评估体系，使内部审计部门能够更有效地履行其咨询评价的职能。内部审计部门作为企业内部控制和风险管理的管理者，需要掌握多种专业技术和方法，在构建内部控制和风险评估分析体系中大数据技术的应用可以发挥极其重要的作用。它不仅打破了不同业务的性质和流程间的隔离带，还可以关联整合跨区域、跨机构、跨业务、跨风险信息，判断不同业务风险的特点，适当选择风险评价的维度，对这些风险发生的概率和对目标实现的影响程度进行分析和量化，从而帮助内部审计部门准确判断影响目标实现的风险水平。

内部审计部门可以利用大数据技术，持续地、系统地监测公司业务的发展和风险变化的趋势，构建持续性的风险评估系统，从而有效地指导内部审计部门编制项目审计计划、明确审计重点、分配审计资源，使得内部审计部门因任务量多、内容繁重而引起的审计质量低下等问题得到有效的解决，提高审计结果可信度。

二、云计算、大数据与人工智能对外部审计工作的影响

大数据技术不断拓展了信息来源，丰富了审计证据采集渠道，使审计人员取得非财务信息的成本降低，技术成熟，非财务信息成为内

部审计的主要信息来源，审计证据得到了前所未有的丰富与扩展。大数据正在潜移默化地改变着财务管理活动，逐渐成为企业内外利益相关者决策的重要支持，继而对财务报告信息产生重大影响（Moffit-tetal，2013），从而在客观上要求审计人员将取证范围向非财务信息等大数据拓展。作为一个数据密集型的专业技术领域，大数据时代推动审计时所应用的审计技术发生巨大进步，乃至革命性的变革，从而推进审计风险降低与审计质量的巨大提升。虽然相对于传统的账项基础审计与制度基础审计，目前使用的风险导向审计优势明显，但是随着行业边界日益模糊，海量信息的冗杂程度逐渐增强，风险导向审计方式的不足开始愈发凸显。毋庸置疑，大数据对外部审计有利也有弊，是一把锋利的“双刃剑”。在大数据时代，内部审计能否抓住大数据技术带来的新机遇与挑战，降低审计风险，提高审计质量，必将成为注册会计师行业面临的重要课题。

（一）对外部审计风险的影响

1983 年，美国注册会计师协会（AI 注册会计师）提出了传统的审计风险模型，该模型是用数学模型表示审计风险，展示如下：

审计风险（Audit Risk，AR）=固有风险（Inherent Risk，IR）×控制风险（Control Risk，CR）×检查风险（Detection Risk，DR）

大数据技术增加了数据分析与应用的难度，扩大了原有的数据风险，引发了新的数据风险，全面影响了固有风险、控制风险和检查风险的内涵与外延。但从长远和全局来看，大数据、云计算和互联网等技术的有机结合，将形成颠覆性变革，有效降低注册会计师行业的整体审计风险。

1. 由抽样审计向全样本审计转变。出于成本效益原则的考虑，注册会计师若采用风险导向审计模式，则无法对每项交易进行全样本审查，所以必须采用审计抽样技术，以平衡审计效率和审计效果，但审计抽样也同样伴随无法避免的抽样风险。在控制测试中，容易出现信赖过度或信赖不足风险；在细节测试中，容易出现误拒或误受风险①。在大数据时代，数据可以通过执行云计算的终端存取，使被审计单位的数据资料更为全面与翔实，审计证据获取的难度小但效率高，而且获取审计证据成本还会进一步降低。

在互联网背景下，被审计单位的业务数据和实物资产借助移动互联网技术实现高度融合。审计人员通过云计算与互联网等技术融合，利用电子终端设备接入云端数据中心，依靠云计算技术，按照审计需求直接获取海量财务与非财务数据，包括被审计单位的具体经营和财务方面的内源性数据、有关行业和对标企业的外源性数据。通过互联网技术和智能设备监控获取信息，利用大数据进行整理与分析，从而在一定程度上使海量信息实现透明化和可视化 。大数据时代的信息量是巨大的，如果采用数字形象地量化表示，谷歌公司一天处理的数据量相当于2516部高清电影或100亿本图书，截止到2013年年末，谷歌公司的累计处理数据量达到1.2ZB。在维克托·迈尔·舍恩伯格和肯尼思·库克耶著作的《大数据时代：生活、工作与思维的大变革》中，将大数据时代特征归纳为“4V”特征：Volume（数据体量大）、Variety（数据类型多）、Velocity（处理速度快）、Value（价值密度低）。在这样的外部环境下，审计技术不能再局限于只依赖少量抽样审计样本，必须突破审计抽样技术而有所创新，技术进步使全样本审计成为可能，进而降低审计人员出现检查失误的可能性，最终使审计风险大幅降低。

2. 降低信息不对称发生的损害。在外部审计实务中，审计主体（审计事务所）、审计客体（被审计单位）和审计利益相关人（主要报告使用者）共同构成了审计业务的重要三方关系。根据信息不对称理

① 误拒风险是指注册会计师推断某一重大错报存在而实际上不存在的风险；误受风险是指实际上存在某重大错报而注册会计师认为不存在的风险。

论，在正常市场交易中，因为产品与服务的买卖双方掌握信息量的不对称性，导致买方或卖方必然有一方明显处于有利地位，而另一方处于不利地位。正是这种信息不对称的现象使市场配置资源的功能降低，甚至出现市场失灵，从而造成高质量产品处于不利地位，甚至被低质量产品挤出市场，这种现象被经济学家称为“柠檬原理”。

在审计三方关系中，同样存在这样的信息不对称问题，直接影响审计效果与效率。从利益相关者和被审计单位之间关系看，利益相关者需要利用被审计单位披露的信息资料进行管理决策，而现代企业制度使管理权和所有权分离，被审计单位的经营管理权掌握在管理者而非所有者手里，经营管理者必然比所有者掌握着更多信息，也有动机和能力开展盈余管理，可能发布一些虚假的财务信息，出现逆向选择和道德风险，从而侵害利益相关者的利益，这就是审计风险中固有风险的重要组成部分。从利益相关者和注册会计师之间关系看，信息不对称主要是由于审计人员在审计实施过程和审计结果披露等方面存在道德风险，注册会计师比利益相关者掌握着更多信息，拥有更强的信息甄别能力，使注册会计师一方相比利益相关者掌握更大信息优势，因此审计主体可能侵害利益相关者。从注册会计师与被审计单位之间关系看，注册会计师受困于独立审计的收费模式及生存压力，使其在博弈过程中处于较为被动的地位，被审计单位往往信息占优，注册会计师处于信息劣势，形成信息不对称现象，被审计单位存在隐藏信息的道德风险，这种现象在“安然事件”中表现得十分明显。

在大数据时代，信息不对称程度有所下降，审计业务三方关系之间的损害有可能大幅降低。以制造产业链为例，从行业调研、产品设计、材料采购、生产、运输、批发到零售环节，各节点数据的产生被大数据技术搜集，注册会计师可以利用可视化、透明化的海量数据，开展数据挖掘和分析，从而为注册会计师事务所和利益相关者提供新途径以弥补信息不对称。虽然从短期来看，海量数据处理能力尚偏弱，而且会暂时提高事务所的运营成本，但是从长期来看，对数据分析技术与人才投入会呈现递减特征，最终使注册会计师和管理者的道德风险和逆向选择发生的概率大大降低。

3. 缩小被审计单位舞弊的空间。“安然事件”等一系列财务造假案件被曝光后，会计丑闻重创了美国资本市场投资者的信心，上市公司股票价格大幅下挫，投资者损失高达900多亿美元。借此契机，美国联邦政府加速通过《萨班斯—奥克斯利法案》，旨在要求公司遵守证券法律以提高公司披露信息的准确性和可靠性，从而保护投资者及其他目的。被审计单位常见的舞弊行为是指与财务报表审计相关的故意错报、漏报以及侵占公司资产等行为。被审计单位舞弊对投资者的损害巨大，对经济的负面影响是难以估量的。随着数据的产生与累积，大数据时代的财务管理工作边界更加模糊，已经不局限于单纯的财务领域，更多是灵活地围绕着企业的供应链、研究开发、人力资源管理等工作而展开。这种流程所形成的数据是具有特定经济内涵并有具体的业务信息支撑的数据，不是单纯的数字，其真实性结构性和非结构性使财务造假难度提高。只要获取数据接触的权限，接入数据库端口，通过云计算技术，取得这些相互之间具有勾稽关系的信息资料，审计人员就能够掌握审计业务顺利开展必要而充分的信息。

审计模式已经从传统的风险导向审计向大数据审计模式转变，数据时代的外部条件和技术能力已经改变了传统审计模式中固有风险、控制风险和检查风险的内涵与外延，企业信息储存与处理技术环节产生的风险、数据生成与传递过程的风险等将成为新的审计风险，内部控制的关键点也不再单纯是财务相关的具体环节设计，应该是基于数据信息之间相关性而设计的相互佐证与验证流程。不良公司试图利用管理漏洞通过修改会计记录、编造支持性文件、漏记交易事项以及错误地使用会计原则等手段进行舞弊的行为，很容易被新技术所查验与证伪。试图舞弊的个人及团体的行为同样可以很容易地被大数据分析与辨别出来，经济事项与业务流程趋于体系化、透明化，被审计单位舞弊的空间更小，动机变弱，从而审计风险得以降低。

（二）对外部审计取证环境的影响

大数据是一种技术进步的产物。随着物联网、云计算、人工智能等新兴信息技术的快速发展，信息的采集、传递、存储和加工能力不断提升，成本不断降低，推动了大数据时代的到来。在大数据环境中，几乎所有人、事、物都可以被记录、计量，经过电子化采集后转化成数据（McAfee 等，2012）。这就是通常被称为数据化的过程。例如，通过全球定位系统（GPS）记录物的轨迹，通过基于位置的服务（LBS）记录人的轨迹，通过射频识别技术（RFID）开展存货管理，通过各种传感器对生产经营过程进行监测与控制，通过媒体报道记录社会舆情，通过博客、社交网络、邮件、电话、视频监控和记录人们的关系、言行、行动和爱好等。这些数据多为非结构化信息，并且大多可以通过网络渠道获取和传递。这些信息本身并不具备多大的使用价值，但将某些相关信息进行交叉融合、深度挖掘，则可以找出其中蕴含的巨大价值。在数据化环境中，企业与个人的任何活动都不可避免地会留下电子记录。虽然业务事件的所有细节不能被企业直接记录和存储，但企业外部社会网络中各种数据库的相关信息会从不同侧面进行记录和储存，实现对企业信息的交叉验证，并且这些信息很难被企业控制、操纵或篡改，具有较强的可靠性，为大数据时代审计业务提供了新的审计证据来源。在审计中，即便审计人员未能从企业采集到业务事件的关键信息，也依然可以利用大数据技术从社会网络的各种数据库里采集相关信息进行证伪，特别是那些免费开放的、透明的社会网络数据库，可以提取出业务事件不同侧面的信息碎片，然后结合从企业获取的信息，将那些表面上看起来互不关联的碎片拼接出整个业务事件的完整图像。

大数据正在潜移默化地改变公司财务实务，逐渐成为企业内外部利益相关者决策的重要支持与信息来源，继而对财务报告产生影响（Moffitt 等，2013），必须从客观上要求审计人员将审计取证范围向大数据拓展。在大数据时代，丰富的信息来源拓宽了审计证据的采集渠道，非财务信息已经成为审计人员取证的主要信息来源之一，审计证据得到了空前的丰富。大数据区别于小数据的主要特征在于数据的详尽性和高频性。小数据时代所面临审计信息贫乏的窘境，在大数据时代将不再成为审计取证的羁绊（鲁清仿和梁子慧，2015）。特别是随着信息加工与存储成本的降低，信息处理能力的提高，审计人员可以经济、高效地利用大数据进行审计证据收集与加工，审计取证效率大幅提升，审计取证模式必然会从技术驱动的计算机审计向数据驱动的大数据审计转变。

大数据改变了审计工作的业务形式，审计人员在其帮助下可以处理和分析相关交易数据的细节，而不只是简单汇总交易数据并进行简易的复核，它会将各种内容的内部和外部数据与财务数据进行融合与分析，将大数据技术与财务报告和审计鉴证过程进行软集成（Vasarhelgietal，2015）。抽样审计开始被详细审计替代，小数据时期下的抽样审计、盘点等手段，必将消失在审计舞台。以云计算为基础的大数据应用，可以有效地减少审计证据的采集、分析和评价的时间，审计方式开始从事后的周期性审计向持续的在线审计进行演化（Krahel 和 Titera，2015）。新的审计方法可以缩小审计的工作量，让审计人员重视生成这些数据的流程，并对数据进行检验，将更多的时间用于预测性的数据分析工作，推动预测性审计成为可能。

在大数据时代，审计人员主观的判断对审计结果的影响将变得更小。小数据时代的审计人员需通过直觉和经验，甚至用推断来对无法得到的数据进行补充，这样的判断会出现失误的隐患。以全数据为基础的大数据审计则是以大数据分析为基础分析数据的真实性，再根据分析出来的结果进行科学性的判断。大数据的产生，使人为的工作减少，取而代之的是各种数据的收集和系统的自动化，利用大数据进行的分析和评价也由科学的模型来自动进行处理，最大限度地规避了人为主观因素造成审计结果的偏差，利用大数据进行审计时，需要有大量的信息化系统进行支持，想要搭建这些信息系统不是审计人员能单独完成的工作，还需要信息技术人员配合参与，包括云计算、基础算法、机器学习、知识图谱、统计学、数据分析和自然语言处理等各个学科领域的技术联合攻关，任何主观判断或更改都可能造成大数据审计系统的失败。因此，应用大数据来进行的审计可以用精确的数据分析取代审计人员的主观判断，审计评价也由经验判断改为数据驱动、模型驱动，审计取证的客观性和准确性、审计结论的公正性都能得到较好的保证。

（三）对外部审计质量的影响

云计算、大数据和人工智能以及各种机器学习的形式，为审计专业人员提供了诸多耳目一新的、前所未有的新技术。并行处理、海量数据以及新数据算法等人工智能技术的出现并不断迭代，看似遥不可及，其实已经开始逐步将审计实务推进到一个新阶段。

例如，安永会计师事务所目前已开始探索利用计算机技术辅助审计人员审核收入合同和租赁合同，利用大数据和机器学习技术分析大批量的贷款合同，用于资产与负债估值测试。运用图像识别、人工智能等技术，将数以万计的信息信息数字化，特别是纸质材料，能够将审计思维模式与智能技术结合，并不断自主学习演化。虽然这些尝试尚处于初级阶段，但随着软件处理技术和信息量的增加，借助专业审计师的帮助，这些软件的处理能力将迅速提高，并将在审计实务中发挥超乎想象的作用。随着人工智能技术和机器学习技术的不断升级和广泛采用，我们将有可能用新技术替代记录审计师在工作中做出的各种分析、执行的相应程序，并以此为基础研究出更加智能、高效的解决方案，从而获得对数据更加深入的理解和应用。在商业创新环境下，业务交易日益复杂，这些智能化软件将帮助审计师能够对复杂交易的会计处理进行更高效的分析与判断，提高审计质量、控制审计风险。审计事务所对人工智能领域的大量投入，开发出许多新技术，已经提高了从多个分散的业务环境中提取数据的效率。

在审计领域中，人工智能和机器学习对提升公司财务报告质量的作用，不仅仅是通过自动化提高效率，更是对财务信息工作的全面提升。这些软件可以把“人”从机械性、不涉及判断的工作中抽离出来，让智能软件来执行那些工作量化、程序化的工作，从而使审计师能够集中精力关注更加复杂的专业判断问题，进而提升审计效率和质量。

人工智能技术在审计领域的应用前景远非现在能预测的，其前景非常值得期待。当然，应用广度与深度取决于各项相关技术的进步。随着技术的进步和应用成本降低，人工智能技术将得到更为深入的运用，审计技术也会产生非常大的改变，例如实时审计。使用人工智能技术，不仅可以大大提高审计工作的精准性，而且有利于：①减少审计的差错。人工智能可以使分析的一惯性和针对性变得高效，杜绝了审计员人为判断产生的主观影响，使审计结论得出的过程得到优化。②为审计师对海量交易信息进行高速有效分析并发现审计风险提供技术支持，监控交易活动并发现舞弊行为。目前，许多金融机构已经将人工智能应用于系统的舞弊检测。

三、云计算、大数据与人工智能给审计工作带来的挑战

（一）审计工具不合理

在以大数据为基础的时代，审计单位和被审计单位所使用的工具要求为相同的量级，这样才能做到相互适应，产生有效的监督与制约，

在这种条件下应对大数据带来的审计工作的挑战。但是，在现实的审计工作中，审计单位与被审计单位所使用的工具经常不是同一量级的，这就需要被审计单位进行技术更新换代。随着信息系统的强大，数据量也变得庞大。但是审计单位在进行审计工作时使用的审计工具往往是传统的工具，不能对大数据进行处理，这样会影响到审计的质量和效率。

（二）审计行业地位可能被削弱

随着大数据时代的发展，已经可以以全部数据为基础对数据进行挖掘，所以样本基本上就是全部的主体，抽样在审计中的作用被大大弱化。随着企业产业结构不断地完善、产业链的延伸、上下游产业相互打通、企业经营范围的拓展，使传统审计中，只对企业的主体部门、重要领域、关键岗位进行重点监督审查的静态抽样方法的缺点暴露无遗。随着企业经营范围的扩大，数据覆盖范围也随之扩大，从而也会使内部审计风险防控的范围及难度加大，面对此种情况，如何建立能够覆盖全领域和全范围的审计监控机制将是一项挑战。

传统的审计人员所需要的职业经验和职业判断的技能会逐渐被大数据时代下的数据量化所替代。大数据的建立，可以使全部的数据成为量化的基础，大数据提供的高效并且准确的各种数据，可以帮助审计考察的各项工作指标被精确地量化和定义，从而使审计人员在多年的工作中所积累的审计经验和职业判断的能力将显得不再重要。

（三）审计制度存在漏洞

大数据时代的来临是一场信息的革命，然而现在我国审计制度还无法与信息时代的发展同步。传统审计的程序、方法、时间、风险、证据和内部控制还不能在目前审计制度下进行转变，其主要原因是审计制度不但缺少相关法律法规的支持，还有很多的审计方法无法实现。

例如，进行联网审计等。这样就制约了审计数据的充分利用，造成数据资源的浪费。

另外，当前的审计还缺少统一的数据集中环境，各个企业在进行审计系统开发时只能针对单纯的某个业务，如烟草公司的财务管理系统、销售管理系统、物资采购系统等都是各自独立的。

（四）审计软件功能受限

云审计、大数据平台在对大数据进行处理和分析时，需要应用与之匹配的审计工具，因此这些审计工具就需要嵌入并对各种信息进行分析，如神经网络分析、数据包络分析、时间序列分析、聚类分析等。

目前，我国主要的审计软件的功能还局限在查询、科目汇总、编制工作底稿等基础的工作，在数据分析方面也只能做到简单的账龄分析、科目分析等，在对大数据开展深度挖掘和进行分析的功能上则是缺少相应的工具来实现，这使审计人员很难有效地识别出企业的风险，发现管理上的漏洞。

（五）审计人员能力不足

审计工作具有专业性的特点，对审计工作人员的能力有较高的要求。目前在大数据背景下的审计工作开始朝着大数据进行转变，使审计工作的难度也变得越来越高。然而，审计人员的数据分析能力、综合判断能力和专业处理能力却略显不足，不能达到在大数据背景下内部审计人员应有的专业能力。

除了对内部审计人员提出更高的要求外，伴随着企业生产、经营信息的数字化、网络化的发展，各种系统应用的方法也不尽相同，这就需要审计人员对各种系统进行熟悉和掌握，否则会加大审计工作开展的难度。正如刘家义审计长所指出的：没有信息化，我们的能力、效率以及工作的层次和水平就要大打折扣。审计人员仅仅使用原有的知识和技能难以开展信息化环境下的审计工作。

因此，审计人员不仅要具有审计的专业素质，还必须要有熟练使用计算机，能够不断地学习和掌握新信息技术的能力，只有如此，才能更好地运用各种信息系统的运行平台、业务流程和重点概念，才能更顺利地理解和掌握被审计企业的经营管理活动是如何通过系统实现的，以及各种业务的流程和内部控制制度是如何在信息系统中进行，才能全面地把握审计的总体，快速地找到审计的重点，更有效完成审计任务。

（六）审计系统风险增加

在大数据的环境下，企业内部审计工作由于大数据技术的发展更加便利的同时，也增加了审计系统的风险，包括信息安全风险和数据透明度风险等。

大数据改变了审计的环境，使社会对互联网的依赖性变强。但是有太多的因素可以影响互联网的正常运行，现在各单位主体的关系非常复杂，在这种条件下，系统风险也会随之提高。外部的攻击、网络设施受损和运转失常等，都会造成系统故障。另外，若不能有效地保障用户判断出应用程序的真实性和有效性，就可能会将数据输入到错误的应用程序中。同样，如果应用程序不能判断出正确的用户，也会造成数据的错乱。

现在各种病毒影响范围广，破坏危害大，网络安全再次引起人们的重视。一旦信息系统被不法分子入侵，用户隐私数据必然会有泄露的风险，轻则用户个人信息被不法分子掌握，重则会危害用户的财产安全甚至是人身安全。

附录

附录一　关于财务风险预警指标的调研问卷说明

第一部分　问卷说明

一、指标说明

根据管理办法财务风险控制指标分为主要指标和辅助指标共12项。主要指标包括：现金流动负债比率、资产负债率、借款依存度、已获利息倍数、经营活动现金流入比重、流动比率、速动比率等7项指标；辅助指标包括：净资产收益率、应收账款周转率、存货周转率、营业收入增长率、对外担保占净资产的比重等5项指标。管理办法同时引入财务风险预警评分制度，各指标权重及风险区间评分如第六章表6－4所示。

表6-4中各项指标所占权重及风险区间评分为中国交建各板块的平均数值，本次调查将对不同板块所需要的风险指标及权重进行研究，请结合贵公司所属板块进行回答。

二、调研问卷目标人群

调研问卷目标人群限定在中国交建各二级单位、三级单位的总会计师，以及财会部门、运营管理部门、审计部门领导和业务骨干。各单位财会部门根据本单位的实际情况，组织对参与调研人员进行财务风险情况分析及讲解后答卷。

三、各单位参与方式

考虑到各位专家对指标直接评价权重的困难，根据心理学家提出的“人区分信息等级的极限能力为7±2”的研究结论，我们采用九分位法作为标度，构成判断矩阵。各位专家只需指出一个指标（如甲指标）相比另一个指标（如乙指标）的重要性即可，重要性采用阿拉伯数字表示，甲指标相比乙指标的重要性如表1所示。

表1　指标权重重要程度表

甲指标与乙指标比	极重要	很重要	重要	略重要	相等	略不重要	不重要	很不重要	极不重要
甲指标评价值	9	7	5	3	1	1/3	1/5	1/7	1/9
备注	如上述重要性评价值还不好判断，可取8、6、4、2、1/2、1/4、1/6、1/8为上述评价值的中间值								

为了方便您的比较，我们对指标用大写字母加数字进行代替，具体如下：流动比率（P1）、速动比率（P2）、资产负债率（P3）、已获利息倍数（P4）、借款依存度（P5）、净资产收益率（P6）、应收账款周转率（P7）、存货周转率（P8）、营业收入增长率（P9）、现金流动

负债比率（P10）、经营活动现金流入比重（P11）、对外担保占净资产的比重（P12）。

例：如您认为流动比率（P1）相比速动比率（P2）略重要，就在P1行和P2列的交叉位置表格中填写3，并在P2行和P1列的交叉位置表格中填写1/3；如果您认为流动比率（P1）相比资产负债率（P3）重要，就在P1行和P3列的交叉位置表格中填写5，并在P3行和P1列的交叉位置表格中填写1/5；如您认为流动比率（P1）相比已获利息倍数（P4）介于重要和很重要之间，就在P1行和P4列的交叉位置表格中填写6，并在P4行和P1列的交叉位置表格中填写1/6，具体如表2所示。

表2　　指标重要程度评价示例表

指标	P1	P2	P3	P4
P1	1	3	5	6
P2	1/3	1	本例未涉及	本例未涉及
P3	1/5	本例未涉及	1	本例未涉及
P4	1/6	本例未涉及	本例未涉及	1

四、注意事项

因指标较多，评判完所有指标之后请进行检查，不要出现甲指标比乙指标重要，乙指标比丙指标重要，丙指标比甲指标重要的循环。

第二部分　调查问卷

详见问卷。

第三部分　被调研问卷目标单位

房地产板块：中交房地产集团、绿城中国

投资及金融板块：中交投资、中交财务公司、中交建融、中交基金、中交资管、中交产投

附录二　关于财务风险预警指标的调研问卷

财务风险预警指标调研问卷

<table>
<tr><td>单位：</td><td colspan="2"></td><td>部门：</td><td></td><td>职务：</td><td colspan="2"></td></tr>
<tr><td colspan="8">您认为以上 12 项指标是否满足对贵公司所属板块财务风险的判断？如不满足请进行补充，并对指标进行编号，补充指标最多不超过 5 项。</td></tr>
<tr><td>序号</td><td colspan="2">补充指标名称</td><td colspan="2">补充指标编号</td><td colspan="3">备注</td></tr>
<tr><td>1</td><td colspan="2"></td><td colspan="2"></td><td colspan="3"></td></tr>
<tr><td>2</td><td colspan="2"></td><td colspan="2"></td><td colspan="3"></td></tr>
<tr><td>3</td><td colspan="2"></td><td colspan="2"></td><td colspan="3"></td></tr>
<tr><td>4</td><td colspan="2"></td><td colspan="2"></td><td colspan="3"></td></tr>
<tr><td>5</td><td colspan="2"></td><td colspan="2"></td><td colspan="3"></td></tr>
</table>

续表

请对12项指标及补充指标的重要性在下表进行评价（只需填写标注灰色部分）																	
指标	原指标												新增指标				
	流动比率（P1）	速动比率（P2）	资产负债率（P3）	已获利息倍数（P4）	借款依存度（P5）	净资产收益率（P6）	应收账款周转率（P7）	存货周转率（P8）	营业收入增长率（P9）	现金流动负债比率（P10）	经营活动现金流入比重（P11）	对外担保占净资产的比重（P12）	P13	P14	P15	P16	P17
流动比率（P1）	1																
速动比率（P2）		1															
资产负债率（P3）			1														
已获利息倍数（P4）				1													
借款依存度（P5）					1												
净资产收益率（P6）						1											
应收账款周转率（P7）							1										
存货周转率（P8）								1									
营业收入增长率（P9）									1								
现金流动负债比率（P10）										1							
经营活动现金流入比重（P11）											1						
对外担保占净资产的比重（P12）												1					
P13													1				
P14														1			
P15															1		
P16																1	
P17																	1

参考文献

[1] 朱顺泉：《上市公司财务预警统计与智能建模及应用研究》，人民出版社 2013 年版。

[2] 孟银萍："集团公司财务风险预警研究"，华北电力大学，2010 年。

[3] 张继德：《企业财务风险管理》，经济科学出版社 2015 年版。

[4] 傅俊元、吴立成、吴文往："企业集团财务风险预警方法的构建研究"，《中央财经大学学报》，2004 年第 12 期，第 67—71 页、第 76 页。

[5] 张知："企业集团母公司对子公司财务风险控制研究"，武汉大学，2009 年。

[6] 肖珉："我国企业集团上市公司财务预警与信用风险评估研究"，《电子科技大学管理科学与工程》，2012 年。

[7] 孙洁：《企业财务危机预警的智能决策方法》，中国社会科学出版社 2013 年版。

[8] 王耀："基于公司治理的我国上市公司财务困境研究"，中国矿业大学，2010 年。

[9] 刘彦文："上市公司财务危机预警模型研究"，大连理工大学，2009 年。

[10] 陈文豪："汽车产业零部件供应商财务风险预警体系"，上

海交通大学，2012 年。

[11] 王丽："基于功效系数法的石化行业财务风险预警研究"，云南财经大学，2017 年。

[12] 李雪华："企业财务预警机制研究"，西安建筑科技大学，2008 年。

[13] 权思勇："创新型企业财务预警系统研究"，东华大学，2012 年。

[14] 王满："基于竞争力的财务战略管理研究"，东北财经大学，2006 年。

[15] 杨静："基于风险的财务战略管理研究"，山东理工大学，2008 年。

[16] 韩道琴、陈浩："财务管理目标与企业财务战略选择"，《会计之友》，2008 年第 34 期，第 32—33 页。

[17] 高欢："创业板上市公司财务风险指标体系的构建"，财政部财政科学研究所，2013 年。

[18] 刘齐阳："企业财务风险预警指标体系构建研究"，湖南大学，2011 年。

[19] 谢利平："构建水电建筑企业财务风险预警系统"，西南交通大学，2013 年。

[20] 邹碧、田超："企业集团财务风险预警体系设计探讨"，《中国科技博览》，2010 年第 6 期，第 299—300 页。

[21] 周晓冬："PFI 项目风险预警系统研究"，东北林业大学，2008 年。

[22] 顾全根："基于层次分析法的财务预警指标权重设置方法"，《统计与决策》，2008 年第 23 期，第 176—178 页。

[23] 赵丽、朱永明、付梅臣、张蓬涛、曹银贵："主成分分析法和熵值法在农村居民点集约利用评价中的比较"，《农业工程学报》，

2012 年第 7 期，第 235—242 页。

[24] 杨美萍：“企业财务风险预警指标体系的研究——以航运上市公司为例”，中国地质大学，2010 年。

[25] 唐银君：“安泰科技实业总公司财务风险预警体系研究”，湘潭大学，2013 年。

[26] 刘艳：“我国中小企业上市公司财务危机预警方法研究及实现”，西南财经大学，2013 年。

[27] 周兴荣：“企业集团财务风险预警研究”，《财会月刊》，2007 年第 32 期，第 47—50 页。

[28] Joel Seligman, The New Corporate Law, 59 Brook. L. Rev. 1. 1993.